2019年北京市教育委员会社科计划重点项目：北京城市休闲水平统计测评研究（项目代码：SZ201910037020）

北京城市休闲水平统计测评研究

BEIJING CHENGSHI XIUXIAN SHUIPING
TONGJI CEPING YANJIU

黄羽翼◎著

经济管理出版社
ECONOMY & MANAGEMENT PUBLISHING HOUSE

图书在版编目（CIP）数据

北京城市休闲水平统计测评研究/黄羽翼著 . —北京：经济管理出版社，2022.6
ISBN 978-7-5096-8552-5

Ⅰ.①北…　Ⅱ.①黄…　Ⅲ.①城市—闲暇社会学—研究—北京　Ⅳ.①C912.81

中国版本图书馆 CIP 数据核字（2022）第 117045 号

组稿编辑：任爱清
责任编辑：任爱清
责任印制：黄章平
责任校对：董杉珊

出版发行：经济管理出版社
　　　　　（北京市海淀区北蜂窝 8 号中雅大厦 A 座 11 层　100038）
网　　址：www. E-mp. com. cn
电　　话：（010）51915602
印　　刷：唐山玺诚印务有限公司
经　　销：新华书店
开　　本：720mm×1000mm/16
印　　张：15.25
字　　数：274 千字
版　　次：2022 年 8 月第 1 版　　2022 年 8 月第 1 次印刷
书　　号：ISBN 978-7-5096-8552-5
定　　价：88.00 元

前　言

　　休闲是人们拥有的基本权利，是满足人们日益增长的美好生活需要的前提和基础，是不断增强人们获得感、幸福感，全面增进人民福祉的必要条件。居民高质量休闲是工业化后期的产物，2021 年北京市人均 GDP 已近 3 万美元，接近中等发达国家的水平，达到一定的经济基础，同时城市拥有完善的休闲基础设施及休闲文化传统。因此，北京不仅是人们为了美好明天的奋斗之城，也是人们享受工作之余美好时光的休闲之所。

　　对居民时间分配或时间利用的统计是人文社科统计的重要组成部分。时间资源在不同活动上的配置，可以反映一定背景下人们的生活现状与生活品质。随着社会必要劳动时间的缩短，人们的闲暇时间逐步延长，如何安排休闲时间及休闲活动，决定着居民生活质量及获得感。休闲时间具有自由可支配的特性，能够很好地反映"休"和"闲"的本质特征，因此，休闲时间成为衡量社会进步及城市休闲水平的重要尺码。

　　为了对北京城市休闲水平进行统计测评，本书以休闲的主体——北京市民为研究对象，从市民休闲时间、休闲活动及休闲满意度等维度，对北京城市休闲水平进行较为全面的统计测评。在内容上，主要从时间分配角度研究 30 多年来北京市民生活时间分配的变迁，重点分析了 2020 年北京居民休闲时间的分配状况、休闲活动的具体内容、参与率及休闲消费现状。为了便于比较，以北京 2016 年时间分配数据代表中国数据，比较中国、日本和美国三国居民睡眠时间、进餐时间及休闲时间的分配状况，从国际视角比较北京居民休闲时间分配的特征。休闲是为了进行身心的休整，居民休闲满意度决定着休闲生活的质量。休闲满意度是居民的主观感受，本书通过问卷调查、结构方程模型等方法对其进行分析。

　　为了对北京城市休闲水平进行较为翔实的测评，本书使用大量的居民生活调查数据，除了第二章全国居民时间分配主要特征的数据来源于国家统计局 2008

年、2018 年中国时间利用调查统计数据以外，第三至六章北京相关数据主要来自中国人民大学休闲经济研究中心的"北京居民社会生活基本调查"，第七章休闲满意度的统计测评数据来自笔者于 2021 年进行的"北京、上海居民休闲满意度调查"。基于对上述数据的统计分析，得出本书最后的结论与建议。

本书得到北京市教育委员会科研计划项目（SZ201910037020）的资助，同时感谢肖满祥、廖阳娟、付倩和桂菊晗同学的资料收集与整理工作。由于时间仓促及笔者水平所限，本书难免会有错漏，恳请各位专家及读者批评指正。

黄羽翼

2022. 1. 26

目　录

第一章 绪论

第一节 研究背景与意义

国家"十四五"发展规划和2035年远景目标纲要中明确提出"增进民生福祉，提升共建共治共享水平，不断增强人民群众获得感、幸福感、安全感"，"坚持扩大内需这个战略基点，加快培育完整内需体系，把实施扩大内需战略同深化供给侧结构性改革有机结合起来"。休闲是人类社会必要活动之一，贯穿于人的整个生命历程，人们的休闲生活质量及休闲体验关乎生活的"幸福感与获得感"。了解及研究居民的休闲现状及时间分配变迁，培养居民的休闲意识，形成健康正确的休闲观，有助于人们形成高质量的休闲生活。居民丰富且高质量的休闲生活有助于经济内循环的健康进行。

人类的生存与发展离不开休闲，休闲是人类社会再生产的前提与条件。休闲是与幸福感高度相关的重要生活领域之一，它极易产生积极的心理幸福感、更多的社会交互，以及更高水平的生活满意度。人民群众的幸福感、获得感与休闲时间息息相关，休闲已成为当今社会的一股新生力量，个体可凭借休闲来实现幸福感。休闲对改善人类生存状况和提高个人的身心健康水平功不可没。因此，依托时间分配数据对北京居民休闲生活及休闲内容的研究，有助于了解居民休闲状态及历史变化，有助于从需求侧角度整体衡量城市的休闲水平及休闲变迁；通过国际比较的分析，有助于了解北京居民乃至中国居民的时间分配与休闲特征及与发达国家的差距；对居民休闲满意度的调查，有助于从休闲质量方面评价城市休闲状态。

第二节 休闲相关研究综述

一、休闲相关定义

休闲从古至今都是一个非常重要的话题。Josef Pieper（1988）在《休闲：文化的基础》一文中指出："英语休闲 leisure 一词源于古法语 liesir，意指人们摆脱生产劳动后的自由时间和自由活动；而该法语又出自拉丁语 hcere，意为合法的或被允许的。"[①] 而 A. J. 维尔（2008）所编著的《休闲与旅游研究方法》一书认为，"'休闲'一词最早出现于希腊文学，其希腊语 cshole 意指休闲及教育活动，反义词 A-cshole 是指劳动、奴隶状况"[②]。在汉语中，休闲与闲暇、休憩等词相互通用。1986 年上海辞书出版社第一次出版的《汉语大辞典》对休、闲以及休闲作了较为详尽的解释：休闲，一是指犹言空闲、闲适，正如唐朝孟浩然《同张明府碧溪赠答》一诗中所云"秩满休闲日，春馀景色和"；二是指农田在一定时间内不种作物，借以修养地力，指有休闲地一词。休，一是指休息。《诗经·大雅》中有"民亦劳止，汽可小康"；二是指休假。《后汉书》中有"臣属吏张宛长休百日"，"休，假也"（李贤注）；三是指停止。闲，一是指休假；二是指空阔宽大；三是指安静；四是指悠闲；五是指止息。总而言之，从语义上来讲，汉语中的休闲包含两层含义：休，停止劳作，休假，休息；闲，闲适、悠闲的状态。休闲活动，是指使人停止劳作，处于闲适、放松状态的活动[③]。

古希腊时期的哲学家亚里士多德是西方最早一批研究休闲的学者之一，他认为休闲可以让人获得快乐和幸福，还有学者认为休闲是一切事物的中心，并且在此过程中可以成为一个真正意义上的人[④]。1899 年，凡勃伦发表"有闲阶级论"一文，标志着现代休闲研究的开端[⑤]。我国最早研究休闲学的学者是于光远先生，他首次在国内提出休闲的概念。休闲是指人们在非劳动及非工作时间进行身

---

① Josef Pieper. Leisure：The Basis of Culture ［M］. South Bend：St. Angustine's Press, 1988.

② A. J. 维尔. 休闲与旅游研究方法 ［M］. 聂小荣，丁丽军译. 北京：中国人民大学出版社，2008.

③ 马惠娣. 休闲问题的理论探究 ［J］. 清华大学学报（哲学社会科学版），2001，16（6）：71-75.

④ Kelly, John R. Freedom to be ［M］. New York：Macmillan London Collier，1987.

⑤ 潘海颖. 休闲与日常生活的反正——列斐伏尔日常生活批判的独特维度 ［J］. 旅游学刊，2015，30（6）：119-126.

心的调节与放松，既是一种业余生活，也是一种心灵的体验。休闲的意义一般包括两个层面：一是指消除体力上的疲劳以及找回精神和生理平衡；二是指精神上的慰藉，是在劳动时间以外的另一种状态，而且人能够沉浸在"创造过程中"①。楼嘉军（2005）曾认为，休闲具有时间特征、活动特征、自主特征和价值特征②。卢锋（2005）认为，休闲是人们在随意的状态和心境下从事自己所愿意进行的活动③。

二、休闲活动的相关研究

20 世纪七八十年代，国外学者开始全面研究休闲生活，休闲生活方式是指个人对时间、金钱等资本的利用④。休闲生活也是人类社会生活中密不可分的部分之一，是指人们在工作和劳动之外的休闲时间里所开展的生活，目的是促进身心愉悦、健康发展，体现了人本质的特有活动，它既反映了人和社会的发展状态，又对人和社会的发展具有重要作用⑤。休闲生活也是人们在自由时间中选择的活动。1992 年，王雅林等在《闲暇社会学》一书中最早开始研究休闲生活，作者研究了 1980 年哈尔滨和齐齐哈尔两个城市的居民时间分配和利用，以及1988 年黑龙江省城镇居民的时间分配情况⑥。

不同地区之间的休闲生活存在着较大的差异。庞桂美（2004）发现，东西方在休闲文化方面具有一定的差异，休闲对中国人是一种生活方式，而对西方人来说则是生活的理想和目标⑦。Kim（2007）对韩国人的休闲生活方式进行了调查，韩国人的主要休闲生活方式包括户外运动、观赏活动、桌游和媒体活动等⑧。Lara 和颖颖（2006）研究了多个国家的休闲生活，发现日本人喜欢集体活动，更加注重团队精神，而法国年轻人的休闲生活主要是跳舞和看电影，西班牙人可利用的休闲时间则更多⑨。徐佶和许宗祥（2008）以珠江三角洲城镇居民为研究对

① 马惠娣. 休闲问题的理论探究 ［J］. 清华大学学报（哲学社会科学版），2001，16（6）：71-75.

② 楼嘉军. 休闲新论 ［M］. 上海：立信会计出版社，2005.

③ 卢锋. 休闲体育学 ［M］. 北京：人民体育出版社，2005.

④ Kelly，John R. Life Styles and Leisure Choices ［M］. Family Coordinator，1975：185-190.

⑤ 何志玉. 新时代人民美好休闲生活及意义 ［J］. 贵州社会科学，2018（12）：9-15.

⑥ 王雅林，董鸿杨. 闲暇社会学 ［M］. 哈尔滨：黑龙江人民出版社，1992.

⑦ 庞桂美. 东西方休闲文化的比较研究 ［J］. 青岛科技大学学报（社会科学版），2004，20（1）：50-53.

⑧ Kim H. A Study on Dividing the Leisure Activities into Category and Items for Korean Leisure Lifestyle Survey ［J］. Korean Journal of Leisure & Recreation，2007，31（1）：223-234.

⑨ Lara，颖颖. 西方人的休闲生活 ［J］. 新智慧（财富版），2006（3）：7-8.

象，对不同群体的休闲体育生活进行了研究，发现珠江三角洲不同群体的体育休闲生活存在着差异和时代特征①。林丹彤和陈泉（2021）通过选取五个休闲城市来建构模型，发现生活条件是影响休闲生活满意度的重要条件，并且量化了差异有预测功能，为提高休闲生活满意度提供参考②。从纵向来看，各个时期的休闲生活也是不断变化的。张建萍（2003）研究了我国古代女性休闲方式和特点，古代女性休闲生活方式有很多，如投壶、双陆、拔河和跳绳等，但是男性本位文化会影响女性娱乐生活选择③。张永军等（2005）对古代蹴鞠和休闲生活的关系进行探讨，发现休闲生活与社会政治、经济、文化紧密相关④。刘丰祥（2007）发现，民国时期上海人休闲生活的主要特点是现代文明和殖民主义的杂糅，新旧休闲方式的兼容并蓄⑤。如今，当代国人的休闲生活丰富多样，由于交通工具及网络的发展，人们不再担心距离上的问题。

学者也从人群角度对休闲生活进行研究分析。例如，将研究群体分为农村和城市。许琳琳（2010）在研究城市居民休闲生活质量时，以福州市为例进行探讨，结果发现福州市城市居民的休闲生活质量一般，交通不便、现代休闲文化不够普及和休闲产业发展水平较低是影响当地居民休闲生活质量的因素⑥。孙林叶（2010）认为，自社会主义新农村建设以来，尽管农村居民休闲逐渐趋于多样化，但与城市居民的休闲生活质量不断提高的状况之间存在着很大的差距，主要原因包括农村居民休闲意识淡薄、休闲品位不足、收入水平不高、休闲资源缺乏和休闲产业不足等⑦。各阶层人群的休息生活方式也有差异。Han 等（2011）发现，韩国上层社会群体不仅喜欢高档休闲消费，也喜欢接触时尚休闲文化，而下层群体则更倾向于时尚休闲消费⑧。陈正（2005）采用文献资料法和逻辑分析法剖析了社会各阶层体育休闲特征，发现由于对社会资源占有情况的不同，各阶层对体

① 徐佶，许宗祥．珠江三角洲城镇居民不同社会群体休闲体育生活对比分析［J］．武汉体育学院学报，2008，42（5）：25-28.

② 林丹彤，陈泉．地域差异对居民休闲生活满意度的影响研究——基于中国五大代表性休闲城市的调查比较［J］．中国商论，2021（2）：51-54.

③ 张建萍．中国古代女性休闲方式及其特点分析［J］．社会科学家，2003（2）：118-121.

④ 张永军，李丰祥，颜斌．论休闲生活与中国古代临淄蹴鞠［J］．体育学刊，2005，12（2）：60-63.

⑤ 刘丰祥．民国时期上海人的休闲生活——以 1927-1937 年《申报》广告为中心的考察［J］．齐鲁学刊，2007（3）：52-55.

⑥ 许琳琳．城市居民休闲生活质量评价研究［D］．福建师范大学硕士学位论文，2010.

⑦ 孙林叶．我国农村居民休闲的现状与对策［J］．北京理工大学学报（社会科学版），2010，12（2）：134-137.

⑧ Han，Kyo-Nam，Beom-Soo. Differentiation between Social Class Leisure Consumption in Korea：By Focusing on Art and Culture［J］．Journal of Tourism Sciences，2011.

育休闲有不同的价值取向①。

学者也从伦理学的角度来研究休闲生活。鲍德里亚（2008）认为，消费是一个系统，维护着秩序和组织完整，既是一种道德，也是一种沟通体系和交换结构②。方青（1993）从伦理学的角度来分析休闲，认为闲暇实际上是一种被认识到客观存在的道德责任③。柳伯力（2012）认为，人们应该通过休闲来建立高雅和科学的生活方式④。

学者也在年龄段划分的基础上对居民休闲生活进行分析。20世纪初，Hendel等（2004）利用单因素方差分析法，对3454名大学生进行调查，结果发现大学生的休闲活动发生了很大变化，与阅读相关的活动下降幅度最大，花在与电子产品相关活动上的时间大幅增加⑤。也有学者发现，美国中西部城市的老年人的幸福感和深度休闲生活有着密切的关系⑥。贾立蕊（2012）认为，大学生休闲行为失范，主要体现在休闲生活无计划性、休闲生活质量差和休闲活动层次低，并且通过规划休闲教育课程、建设校园文化和增强大学生休闲教育的导向性可以提升大学生休闲教育⑦。侯士兵和阮海涛（2015）提出大学生进行休闲活动所依据的两个需求，即大学生内在需求和外界对其的需求⑧。此外，李睿恒等（2010）通过调查问卷和数理统计等方法对青少年的生活质量进行分析，认为体育休闲活动可以提高生活质量、缓解精神压力和增加积极情感⑨。张岩（2015）通过抽样调查、访谈和实地研究发现影响城市老年人休闲生活的因素主要来自内外两个方面，并且从个人、家庭、社区和政府四个方面提出对策，从而提高老年人生活质量⑩。梁修等（2015）研究巢湖市力寺村老年学校学员休闲效益和生活满意度之

---

① 陈正.我国社会不同阶层体育休闲活动的特征［J］.武汉体育学院学报，2005，39（6）：10-13.

② 鲍德里亚.消费社会（第3版）［M］.刘成富，等译.南京：南京大学出版社，2008.

③ 方青.闲暇：一种伦理学的分析［J］.安徽师范大学学报（哲学社会科学版），1993（4）：406-410.

④ 柳伯力.休闲、休闲研究与健康生活方式［J］.四川体育科学，2012（1）：73-76.

⑤ Hendel, Darwin D., Roger D. Harrold. Undergraduate Student Leisure Interests Over Three Decades［J］. College Student Journal, 2004, 38（4）.

⑥ Heo, Jinmoo, et al. Daily Experience of Serious Leisure, Flow and Subjective Well-being of Older Adults［J］. Leisure Studies, 2010, 29（2）：207-225.

⑦ 贾立蕊.大学生休闲现状分析及休闲教育对策研究［D］.河北师范大学硕士学位论文，2012.

⑧ 侯士兵，阮海涛.大学生休闲生活现状及引导对策［J］.学校党建与思想教育（高教版），2015（10）：62-64.

⑨ 李睿恒，张学雷，张宝荣.城市中青年人群休闲体育活动与生活质量关系的实证研究［J］.现代预防医学，2010，37（4）：706-708.

⑩ 张岩.城市老年人休闲生活影响因素调查研究［D］.吉林农业大学硕士学位论文，2015.

间的关系，发现休闲效益和生活满意度均呈现多元化①。李享等（2010）通过抽样调查得到北京三大社区老人的样本，发现影响老年人休闲生活满意度的因素主要来自三个层面：社区休闲服务供给、休闲方式和休闲花费②。连静（2013）从中小学教师休闲生活入手，利用调查问卷数据，分析该群体休闲生活中存在的问题，发现影响教师休闲生活的因素主要来自两大方面：教师自身的内部原因和客观存在的外部因素③。

也有从性别角度分析休闲生活的文献。Kim（2007）研究了男性休闲生活和家庭功能的关系，发现男性不同的休闲活动可以在一定程度上影响家庭凝聚力④。Irving 等（2011）考察了单亲妈妈休闲生活和孩子的关系，认为孩子限制了妈妈的休闲生活方式选择⑤。黄春晓和何流（2007）以南京市女性市民为对象进行研究，对比男性休闲行为发现，女性休闲活动以"闲逛"为主，相比男性，空间活动积极，但休闲生活质量较低⑥。杜熙茹（2010）在社会转型的背景下，分析女性休闲生活的特征，并提出女性休闲生活方式会出现阶层差异⑦。王晶和孙瞳（2013）利用比较研究的方法，分析两性在休闲时间上的差异，两性群体不仅存在休闲时间上的性别差异，而且相比女性，男性的解放程度更高⑧。朱诗荟（2014）发现，人们的休闲活动参与频率在性别上有明显区别，女性居民的休闲频率低于男性居民，并且城市女性居民更喜欢在室内进行活动⑨。

① 梁修，胡青梅，王立利，等．巢湖市农村老年人运动休闲效益、生活满意度及其相关性［J］．中国老年学杂志，2015（24）：7206-7208.

② 李享，宁泽群，马惠娣，等．北京城市空巢老人休闲生活满意度研究——以北京市三大典型社区为例［J］．旅游学刊，2010，25（4）：76-83.

③ 连静．中小学教师休闲生活的研究［D］．湖南科技大学硕士学位论文，2013.

④ Kim H. A Study on Dividing the Leisure Activities into Category and Items for Korean Leisure Lifestyle Survey［J］. Korean Journal of leisure & recreation，2007，31（1）：223 - 234.

⑤ Irving, Hannah R., and Audrey R. Giles. Examining the Child's Impacts on Single Mothers' Leisure［J］. Leisure Studies，2011，30（3）：365-373.

⑥ 黄春晓，何流．城市女性的日常休闲特征——以南京市为例［J］．经济地理，2007，27（5）：796-799.

⑦ 杜熙茹．社会转型期女性体育生活方式的休闲特征与发展趋势［J］．体育学刊，2010，17（3）：33-36.

⑧ 王晶，孙瞳．男女两性休闲时间的差距——基于第三期中国妇女社会地位调查吉林省数据研究［J］．云南民族大学学报（哲学社会科学版），2013，30（1）：71-76.

⑨ 朱诗荟．性别视角下城市居民休闲行为的潜在类别分析——基于 CGSS2006 的实证分析［J］．北京第二外国语学院学报，2014，36（5）.

三、休闲满意度与生活幸福感

休闲生活质量取决于休闲满意度，而休闲满意度对居民生活幸福感、生活质量的提升至关重要。诸多学者对休闲满意度、休闲与生活质量的关系也有研究，研究证明各种休闲活动对于不同社会群体的生活质量都存在正向的促进作用①。

国内外一些学者曾尝试用各种统计方法分领域、小范围地对休闲满意度进行调查和研究。国内如：李萍等（2018）②采用模糊综合评价法以浙江宁波为例探究徒步休闲满意度；周彬等（2019）③采用模糊神经网络以济南泉城公园为例探究城市公园满意度评价；周彬等（2020）④以及吕宁等（2020）⑤分别基于结构方程模型研究宁波市居民休闲满意度和城市女性休闲满意度；李享等（2010）⑥采用回归分析的方法探究北京市空巢老人的休闲生活满意度；廖庆荣（2012）⑦以南昌市为例采用方差分析法、回归分析法研究城乡居民休闲满意度及其差异；李亚屏（2018）⑧以银川市为例采用相关分析、回归分析等方法研究职业女性休闲活动满意度。国外如：Jinmoo Heo等（2013）⑨采用方差分析法研究老年人休闲生活满意度与健康之间的关系；Lee Yu-Ri和Park Mee-Sok（2004）⑩采用回归分析法研究老年人休闲项目参与动机与休闲生活满意度之间的关系；Jae Hyun

① 宋瑞．休闲与生活质量关系的量化考察：国外研究进展及启示［J］．旅游学刊，2006，21（12）：48-52.
② 李萍，周彬，Chris RYAN，文俊．基于模糊综合评价的徒步休闲满意度研究——以浙江省宁波市为例［J］．旅游学刊，2018，33（5）：44-55.
③ 周彬，刘婷，范玢，李婷婷．基于模糊神经网络的城市公园休闲满意度测评——以济南市泉城公园为例［J］．宁波大学学报（人文科学版），2019，32（2）：101-107.
④ 周彬，王雨桐，虞虎，吕宁，张亦弛．基于结构方程模型的宁波城市居民休闲满意度研究［J］．地理科学，2020，40（1）：119-127.
⑤ 吕宁，赵亚茹，王欣．城市女性休闲满意度及其影响因素研究——以北京市为例［J］．旅游论坛，2020，13（5）：35-46.
⑥ 李享，宁泽群，马惠娣，赵鹏．北京城市空巢老人休闲生活满意度研究——以北京市三大典型社区为例［J］．旅游学刊，2010，25（4）：76-83.
⑦ 廖庆荣．城乡居民休闲行为差异与休闲满意度评价研究［D］．南昌大学硕士学位论文，2012.
⑧ 李亚屏．银川市职业女性休闲活动及其满意度研究［D］．宁夏大学硕士学位论文，2018.
⑨ Jinmoo Heo et al. Serious Leisure, Life Satisfaction, and Health of Older Adults［J］. Leisure Sciences, 2013, 35（1）：16-32.
⑩ Lee Yu-Ri, Park Mee-Sok. Leisure Programs Participation Motivation and Leisure Life Satisfaction of the Institutional Elderly in Seoul［J］. Journal of Korean Home Management Association, 2004, 22（6）：99-109.

Ha 和 Jun Kim（2014）① 采用多组分析和潜在均值分析法研究休闲生活满意度与体育活动参与度之间的关系；Andrew Bailey Bailey 和 Irene Fernando Fernando（2012）② 采用结构方程和回归分析法研究休闲体验对休闲满意度的影响。

通过以上国内外文献分析可以看出，休闲生活满意度的研究方法主要有相关分析、方差分析、回归分析、结构方程模型、综合评价法以及神经网络等机器学习方法，其中回归分析和结构方程模型用得比较多，而本书采用的 LASSO 回归方程、结构方程模型为满意度相关研究开拓了一条新的思路，在研究多变量的影响时，除了常用的描述统计的交叉影响分析、探索性因子分析和定量的多元回归模型分析之外，LASSO 回归还可以实现快速准确的降维并对降维后的因子进行重要性排序，结构方程可以验证理论模型和假设是否成立并显示各自变量对因变量影响的直接效果、间接效果和总效果，两者结合可以更好地研究满意度相关问题。关于休闲生活满意度的研究总体呈上升趋势，话题热度只升不降，但从内容上来看，其中大多数文献分性别、分地域、分年龄段甚至分工作领域，研究范围相对较小。本书对不同性别、年龄、地域、工作领域甚至不同婚姻状况和不同收入支出情况的被调查者均进行了分析，数据收集范围更广、更具有代表性，因此分析结果和结论更具有普适性。

在休闲活动对生活质量的影响分析方面，Baldwin 等（1988）对 99 个在校大学生进行问卷调查，发现娱乐活动可以提高大学生的生活质量③。Wankel 等（1990）也发现，体育活动对生活质量有积极影响④。Heintzman 等（2003）认为，休闲生活可以提高主观幸福感，休闲生活所带来的精神层面的功能可以改善压力对主观精神的负面影响⑤。Cheng 等（2011）研究了大学生休闲生活和身体健康的关系，结果表明，相比不经常锻炼的学生，经常参与锻炼的学生身体素质

① Jae Hyun Ha, Jun Kim. The Difference of Serious Leisure, Happiness, and Life Satisfaction According to Degree of Participation in Leisure Sports Activity ［J］. Journal of Sport and Leisure Studies, 2014, 57（1）：565-577.

② Andrew Bailey Bailey, Irene Fernando Fernando. Routine and Project-Based Leisure, Happiness, and Meaning in Life ［J］. Journal of Leisure Research, 2012, 44（2）：2604-2604.

③ Baldwin, Kimm S., and Howard E. Tinsley. An investigation of the validity of Tinsley and Tinsley's（1986）theory of leisure experience ［J］. Journal of Counseling Psychology, 1988, 35（3）：263.

④ Wankel, Leonard M., and Bonnie G. Berger. The Psychological and Social Benefits of Sport and Physical Activity ［J］. Journal of leisure Research, 1990, 22（2）：167-182.

⑤ Heintzman, Paul, and Roger C. Mannell. "Spiritual Functions of Leisure and Spiritual well-being: Coping with Time Pressure ［J］. Leisure Sciences, 2003, 25（2-3）：207-230.

更好①。孟慧芳等（2014）通过问卷对武汉不同区域人群进行抽样调查，最后认为休闲体育活动可以提高个人生活质量②。牛晶晶、杜凯（2018）对上海市杨浦区老年人休闲活动与生活质量关系进行分析，结果表明，经常参与体育休闲生活的老年人生活质量较高③。

　　学者对休闲生活质量与其影响因素也有研究。秦学和刘少和（2010）对广东省居民空闲时间的休闲状况进行调查，发现其休闲生活质量并没有因国民经济的发展而改善④。Liechty 等（2006）认为，外表和外表观念对女大学生与其母亲的休闲有限制影响⑤。苏富高（2007）以杭州市民为研究对象，发现居民休闲生活质量影响因素主要分为五个层面，影响程度从高到低依次为休闲环境因子、休闲保障因子、休闲主体因子、休闲客体因子和休闲支撑因子，并且对提升杭州居民休闲生活质量提出相应的建议⑥。衣华亮和王培刚（2009）对我国东中西部居民的主观生活质量进行研究，认为主观休闲生活质量是影响总体生活质量满意度的重要指标⑦。陈齐（2008）从内外部分析影响大连市休闲体育生活的因素，主要影响因素包括体育态度、体育习惯、体育场地设施、大众传媒等⑧。付敏红（2005）对南宁市177位老年人进行研究调查，揭示出老年人休闲生活的主要特点，发现影响老年人休闲生活的因素主要是年龄、收入、文化程度和性别⑨。

①　Cheng, Jen-Son, et al. Leisure, lifestyle, and Health-related Physical Fitness for College Students [J]. Social Behavior and Personality, 2011, 39 (3): 321-332.

②　孟慧芳，李格非，金梁. 简析休闲体育对个人生活质量的影响 [J]. 运动，2014 (8): 133-134, 151.

③　牛晶晶，杜凯. 上海市杨浦区老年人休闲体育活动与生活质量相关性研究 [J]. 福建体育科技，2018, 37 (4): 10-12.

④　秦学，刘少和. 关于"经济发展促进休闲质量提升"一般认识的实证研究——以经济发达的广东省为例 [J]. 旅游学刊，2010, 25 (3): 61-68.

⑤　Liechty, Toni, Patti A. Freeman, and Ramon B. Zabriskie. Body Image and Beliefs About Appearance: Constraints on the Leisure of College-age and Middle-age Women [J]. Leisure Sciences, 2006, 28 (4): 311-330.

⑥　苏富高. 杭州居民休闲生活质量影响因素研究 [D]. 浙江大学硕士学位论文，2007.

⑦　衣华亮，王培刚. 中国城市居民主观休闲生活质量分析 [J]. 统计与信息论坛，2009, 24 (1): 81-86.

⑧　陈齐. 大连市普通高校大学生休闲体育现状及影响因素研究 [D]. 辽宁师范大学硕士学位论文，2008.

⑨　付敏红. 影响城市老年人休闲生活的因素及对策——以南宁市老年人为例 [J]. 广西社会科学，2005 (12): 173-176.

四、休闲产业发展与休闲需求

许多学者对休闲产业定义也有相应的见解。杰弗瑞·戈比（2000）重点研究了休闲产业和其他产业之间的关系，他认为休闲产业是与其他服务部门相关的经济系统①。一个休闲产业群正在形成，与休闲产业相关的产品包括旅游、文化事业、娱乐、休闲体育以及为休闲提供服务的轿车、保险等相关行业和产品②。于光远（2002）将休闲产业定义为休闲得以实现的条件，是为了满足人们的休闲需要而形成的③。马惠娣（2001）认为，休闲产业是指以旅游业、娱乐业和文化产业为龙头形成的产业系统，与人们在休闲方面的生活、行为和需求密切相关④。楼嘉军（2003）认为，休闲产业可以提供产品和劳务，并且是第三产业的组成部分⑤。

休闲产业最初发端于19世纪欧美后进入快速发展时期，休闲产业所涉及的产业主要包括体育、娱乐、旅游和博彩等。Liu Huimei等（2008）研究了休闲的需求和发展趋势及其对经济的影响⑥。国内外对体育产业的研究较为丰硕，并且学者们一般认为体育产业发源于英国⑦。H. Douglas Sessoms（1963）对影响户外休闲运动的因素进行了研究⑧，Wray Vample（1988）研究了体育产业结构⑨。中国有着广阔的体育产业市场，全民健身的体育产业在新世纪有巨大潜力⑩。刘一民（1996）认为，休闲体育是人们利用闲暇时间来进行健身、娱乐、消遣和宣泄的一种活动形式⑪。靳英华（2006）从体育产业政策角度出发，阐述调整体育产业政策的必要性以及如何调整⑫。钟华梅、王兆红（2021）研究长三角体育产业

① 杰弗瑞·戈比. 21世纪的休闲与休闲服务［M］. 张春波译. 昆明：云南人民出版社，2000.

② 王琪延. 休闲经济是中国大城市新的经济增长点［J］. 成人高教学刊，2004（4）：24-27，34.

③ 于光远. 论普遍有闲的社会［J］. 自然辩证法研究，2002，18（1）：41-43，48.

④ 马惠娣. 21世纪与休闲经济、休闲产业、休闲文化［J］. 自然辩证法研究，2001，17（1）：48-52.

⑤ 楼嘉军. 休闲产业初探［J］. 旅游科学，2003（2）：13-16.

⑥ Liu Huimei et al. An exploration of Meanings of Leisure：A Chinese Perspective［J］. Leisure Sciences，2008，30（5）：482-488.

⑦ 梁君. 近30年我国体育产业研究评述［J］. 体育世界（学术版），2010：43-45.

⑧ H. Douglas Sessoms. An analysis of Selected Variables Affecting Outdoor Recreation Patterns［J］Social Forces，1963，42（1）：112-115.

⑨ Wray Vamplew. Pay up and Play the Game：Professional Sport in Britain［M］. New York：Cambridge University Press，1988：1875-1914.

⑩ 戴超平. 全民健身为特色的体育产业发展初探［D］. 西南大学硕士学位论文，2003.

⑪ 刘一民. 余暇体育——一种文明、健康、科学的余暇生活方式［J］. 天津体育学院学报，1996（1）：59-64.

⑫ 靳英华. 论中国体育产业政策调整的基本原则［J］. 首都体育学院学报，2006，18（2）：3-4.

分工水平和竞合关系，发现长三角体育产业分工水平偏低，上海与安徽最高、浙江最低，最后为长三角体育一体化发展提出建议①。彭艳（2016）对苏州健身休闲产业发展进行了预测，并对其发展提供了一些建议②。此外，还有对某些区域或者城市的体育休闲产业的研究，包括广西西江经济带③和青岛市④。路领（2019）调查了哈尔滨部分健身休闲场所，多角度分析了哈尔滨健身休闲产业，对其今后发展规划提出了相应的对策和合理规划⑤。此外也有对旅游业的研究，认为发展旅游业能产生经济效益。例如，Marvin（1988）研究巴西某一地区的旅游业所带来的经济效益，认为旅游业可以促进和发展经济⑥。Soukiazis（2008）等对葡萄牙的数据进行实证研究，旅游业既可以被看作经济增长的来源，也可以缩小地区间的差距⑦。梁艳苗和石荣（2020）运用 SWOT 分析法，从优势、劣势、机遇和威胁方面对广西智慧旅游业发展进行分析，为今后广西旅游业发展提供建议⑧。也有学者从城市角度分析休闲产业，王寿春（2005）将城市休闲产业分为两大类：一类是城市福利休闲产业，其中包括公共基础设施、公共活动场所和公共服务与管理；另一类是商业休闲产业，涉及旅游、传播、健身和娱乐⑨。边策（2019）认为，践行体育强国信念就是要坚持挖掘三、四线城市体育休闲产业发展潜力⑩。

从休闲产业的地位和作用来看，休闲可以促进经济增长⑪、增加就业⑫和促进公平分配⑬。

① 钟华梅，王兆红. 长三角区域体育产业分工与合作研究 ［J］. 中国体育科技，2021，57（3）：80-86.

② 彭艳. 苏州体育健身休闲产业发展预测与对策研究 ［D］. 中国科学技术大学硕士学位论文，2016.

③ 王凯. 广西西江经济带休闲体育产业资源开发研究 ［D］. 广西师范大学硕士学位论文，2017.

④ 李文峰. 世界休闲体育大会后青岛市休闲体育产业提升战略研究 ［D］. 山东体育学院硕士学位论文，2017.

⑤ 路领. 哈尔滨市健身休闲产业发展路径选择研究 ［D］. 哈尔滨体育学院硕士学位论文，2019.

⑥ Marvin Kottke. Estimating Economic Impacts of Tourism ［J］. Annals of Tourism Research，1988，15（1）：122-133.

⑦ Soukiazis，Elias，and Sara Proença. Tourism as An Alternative Source of Regional Growth in Portugal：A Panel Data analysis at NUTS II and III levels. Portuguese Economic Journal，2008，7（1）：43-61.

⑧ 梁艳苗，石荣. 广西旅游业智慧发展的 SWOT 分析 ［J］. 经济研究导刊，2020（20）：118-120.

⑨ 王寿春. 城市休闲经济的规模与产业结构构建研究 ［J］. 财经论丛，2005（3）：22-28.

⑩ 边策. 三四线城市体育健身休闲产业现状与前景 ［J］. 体育科技文献通报，2019，27（2）：135，151.

⑪ 赵健健. 休闲产业及其与我国经济发展的关系 ［D］. 北京师范大学硕士学位论文，2010.

⑫ 郭琳. 辽宁发展休闲产业促进就业的对策研究 ［J］. 经济研究导刊，2010（13）：143-144.

⑬ 卿前龙，胡跃红. 休闲产业：国内研究述评 ［J］. 经济学家，2006（4）：40-46.

通过上述的文献梳理不难看出，休闲作为人们日常生活的一部分，有着重要的作用。对休闲生活的研究起源于西方，研究方法既有定量也有定性，主要针对在时间上的分配和休闲的具体形式。以往研究涉及休闲的很多方面，学者从地区、人群、年龄、伦理、性别和时期变化等角度对休闲生活进行相应的研究，也有将休闲生活与生活质量结合讨论，可以看出学者越来越关注人们的感受，关注休闲所带来的生活满意度。休闲产业的范围很广，学者主要从休闲产业所覆盖的具体行业来进行研究，并围绕具体产业的发展与经济之间的关系，以及休闲产业发展带来的作用。

第三节　时间分配的理论研究

一、时间分配的政治经济学意义

"时间就是财富"是时间经济意义最精练的概括，此观念并非自古以来就有，在自然经济条件下，小生产者的生产节奏缓慢，往往缺乏这种时间转化为财富和时间损失就是财富损失的观念①。卡尔·马克思和诺贝尔奖获得者加里·贝克尔是把时间引入经济问题研究的创始人和奠基者。卡尔·马克思从资本主义生产方式的角度出发，探讨了资本主义条件下的社会时间观。卡尔·马克思将时间分为劳动时间和自由时间，从分析社会时间入手来揭露资本家剥削工人的秘密②。劳动活动以及从劳动活动中分化出来的自我发展所必需的各种活动都要占用时间，于是时间在各个活动领域的分配问题就具有了直观的、重要的意义。不同活动分配的比例归根结底既取决于社会发展水平，也决定了人的发展水平③。

总之，时间在人类发展中被赋予了多种意义，卡尔·马克思作为时间研究的先行者为后人留下宝贵的思想财富，后人围绕"时间"问题开展了一系列研究，探讨人类社会时间分配的变迁规律，时间分配与社会发展的关系。

---

① 周扬明. 时间经济与"时间就是财富"［J］. 生产力研究，2000（3）：7-9.
② 胡敏中. 论马克思主义的自然时间观和社会时间观［J］. 马克思主义研究，2006（2）：38-43.
③ 刘奔. 时间是人类发展的空间——社会时—空特性初探［J］. 哲学研究，1991（10）：3-10.

二、时间分配的应用

关于生活时间分配和利用的实证研究，始于 20 世纪初。1924 年苏联的斯特鲁米林所做的关于苏联城市工人生活时间的调查研究和 1959 年普鲁登斯基做的相同课题的调查研究影响较大，反映了苏联城市工人生活方式的变化。1960～1966 年，在萨莱（Szalai）的指导下，由美国、苏联、比利时、法国等 12 个国家的许多研究机构协作，完成了多国生活时间分配的调查和比较研究。进入 20 世纪 80 年代，世界各国特别是发达国家非常重视国民生活时间分配和利用的研究。值得一提的是 1995～1996 年由欧洲统计联盟策划的欧洲生活时间分配调查，提供了有酬劳动和劳动市场外的劳动（如家务、义务劳动等）、闲暇等各项活动时间资料，为研究老龄、性别差、福利等问题奠定了基础。日本总务厅统计局 1976 年第一次进行全国范围内正式的时间分配调查，此后也按 5 年为周期进行定期调查。我国对于生活时间分配和利用的调查研究始于 20 世纪 80 年代初期。学者王琪延和王雅琳对我国居民生活时间分配开展了相关调研与研究，自 1986 年起，王琪延以 5 年为一个周期对我国城市居民时间分配开展调查，为研究我国居民时间变迁的规律提供了宝贵的资料。从 2008 年开始，国家统计局对我国居民时间利用状况进行调查，每十年进行一次，调查范围主要包括北京、河北、黑龙江、浙江、安徽、河南、广东、四川、云南、甘肃 10 个省（市）。

三、时间分配的种类

生活时间的分类根据研究目的和具体规划的依据不同，目前常用的分类方法有二分法、三分法、四分法和五分法。二分法是指把生活时间分为工作时间和非工作时间两种。三分法是指把生活时间分为社会工作时间、为家庭和社会尽义务时间、满足自我生存及享受发展的时间。目前国家统计局时间利用调查使用的是三分法，把生活时间分为 SNA 生产活动（有酬劳动）、非 SNA 生产活动（无酬劳动）、非生产活动时间（包括学习培训时间、个人活动及自由时间）。非生产活动中的自由时间即为休闲时间。

基于四分法中明确分离出了休闲时间，契合本书关于休闲需求的研究主题，在此介绍四分法下的生活时间组成。所谓四分法，即根据人们对时间需要的不同层次将生活时间分为四部分：第一部分是被人的自然功能所占用的时间，如睡觉和吃饭时间等，称为生活/生理必需时间；第二部分是为家庭承担责任所占用的时间，如洗衣、做饭、室内卫生、照看老人孩子所需时间等，称为家务劳动时间；第三部分是为承担社会责任所占用的时间，如工作、学习和上下班路途时间等，称为工作（学习）时间；第四部分为个人根据自身喜好自由选择支配的时间，即自由支配时间或闲暇时间，也可称为休闲时间，具体指标分类如表 1-1 所示①。五分法将生活时间分为吃饭睡觉时间、家务劳动时间、生产劳动时间、上下班途中和购物时间、学习娱乐时间五部分。

表 1-1　居民生活时间分配指标

生活时间分配（一级指标）	具体分类（二级指标）
工作（学习）时间	制度内工作（学习）时间
	加班（课）加点工作时间
	其他工作（学习）时间
	上下班（学）路途时间
生活必需时间	睡眠
	用餐
	个人卫生
	就医保健
	其他生活必需时间
家务劳动时间	购买商品
	做饭
	洗衣物
	照料孩子和老人
	其他家务劳动时间
休闲时间	学习文化科学知识
	阅读报纸
	阅读书刊
	看电视
	听广播
	观看影视剧文体表演
	观看各种展览
	游园散步

---

① 白日荣．休闲需求统计方法及应用研究［M］．北京：经济科学出版社，2017：11

续表

生活时间分配（一级指标）	具体分类（二级指标）
休闲时间	其他娱乐
	体育锻炼
	休息
	教育子女
	公益活动
	探访接待亲友
	非工作目的地使用计算机及上网
	其他自己时间

资料来源：笔者根据文献资料整理所得。

从经济角度来看，休闲时间属于人口社会再生产的重要组成部分，是个人可以自由支配、安排的时间，可以满足人类精神的高级追求。"衡量财富的尺度有劳动时间转变为自由时间。因为增加自由时间，即增加使个人得到充分发展的时间。可以自由支配的时间本身就是财富"。休闲是人们幸福感获取的重要源泉，个人可以在休闲活动中获得幸福，休闲的需要与动机是幸福感的源泉，休闲体验是幸福感的实践。

第四节 研究设计

本书主要从时间分配角度，对北京居民休闲水平进行统计测评。居民休闲需求的不同维度包括休闲时间分配、休闲活动参与率及休闲满意度的测评。本书主要以北京市居民时间利用基本调查数据为基础，同时利用了 2008 年、2018 年国家统计局时间利用调查数据、2016 年日本社会生活基本调查数据及 2016 年美国人时间利用调查数据（American Time Use Survey）。主要内容如下：

第一章为绪论。包括研究背景与意义，休闲相关研究综述及时间分配的相关理论研究。

第二章为利用国家统计局"2008 年、2018 年全国时间利用调查数据"对 2008 年、2018 年全国及北京市时间分配数据进行分析，在同口径上比较北京与全国、上海人民的时间分配特征，尤其是休闲活动时间分配的主要不同，并比较居民时间分配在 10 年间的主要变迁。

第三章为基于"1986~2020 年北京市居民社会生活基本调查"数据，对北京居民改革开放以来生活的变迁及时间分配状况进行比较分析。了解整体及不同群体特征的北京居民在生理必需时间、家务时间、工作学习时间及休闲时间方面的配置，并对 2020 年北京市居民休闲时间分配及休闲活动进行重点分析。

第四章为对 2020 年北京市居民休闲时间分配进行具体分析。此处包括休闲活动的整体分析，性别、收入水平、职业、年龄、家庭规模等因素对休闲时间分配的影响，及休闲时间在上述因素不同水平的表现。

第五章为对 2020 年北京居民休闲活动的参与情况进行比较分析。此处从休闲活动总体、体育休闲、兴趣爱好、学习研究、公益及旅行游玩几个维度，比较北京居民各项休闲活动的参与率，具体休闲内容的参与状况及休闲消费。

第六章为基于 2016 年日本及美国时间分配数据，进行 2016 年北京居民时间分配及休闲活动的国际比较，对比分析北京居民时间分配特征，休闲时间及休闲活动参与率的主要不同。

第七章为依据调查问卷对北京市居民休闲生活满意度及影响因素进行分析，并与上海进行对比，包括北京、上海调查者的基本情况，休闲活动的内容、休闲消费及休闲满意度不同方面的调查结果，使用 LASSO 模型及结构方程模型对休闲满意度的主要影响因素进行检验。

第八章为研究结论与政策建议，提出提高居民休闲生活满意度及幸福感的相关政策建议。

第二章　全国居民时间分配主要特征

国家统计局分别在 2008 年和 2018 年组织开展了两次全国时间利用调查。2008 年第一次全国时间利用调查在北京、河北等 10 省（市）开展，共包括 37142 个样本。2018 年第二次调查包括 11 个省（市），采用国家统一的住户收支与生活状况调查样本框，共抽样调查 20226 户 48580 人。调查采用分层多阶段随机抽样方式，选取北京、河北、黑龙江、上海、浙江、安徽、河南、广东、四川、云南和甘肃 11 个省（市），本章全国数据不含上海。本章主要分析全国、北京及上海全天时间分配特征。

第一节　三分法全国及北京居民时间利用统计

此处时间分配主要采用三分法，包括：SNA 生产活动（有酬劳动）——就业工作、家庭生产经营活动；非 SNA 生产活动（无酬劳动）——家务劳动、陪伴照料孩子生活、护送辅导孩子学习、陪伴照料成年家人、购买商品或服务、看病就医、公益活动；非生产性活动（个人活动）——个人自由支配活动（健身锻炼、听广播或音乐、看电视、阅读书报期刊、休闲娱乐、社会交往），学习培训，交通活动及个人生理必需活动（睡觉休息、个人卫生护理、用餐或其他饮食活动）。比较的统计指标主要包括各类活动的平均参与时间及各类活动参与率。根据国家统计局的解释，平均时间是指用于某类活动的全部时间总和除以全部调查对象人数，对工作日和休息日数据分别按 5/7 和 2/7 加权汇总得出全部调查对象一天的平均时间。活动参与率是指参与某类活动的人数（参与者人数）除以全部调查对象人数。对工作日和休息日数据分别按 5/7 和 2/7 加权汇总得出某类活动的参与率。

一、2008 年全国及北京时间分配数据

2008 年全国及北京居民时间利用调查的样本特征数据见表 2-1。2008 年全国共调查 16661 个家庭户，共 37142 人，其中，男性 18215 人，女性 18927 人。北京共调查 3733 人，占全国调查人口的 1/10，男女比例大致各为 50%。

从年龄来看，全国调查以 35~44 岁年龄段人口为主，占比达 27.8%；北京被访者以 45~54 岁年龄段人口为主，占比达 28.8%，35~54 年龄段人口达到 50% 以上，整体来看，全国调查样本 55 岁以下人口占比更大。

从收入水平来看，全国调查以居民月均收入 500~1000 元及 1000~2000 元为主，占比共达 52% 以上；北京市以 1000~2000 元及 2000~5000 元为主，占比共达 60% 以上，整体收入水平较高。在就业方面，北京和全国大致有 75% 的被调查者属于就业者，但职业结构相差较大。全国以务农为主的样本量占全部有业者的 40%，工人与职员比例仅为 24%；而北京市以工人和职员为主，比例占有业者的 40.7%，务农者仅为 9%。就业结构决定了 2008 年被访者的收入结构。

表 2-1　2008 年全国及北京居民时间利用调查样本量基本特征

	全国						北京					
	合计		男		女		合计		男		女	
	数量（人）	占比（%）	数量（人）	占比（%）	数量（人）	占比（%）	数量（人）	占比（%）	数量（人）	占比（%）	数量（人）	占比（%）
年龄：15~24 岁	3729	10.0	1898	10.4	1831	9.7	481	12.9	247	13.4	234	12.4
25~34 岁	5602	15.1	2534	13.9	3068	16.2	553	14.8	275	14.9	278	14.7
35~44 岁	10308	27.8	4888	26.8	5420	28.6	903	24.2	431	23.4	472	25.0
45~54 岁	9222	24.8	4529	24.9	4693	24.8	1076	28.8	524	28.4	552	29.2
55~64 岁	5975	16.1	3109	17.1	2866	15.1	567	15.2	285	15.5	282	14.9
65~74 岁	2306	6.2	1257	6.9	1049	5.5	153	4.1	81	4.4	72	3.8
合计	**37142**	**100**	**18215**	**100**	**18927**	**100**	**3733**	**100**	**1843**	**100**	**1890**	**100**
收入：没有收入	5524	14.9	1879	10.3	3645	19.3	541	14.5	217	11.8	324	17.1
500 元以下	7219	19.4	2893	15.9	4326	22.9	193	5.2	53	2.9	140	7.4
500~1000 元	9869	26.6	4745	26.0	5124	27.1	619	16.6	280	15.2	339	17.9
1000~2000 元	9569	25.8	5452	29.9	4117	21.8	1201	32.2	566	30.7	635	33.6
2000~5000 元	4531	12.2	2922	16.0	1609	8.5	1048	28.1	634	34.4	414	21.9

续表

	全国						北京					
	合计		男		女		合计		男		女	
	数量(人)	占比(%)	数量(人)	占比(%)	数量(人)	占比(%)	数量(人)	占比(%)	数量(人)	占比(%)	数量(人)	占比(%)
5000~10000 元	373	1.0	284	1.6	89	0.5	117	3.1	82	4.4	35	1.9
10000 元以上	57	0.2	40	0.2	17	0.1	14	0.4	11	0.6	3	0.2
合计	**37142**	**100**	**18215**	**100**	**18927**	**100**	**3733**	**100**	**1843**	**100**	**1890**	**100**

资料来源：国家统计局 . 2008 年时间利用调查资料汇编［EB/OL］. http：//www. stats. gov. cn/ztjc/ztsj/2008sjly/，2009.

2008 年全国及北京时间利用调查主要结果见表 2-2①。从表 2-2 来看，北京居民平均有酬劳动时间小于全国，比全国平均工作时间少 31 分钟。其中，在正规部门从事有酬就业的时间北京比全国高 55 分钟，说明北京正规就业人口比例要远大于全国，城市可以提供较多的就业机会；在家庭经营活动方面，北京仅有 25 分钟，全国则达到 118 分钟；交通时间北京较全国多 8 分钟。在无酬劳动方面，北京较全国少 11 分钟，其中家务劳动时间方面，北京比全国少 7 分钟，但同样存在男女家务劳动时间差距巨大的问题，女性是家务劳动的主要承担者，全国差距要大于北京。

在个人活动时间方面，北京居民平均个人活动时间较全国多 41 分钟。其中，学习培训时间北京比全国高 11 分钟，说明北京居民更重视教育与自我提升；自由时间比全国高 33 分钟，北京居民较全国更偏好阅读、互联网、健身与参观，看电视时间与全国平均水平类似，社交、棋牌游戏方面时间分配低于全国平均水平。个人生理必需活动比全国低 6 分钟，主要由于北京居民睡眠时间少于全国 10 分钟，在个人卫生活动方面，北京较全国时间长。从性别来看，全国男性个人活动时间比女性长 46 分钟。学习培训时间比女性长 2 分钟；自由时间男性比女性多 35 分钟，除了社会交往外，各种休闲活动男性花费时间均大于女性。北京居民个人活动时间男性比女性长 40 分钟，性别差距略小于全国平均水平。其中，北京女性学习培训时间较男性长 1 分钟，说明女性更偏好自我提升；在休闲自由时间方面，男性比女性长 37 分钟，北京男性各项休闲活动时间分配均大于或等于女性；个人生

① 国家统计局 . 2008 年时间利用调查资料汇编［EB/OL］. http：//www. stats. gov. cn/ztjc/ztsj/2008sj-ly/，2009.

理必需活动的时间男性略高于女性，北京女性睡眠时间长于男性7分钟，用餐时间男性比女性多6分钟。可见，无论北京还是全国居民的个人活动时间男性均长于女性，休闲自由时间尤为突出。一方面，由于"男主外，女主内"的社会分工；另一方面，即使女性需要外出工作，依然是家务劳动的主要承担者。

表2-2　2008年全国及北京时间利用调查对比

| | 全国 | | | | | | 北京 | | | | | |
| | 平均时间（分钟） | | | 活动参与率（%） | | | 平均时间（分钟） | | | 活动参与率（%） | | |
	全体	男	女	全体	男	女	全体	男	女	全体	男	女
1.SNA生产活动（有酬劳动）	**311**	**360**	**263**	**68**	**74**	**63**	**280**	**324**	**236**	**60**	**66**	**54**
（1）就业活动	149	179	120	39	46	33	204	235	173	52	58	46
（2）家庭经营活动	118	129	109	33	33	33	25	28	22	9	9	8
（3）有关交通活动	43	52	35	56	63	49	51	61	41	55	61	49
2.非SNA生产活动（无酬劳动）	**164**	**91**	**234**	**79**	**65**	**92**	**153**	**88**	**216**	**78**	**65**	**90**
（1）家务劳动	122	62	180	75	59	91	115	62	167	75	61	89
（2）照顾家人	23	13	33	18	13	24	15	9	21	14	10	18
（3）对外提供帮助	2	2	2	1	1	1	2	2	2	1	1	2
（4）社区服务与公益活动	1	1	1	2	2	2	1	1	1	1	1	1
（5）有关交通活动	15	12	18	28	22	34	20	15	24	35	27	43
3.非生产性活动（个人活动）	**966**	**989**	**943**	**100**	**100**	**100**	**1007**	**1028**	**988**	**100**	**100**	**100**
（1）学习培训	29	30	28	6	6	6	40	39	40	9	9	9
有关交通活动	4	4	3	4	5	4	5	5	5	6	6	6
（2）自由时间	224	242	207	94	95	93	257	276	239	97	97	97
看电视	126	131	121	86	87	86	127	132	122	86	86	87
听广播	1	1	1	2	2	1	1	2	1	3	3	2
阅读书刊	11	14	9	18	21	15	18	20	16	29	32	27
互联网	14	19	9	11	13	9	25	31	18	20	23	17
健身锻炼	23	24	22	27	28	25	37	37	37	42	41	43
棋牌游戏	19	23	16	12	14	9	14	16	12	11	13	9

续表

	全国						北京					
	平均时间（分钟）			活动参与率（%）			平均时间（分钟）			活动参与率（%）		
	全体	男	女	全体	男	女	全体	男	女	全体	男	女
外出参观	2	3	2	2	2	2	5	5	5	3	3	4
社会交往	23	22	24	29	28	29	21	22	21	32	32	32
有关交通活动	8	9	7	16	16	15	13	13	12	22	22	22
（3）个人生理必需活动	695	698	692	100	100	100	689	690	688	100	100	100
睡觉休息	542	540	544	100	100	100	532	528	535	100	100	100
用餐	100	104	96	100	100	100	99	102	96	100	100	100
个人卫生活动	46	46	46	98	98	98	53	53	53	100	100	100
抽烟	1	2	*	3	6	*	1	2	*	3	6	*
有关交通活动	5	6	4	11	12	10	4	5	4	12	13	10
其他	1	1	1	1	1	1	0	0	0	*	*	*
合计	1440	1440	1440	100	100	100	1440	1440	1440	100	100	100

资料来源：国家统计局 . 2008 年时间利用调查资料汇编 ［EB/OL］. http：//www. stats. gov. cn/ztjc/ztsj/2008sjly/，2009.

从各种活动的参与率来看，全国居民就业活动平均参与率为 39%，北京比全国高 13%，家庭经营活动全国为 33%，比北京高 24%，说明北京正规就业机会远大于全国。全国男女就业活动参与率之差达到 13%，北京为 12%，家庭经营活动男女参与率相差不大，说明男性正规就业机会大于女性。在无酬劳动方面，全国与北京的活动参与率分别为 79% 及 78%，全国女性家务劳动参与率达到 91%，男性仅为 59%，北京男性家务活动参与率较全国高 2 个百分点。与全国相比，北京男女在家务劳动参与方面更平等。由于个人活动包括个人生理必需时间，因此活动参与率达到 100%，此处主要讨论学习培训活动及自由活动。在学习培训方面，北京居民参与率高全国 3 个百分点，男女在参与率方面并没有差别。休闲自由活动的参与率北京较全国高 3 个百分点，北京男女休闲活动参与率相同，全国男性比女性高 2 个百分点。在各项休闲活动方面，全国及北京居民看电视的参与率最高达到 86% 左右，阅读书刊、互联网、健身锻炼、外出参观及社会交往活动参与率北京均高于全国，分别达到 29%、20%、42%、3% 和 32%，棋牌游戏活动的参与率全国高于北京；在性别差异方面，北京女性在看电视、锻炼身体上活动参与率高于男性，全国女性在社会交往方面的参与率高于男性；在各项休闲活动方面，阅读书刊是男女参与率差别最大的活动，男性比女性高 5~6 个百分点。

二、2018 年全国及北京时间分配数据

2018 年全国及北京时间利用调查主要结果如表 2-3 所示。2018 年全国共调查 16661 个家庭户，共 48580 人，其中男性 23577 人，女性 25003 人。北京共调查 4238 人，占全国调查样本的 1/10，男女比例大致各为 50%。从年龄层次上来看，全国 45~55 岁年龄层占全部被访者的 1/4，55~64 岁人口占 18.8%，35~44 岁人口占比达到 18.4%；北京居民 55~64 岁占比达 24.8%，45~54 岁年龄群体占 21.9%，35~44 岁群体占比达到 16.4%。北京被访者年龄结构比全国平均水平偏大。与 2008 年调查相比，2018 年被访者整体年龄层次偏大。

表 2-3　2018 年全国及北京时间利用调查样本量基本特征

	全国						北京					
	合计		男		女		合计		男		女	
	数量（人）	占比（%）	数量（人）	占比（%）	数量（人）	占比（%）	数量（人）	占比（%）	数量（人）	占比（%）	数量（人）	占比（%）
年龄：15~24 岁	3700	7.6	1899	8.1	1801	7.2	304	7.2	154	7.5	150	6.9
25~34 岁	6981	14.4	3207	13.6	3774	15.1	513	12.1	251	12.2	262	12.0
35~44 岁	8917	18.4	4250	18.0	4667	18.7	694	16.4	330	16.0	364	16.7
45~54 岁	12273	25.3	5936	25.2	6337	25.3	930	21.9	462	22.4	468	21.5
55~64 岁	9151	18.8	4526	19.2	4625	18.5	1052	24.8	508	24.6	544	25.0
65~74 岁	5404	11.1	2730	11.6	2674	10.7	569	13.4	278	13.5	291	13.4
75~84 岁	1699	3.5	837	3.6	862	3.4	139	3.3	63	3.1	76	3.5
84 岁以上	455	0.9	192	0.8	263	1.1	37	0.9	17	0.8	20	0.9
样本量总计	48580	100	23577	100	25003	100	4238	100	2063	100	2175	100
收入：没有收入	7334	15.1	2238	9.5	5096	20.4	435	10.3	166	8.0	269	12.4
500 元以下	3438.0	7.1	1237.0	5.2	2201	8.8	37	0.9	11	0.5	26	1.2
500~1000 元	3856	7.9	1654	7.0	2202	8.8	304	7.2	97	4.7	207	9.5
1000~2000 元	8274	17.0	3483	14.8	4791	19.2	338	8.0	138	6.7	200	9.2
2000~5000 元	19838	40.8	10950	46.4	8888	35.5	2136	50.4	1038	50.3	1098	50.5
5000 元至 1 万元	4869	10.0	3337	14.2	1532	6.1	840	19.8	512	24.8	328	15.1

续表

| | 全国 | | | | | | 北京 | | | | | |
| | 合计 | | 男 | | 女 | | 合计 | | 男 | | 女 | |
	数量（人）	占比（%）	数量（人）	占比（%）	数量（人）	占比（%）	数量（人）	占比（%）	数量（人）	占比（%）	数量（人）	占比（%）
1万~2万元	736	1.5	521	2.2	215	0.9	123	2.9	84	4.1	39	1.8
2万元以上	235	0.5	157	0.7	78	0.3	25	0.6	17	0.8	8	0.4
样本量总计	48580	100	23577	100	25003	100	4238	100	2063	100	2175	100

资料来源：国家统计局社会科技和文化产业统计司.时间都去哪儿了：2018年中国时间利用调查统计数据［M］.北京：中国统计出版社，2019.

从收入结构来看，全国居民2000~5000元收入被访者占40.8%，1000~2000元收入的被访者占17.0%，5000元至1万元占比达10%。北京居民2000~5000元收入被访者占50.4%，5000元至1万元被访者占19.8%，1000~2000元收入占8.0%。北京居民整体收入水平高于全国。从性别来看，北京收入中位数2000~5000元男女比例差不多，但高收入层次女性占比远小于男性，低收入群体女性占比大于男性。全国居民的收入中位数2000~5000元男性比例远大于女性，且高收入阶层更加明显。

2018年全国及北京时间利用调查对比见表2-4，各项活动中均包含交通活动，但同时交通活动消耗时间单独列出。如SNA生产活动（有酬劳动）共286分钟，其中就业活动时间为197分钟，家庭经营活动89分钟，上述197分钟、89分钟均包含交通时间，合计生产活动（有酬劳动）共286分钟。同时将生产活动产生的交通时间22分钟单独列出，即此22分钟包含在上述286分钟当中。无酬劳动及非生产性活动（个人活动）亦然。交通时间的设置为2018年时间利用调查表与2008年表的主要区别。

2018年，全国居民有酬劳动时间、无酬劳动时间与个人时间的分配比例为20∶11∶69。北京居民比例为16∶12∶72。北京居民个人时间较高，有酬工作时间较少，主要由于北京样本年龄层次整体偏大，60岁及以上人口大部分处于退休状态，导致工作时间少，个人时间较多。全国人民的有酬劳动时间达到4小时46分钟，其中，男性为5小时43分钟，女性为3小时52分钟；北京居民有酬劳动时间达到3小时53分钟，男性为4小时43分钟，女性为3小时9分钟。2008年，全国有酬劳动时间、无酬劳动时间与个人时间的分配比例为22∶11∶67，北京居民为19∶11∶70。从全国和北京的时间分配变化来看，有酬劳动时间即社会必要劳动时间有较大幅度的下降，全国降低 25 分钟，北京降低 45 分钟，说明劳动生产率的提高能够有效地降低社会必要劳动时间。从性别来看，全国及北京男性有酬劳动时间依然大于女性，且男女有酬劳动时差有所扩大，差距从不到 100 分钟扩大到 100 分钟以上。

2018 年全国人民无酬劳动时间达到 2 小时 43 分钟，北京居民达到 2 小时 45 分钟。全国人民无酬劳动时间变化不大，仅降低 1 分钟，北京市居民无酬劳动时间提高 15 分钟，此变化与年龄结构存在一定关系。从内容上来看，全国及北京居民家务劳动时间大幅下降，两者均下降 30 分钟或以上；陪伴照料家人时间增幅较多，从 26 分钟扩大到 54 分钟，北京更甚，从 15 分钟提高到 55 分钟。从性别上来看，女性依然是无酬劳动主要的担任者，但男女差距有一定减少。2018 年全国男女无酬劳动时差为 139 分钟，较 2008 年降低 4 分钟，北京男女差距为 118 分钟，较 10 年前降低 10 分钟。这说明在男女从事家务劳动方面，北京比全国一般水平更为平等。家务劳动性别差缩小较大，但陪伴家人时间有所提高。

2018 年，非生产性活动（个人时间）中学习培训时间全国为 29 分钟，北京为 28 分钟，男女差别不大。10 年来，全国人民学习培训时间没有变化，北京居民下降 12 分钟。非生产性活动（个人时间）中自由时间，即休闲时间，全国为 3 小时 59 分钟，北京为 4 小时 34 分钟，较 10 年前全国提高 15 分钟，北京提高 17 分钟。北京及全国休闲时间的增多，是劳动生产率不断提高的结果。其中，看电视时间大致为 1 小时 40 分钟，比 10 年前降低 20 分钟；阅读书籍时间有所下降，但从整体来看，北京阅读时间依然高于全国。锻炼身体全国为 32 分钟，北京为 51 分钟，较 10 年前分别提高 9 分钟、14 分钟。社会交往时间全国为 25 分钟，较 10 年前提高 2 分钟，北京为 19 分钟，较 10 年前降低 2 分钟，北京较全国平均社交时间更少。休闲娱乐时间全国为 66 分钟，北京为 69 分钟，两者较 10 年前提高 30 分钟以上。

在个人生理必需时间方面，全国为 12 小时 3 分钟，北京为 12 小时 15 分钟，较 2008 年分别提高 28 分钟、46 分钟。其中，睡眠时间全国为 9 小时 20 分钟，北京为 9 小时 12 分钟，较 2008 年分别提高 18 分钟、20 分钟。全国及北京个人卫生时间达到 50 分钟以上，北京略高于全国，较 2008 年提高 3~5 分钟。用餐时间全国为 1 小时 49 分钟，北京为 1 小时 57 分钟，较 2008 年分别提高 9 分钟、18 分钟。从性别来看，女性个人生理必需时间多于男性，全国女性高于男性 7 分钟，北京女性高于男性 14 分钟，性别差略有扩大。

表 2-4 2018 年全国及北京时间利用调查对比

	全国						北京					
	平均时间（分钟）			参与率（%）			平均时间（分钟）			参与率（%）		
	合计	男	女	合体	男	女	合计	男	女	合计	男	女
1. SNA 生产活动（有酬劳动）	**286**	**343**	**232**	**59**	**67**	**51**	**235**	**283**	**189**	**45**	**52**	**38**
（1）就业活动	197	242	155	38	46	31	216	261	174	40	47	33
（2）家庭经营活动	89	101	77	23	25	22	18	22	15	6	6	6
有关交通活动	22	27	18	36	43	30	32	38	26	34	40	29
2. 非 SNA 生产活动（无酬劳动）	**163**	**92**	**131**	**70**	**55**	**84**	**168**	**107**	**225**	**70**	**56**	**82**
（1）家务劳动	88	46	128	59	40	76	85	52	117	57	42	71
（2）陪伴照料孩子生活	36	18	54	19	12	25	35	21	50	18	13	23
（3）护送辅导孩子学习	10	6	13	10	7	13	9	6	12	9	6	11
（4）陪伴照料成年家人	8	7	10	5	4	6	11	9	12	6	5	6
（5）购买商品或服务	19	13	24	21	15	27	25	18	31	25	18	32
（6）公益活动	3	3	3	4	4	4	2	2	2	2	2	2
有关交通活动	5	3	6	7	6	9	5	4	6	6	5	8
3. 非生产性活动（个人活动）	**991**	**1005**	**977**	**100**	**100**	**100**	**1037**	**1050**	**1026**	**100**	**100**	**100**
（1）学习培训	29	29	29	7	7	7	28	29	28	7	7	8
与学习培训有关的交通活动	2	2	2	4	4	4	3	2	3	4	3	4
（2）自由时间	239	256	222	91	93	89	274	293	256	92	93	90
健身锻炼	32	33	31	31	31	31	51	53	49	43	44	43
听广播/音乐	6	6	5	7	7	6	8	9	7	10	10	9
看电视	101	105	98	67	67	66	107	110	104	65	65	65
阅读书刊（含电子介质）	9	11	8	10	12	9	16	18	14	16	17	14

	全国						北京					
	平均时间（分钟）			参与率（%）			平均时间（分钟）			参与率（%）		
	合计	男	女	合体	男	女	合计	男	女	合计	男	女
休闲娱乐	66	74	59	41	44	38	69	77	61	40	43	38
社会交往	25	27	22	18	19	17	19	21	17	13	13	12
与自由时间有关的交通活动	3	3	3	7	8	6	5	5	4	8	8	7
（3）个人活动	723	719	726	100	100	100	735	728	742	100	100	100
睡觉休息	560	557	562	100	100	100	552	548	557	100	100	100
个人卫生活动	51	49	53	98	98	98	55	52	57	99	99	99
用餐	109	110	108	100	100	100	117	117	118	100	99	100
看病就医	4	4	4	2	2	2	5	5	5	3	3	4
与个人活动有关交通活动	6	8	5	15	18	12	6	6	6	10	10	9
合计	1440	1440	1440	100	100	100	1440	1440	1440	100	100	100

资料来源：国家统计局社会科技和文化产业统计司. 时间都去哪儿了：2018 年中国时间利用调查统计数据［M］. 北京：中国统计出版社，2019.

从活动参与率来看（见表 2-4），由于调查年龄原因，北京居民有酬劳动参与率低于全国平均水平。北京有酬劳动参与率为 45%，其中，男性为 52%，女性为 38%，性别差达到 14 个百分点。全国有酬劳动参与率为 59%，比北京高 14 个百分点，男性为 67%，女性为 51%，男女性别差达到 16%，略高于北京。与 2008 年相比，由于被访者年龄偏大，有酬劳动参与率有所下降，全国下降 9 个百分点，北京下降 15 个百分点。从性别来看，全国女性有酬劳动参与率下降 12 个百分点，男性下降 7%；北京女性有酬劳动参与率下降 16%，男性下降 12%。因此，有酬劳动参与率下降，主要是由于女性有酬劳动参与率的下降。

无酬劳动参与率全国和北京均为 70%，其中，全国女性参与率达到 80% 以上，男性参与率为 55%。北京女性无酬劳动参与率低于全国 2 个百分点，男性高于全国 1 个百分点，北京无酬劳动参与率性别差为 26%，低于全国 3 个百分点。这说明与全国相比，在家务劳动等活动分工时北京男女相对公平。从无酬劳动内容来看，两性差距最大的为家务劳动，女性平均参与率比男性高 30% 左右。与

2008 年相比，全国及北京无酬劳动参与率均有不同程度下降，全国平均降低 9 个百分点，北京降低 8 个百分点，从性别来看，全国男性无酬劳动参与率下降 10 个百分点，女性下降 8 个百分点；北京男性无酬劳动参与率下降 9 个百分点，女性下降 8 个百分点。无酬劳动参与率下降主要是来自家务劳动参与率的下降，全国及北京下降 15%～19% 不等，照料家人参与率有所提升。这说明随着各种智能家电及家政服务业的发展，家务劳动参与率及参与时间均有大幅下降，且居民陪伴家人参与率及时间有所提高。

在个人活动方面，由于包含生理必需活动，因此参与率为 100%。从内容上来看，全国居民学习培训参与率为 7%，男女无性别差别，比 2008 年提高 1 个百分点。北京参与率也为 7%，女性比男性高一个百分点，比 2008 年下降 2 个百分点。休闲活动的参与率全国为 91%，男性比女性高 4 个百分点，北京为 92%，男性比女性高 3 个百分点。与 2008 年相比，自由活动参与率有所下降，全国下降 3 个百分点，北京下降 5 个百分点。从性别来看，全国男性自由活动参与率下降 2 个百分点，女性下降 4 个百分点；北京男性参与率下降 4%，女性下降 7%，因此北京及全国休闲活动参与率的下降主要来自女性。从休闲活动内容来看，看电视依然是大众参与率最高的休闲活动，但参与率比 2008 年下降较大，全国下降 19 个百分点，2018 年仅为 67%；北京下降 21 个百分点，仅为 65%，性别差距不大。锻炼身体参与率，全国参与率从 27% 提高到 31%，北京从 42% 提高到 43%，男女性别差距不大。社会交往参与率下降较多，全国社交活动参与率从 29% 下降到 18%，北京由 32% 下降到 13%。休闲娱乐活动参与率达到 41%，较 2008 年前有所提高；全国被访者阅读书刊参与率从 18% 下降到 10%，北京由 29% 下降到 16%，降幅较大。听广播参与率全国从 2% 提高到 7%，北京从 3% 提高到 7%。女性各项休闲活动参与率均小于男性，且在阅读书籍及休闲娱乐方面尤为显著。

从休闲活动参与率变化来看，随着互联网与休闲娱乐业的发展，虽然看电视依然是居民最主要的休闲活动，但参与率与耗时均有大幅下降。休闲娱乐参与率与耗时提高较多，阅读书刊参与率与耗时降幅较大。互联网的社交功能使人与人之间的面对面社交参与率与活动耗时下降较多。因此，互联网和休闲娱乐业的发展，在较大程度上改变了现代人的休闲活动。

从个人生理必需时间来看，用餐及睡眠的参与率全国及北京均达到 100%，个人卫生活动参与率北京高于全国 1 个百分点，看病就医活动参与率，全国达到 2%，北京达到 3%，这从侧面反映出北京的医疗资源更为丰富。

第二节　四分法全国及北京居民时间利用统计

全国的调查使用三分法将居民时间分为有酬劳动时间、无酬劳动时间、个人时间，有些调查项目分类与本书其余章节"北京市社会生活基本调查"范围不一致。为了便于分析比较，本部分将国家调查中归属无酬劳动的看病就医时间划归为生理必需时间，将有酬劳动、学习培训及交通时间规整为工作学习时间，从无酬劳动中剔除看病就医时间、公益活动时间后的部分规整为家务劳动时间，将自由活动时间规整为休闲时间，即为四分法。同时，此处将全国 2008 年时间分类表依据 2018 年分类项目进行规整，由于统计口径不同，因此与本章第一节部分内容结论有所不同，相同的活动由于划分范围不一致也会有参与时间的差别，因此，本章第一节与第二节内容相互独立，没有可比性。

2018 年，全国居民一天的活动见表 2-5，个人生理必需活动平均用时 11 小时 57 分钟，占全天的 49.7%，较 2008 年提高 25 分钟；其中，男性生理时间延长 17 分钟，女性延长 33 分钟，可见个人生理必需活动用时的延长主要来自女性。从内容上来讲，睡觉休息时间为 9 小时 19 分钟，较 2008 年延长 17 分钟，男性睡眠时间 9 小时 16 分钟，延长 16 分钟，女性睡眠时间 9 小时 4 分钟，延长 18 分钟。用餐时间由 2008 年的 1 小时 40 分钟延长到 2018 年的 1 小时 44 分钟，男性用餐时间缩短 2 分钟，女性延长 9 分钟。居民个人卫生护理平均时间为 50 分钟，较 10 年前延长 4 分钟，男性 48 分钟，女性 52 分钟，个人卫生护理时间的延长主要来自女性时间的延长。

表 2-5　2008~2018 年全国居民主要活动平均时间　　　　　单位：分钟

	2018 年			2008 年		
	合计	男	女	合计	男	女
一、个人生理必需活动	717	712	723	692	695	690
其中：睡觉休息	559	556	562	542	540	544
个人卫生护理	50	48	52	47	48	46
用餐或其他饮食	104	104	105	100	104	96
看病就医时间	4	4	4	3	3	3

续表

	2018 年			2008 年		
	合计	男	女	合计	男	女
二、工作和学习时间	329	387	275	371	421	324
其中：就业工作	177	217	139	149	179	120
家庭生产经营活动	87	98	76	118	129	109
学习培训	27	28	27	29	30	28
交通活动	38	44	33	75	83	67
三、家务劳动	156	86	222	142	71	209
其中：洗衣做饭及其他家务劳动	86	45	126	101	46	154
陪伴照料家人	53	30	75	23	13	33
购买商品或服务	17	11	21	18	12	22
四、休闲活动	238	256	223	222	240	207
其中：健身锻炼	31	32	30	23	24	22
听广播或音乐	6	6	5	1	1	1
看电视	100	104	97	126	131	121
阅读书报期刊	9	11	8	11	14	9
休闲娱乐	65	73	58	35	45	27
社会交往	24	27	22	23	22	24
公益活动	3	3	3	3	3	3
五、其他	—	—	—	14	13	11

资料来源：国家统计局2008年全国时间利用调查资料汇编及2018年中国时间利用调查统计数据。

在工作学习时间方面（见表2-6），包括就业工作、家庭生产经营活动、学习培训及交通活动，达到 5 小时 29 分，较 2008 年下降 42 分钟，主要源自通勤时间下降。2018 年，居民有酬劳动（就业工作及家庭生产经营活动）的平均时间为 4 小时 24 分钟，较 2008 年降低 4 分钟。其中，男性劳动时间 5 小时 15 分钟，较 2008 年提高 7 分钟，女性有酬劳动时间 3 小时 35 分钟，较 2008 年降低 14 分钟，男性有酬劳动时间远长于女性。可见，有酬劳动时间的降低主要是由女性有酬劳动时间减少引起的。从活动参与率来看，居民有酬劳动活动的参与率为 59%，男性为 67.4%，女性为 51%，劳动参与率较 2008 年下降 9%，男性下降 6.6%，女性下降 12%。在学习培训时间上，由 2008 年的 29 分钟下降到 2018 年的 27 分钟，男女学习培训时间均有下降，但男性下降时间较多。此处的交通时间包括工作学习交通时间及其他交通时间，由于工作学习通勤时间较多，因此将其归在工作学习时间的范畴。由于私家车的普及，全国人民的交通时间由 2008 年的 75 分钟下降到 2018 年的 38 分钟。学习劳动及交通时间的下降都是劳动生产率提高，生产力发展的突出表现。

在家务劳动方面，包括洗衣做饭等家务劳动、陪伴照料孩子生活、护送辅导孩子学习、陪伴照料成年家人、购买商品或服务等。全国居民用于家务劳动的平均时间为 2 小时 36 分钟，男性 1 小时 26 分钟，女性 3 小时 42 分钟。与 10 年前相比，家务劳动时间提高 13 分钟，男性提高 15 分钟，女性延长 12 分钟。从劳动参与率来看，2018 年，居民家务劳动的参与率为 70.2%，男性 55.3%，女性 84.2%，女性远大于男性。与 2008 年相比，家务劳动参与率下降了 8.8 个百分点，男性参与率提高了 9.7 个百分点，女性参与率下降 7.8 个百分点。男性的有酬劳动参与率高于家务劳动 12.1 个百分点，女性有酬劳动参与率低于家务劳动 33.2 个百分点。可见，国内依然是"男主外，女主内"的家庭分工格局，但两性分工差异有所下降。

家务劳动中的洗衣做饭等传统家务劳动平均时间为 1 小时 26 分钟。其中，男性 45 分钟，女性 2 小时 6 分钟。居民洗衣做饭等传统家务劳动参与率为 58.5%，其中，男性 40.4%，女性 75.6%。传统家务劳动时间十年间下降 17 分钟，全民参与率下降接近 20%。这反映了家政服务业的发展及智能家居的兴起，在一定程度上缩短了人们的洗衣做饭等家务劳动时间长度，降低了劳动参与率。同时，男女传统家务劳动时间差距由 2008 年的 1 小时 50 分下降到 2018 年的 1 小时 21 分钟，10 年间缩短 29 分钟，在家务劳动上的两性差距在逐步缩小。居民陪伴照料家人的平均时间为 55 分钟，较 2008 年前提高 30 分钟，可见家务劳动时间的整体延长主要是由于陪伴照料老人孩子的时间有所延长。洗衣、做饭等家务劳动时间的缩短，陪伴照料家人的时间的延长，从侧面反映了全社会时间投入向家庭的回归。

2018 年，我国居民一天中休闲活动平均用时 3 小时 58 分钟，居民休闲活动的参与率为 90.8%。休闲时间比 10 年前有所提高，但参与率下降 3.2%。其中，男性 4 小时 16 分钟，女性 3 小时 43 分钟；女性家务劳动及个人生理必需时间的延长，导致其休闲时间远低于男性。但同时两性休闲时间差依然是 35 分钟，并未有显著改变。从内容来看，看电视是我国人民最主要的休闲娱乐方式，人均达到 1 小时 40 分钟，参与率达到 66.5%，但随着人们娱乐方式的丰富及互联网电子产品的普及，居民看电视时间比 10 年前下降 20 分钟，参与率下降了 20%。居民阅读平均时间为 16 分钟，参与率为 10.1%，与 10 年前相比阅读时间和参与率均有所下降。居民休闲娱乐的平均时间为 1 小时 5 分钟，是耗时第二的休闲活动，参与率高达 40.7%。

表 2-6　2008~2018 年北京居民主要活动平均时间　　单位：分钟

	2018 年			2008 年		
	合计	男	女	合计	男	女
一、个人生理必需活动	735	728	742	689	690	688
其中：睡觉休息	552	548	557	532	528	535
个人卫生护理	61	57	63	53	53	53
用餐或其他饮食	117	117	118	99	102	96
看病就医时间	5	5	5	5	5	5
二、工作和学习时间	264	312	217	320	363	276
其中：就业工作	186	224	148	204	235	173
家庭生产经营活动	18	21	15	25	28	22
学习培训	28	29	28	40	39	40
交通活动	32	38	26	51	61	41
三、家务劳动	166	105	223	153	88	216
其中：洗衣做饭及其他家务劳动	85	52	117	115	62	167
陪伴照料家人	55	36	74	15	9	21
购买商品或劳动	25	18	31	23	17	28
四、休闲活动	275	295	258	257	276	239
其中：健身锻炼	51	53	49	37	37	37
听广播或音乐	8	9	7	1	2	1
看电视	107	110	104	127	132	122
阅读书报期刊	16	18	14	18	20	16
休闲娱乐	69	77	61	32	34	29
社会交往	19	21	17	21	22	21
公益活动	2	2	2	3	3	3
其他	—	—	—	20	26	10
五、其他				21	23	21

资料来源：国家统计局 . 2008 年时间利用调查资料汇编 ［EB/OL］. http：//www.stats.gov.cn/ztjc/ztsj/2008sjly/，2009.

从四分法角度来看，北京居民时间分配如表2-6所示。2008~2018年，在个人生理必需时间的变化较大，主要源自睡眠及餐饮时间的提升。工作学习时间有一定程度的降低，除年龄因素外，也体现出随着劳动生产率的提高，社会必要劳动时间不断下降。家务劳动时间也有较大幅度下降，其中，洗衣做饭等家务劳动降幅较大，陪伴照料孩子时间大幅提高。休闲活动时间也有一定的提高，健身锻炼、休闲娱乐、广播音乐时间有所提高，社会交往、阅读书报时间降幅较大。

第三节　2018年北京及上海居民时间利用统计

北京和上海均为全国一线城市，将两者时间分配对比分析会更有意义（见表2-7）。由于上海在全国调查方案的基础上拓展了调查内容，因此活动类别与全国数据有所不同。为了便于比较，活动平均时间部分北京数据整理为和上海同口径，并使用四分法进行分析，参与率数据直接使用"调查资料汇编"所给的活动分类进行比较。主要结果如下：

表2-7　2018年北京及上海居民主要活动平均时间　　　　　单位：分钟

	北京			上海		
	合计	男	女	合计	男	女
一、个人生理必需活动	735	728	742	737	733	743
其中：睡觉休息	552	548	557	572	567	577
个人卫生护理	61	57	63	50	47	53
用餐或其他饮食	117	117	118	112	115	110
看病就医时间	5	5	5	3	4	3
二、工作和学习活动	264	312	217	275	314	240
其中：就业工作	186	224	148	166	201	133
家庭生产经营活动	18	21	15	14	15	14
学习培训	28	29	28	49	49	50
交通活动	32	38	26	46	49	43
三、家务劳动	166	105	223	150	100	198
其中：洗衣做饭及其他家务劳动	85	52	117	90	59	120
陪伴照料家人	55	36	74	35	21	49
购买商品或劳动	25	18	31	25	20	29

续表

	北京			上海		
	合计	男	女	合计	男	女
四、休闲活动	275	295	258	276	296	259
其中：健身锻炼	51	53	49	38	39	38
文化影视*	115	119	111	126	126	126
阅读书报期刊（含电子介质）	16	18	14	36	42	31
休闲娱乐	69	77	61	50	64	36
社会交往	19	21	17	25	24	27
公益活动	2	2	2	1	1	1

注：*表示由于上海数据单独统计，其表中统计内容与全国表略有不同，文化影视表示听广播或音乐活动及看电视活动。

资料来源：国家统计局社会科技和文化产业统计司.时间都去哪儿了：2018年中国时间利用调查统计数据［M］.北京：中国统计出版社，2019.

2018年，北京居民个人生理必需活动平均时间为12小时15分钟，上海居民为12小时17分钟，上海居民略高于北京居民，两者相差不大。与北京一致，上海女性个人生理必需活动时间要高于男性，但是两性差别小于北京。从主要内容来看，睡觉时间上海居民平均达到9小时32分钟，高于北京20分钟，其中上海女性为9小时37分钟，男性为9小时27分钟。在个人卫生护理时间方面，上海居民为50分钟，低于北京居民11分钟；上海男性个人卫生护理时间47分钟，女性为53分钟。用餐或其他饮食时间上海居民平均112分钟，低于北京5分钟。在两性方面，与北京女性用餐时间较男性长不同，上海女性用餐时间少于男性。上海男性进餐时间为1小时55分钟，低于北京男性2分钟，上海女性进餐平均时间为1小时50分钟，低于北京女性8分钟。看病就医平均时间，上海居民平均为3分钟，低于北京平均时间2分钟。

在工作和学习活动方面，上海居民平均为4小时35分钟，北京居民为4小时24分钟。从内容结构来看，与北京居民相比，上海居民更偏向自我提高，北京居民平均工作时间高于上海，通勤压力略小于上海。在就业与工作方面，上海居民平均在业时间为2小时46分钟，低于北京居民20分钟，且学习培训时间较长，说明与北京居民相比，上海居民更偏重于自身发展与幸福感。其中上海男性工作时间平均为3小时21分钟，女性平均就业时间为2小时13分钟，男性高于女性 68 分钟；北京男性平均就业时间高于上海男性 23 分钟，北京女性高于上海女性 15 分钟，说明与上海相比，北京就业者平均劳动时间更长。但男女劳动时间差距北京要大于上海。在家庭生产经营活动方面，上海为 14 分钟，低于北京 4 分钟，男女经营时长相差不大。北京居民家庭生产经营活动男女时差较大，在该项劳动男女参与率几乎相同的前提下，男性家庭生产经营者比女性经营者时间更长。在学习培训活动方面，上海居民的参与时间与参与率均远高于北京，说明上海居民更偏向自我提高。在交通活动方面，上海居民平均通勤时间为 46 分钟，高于北京居民 14 分钟；其中上海男性通勤时间 49 分钟高于北京男性 13 分钟，女性通勤时间为 43 分钟高于北京女性 7 分钟。

在家务相关活动方面，北京整体家务相关时间高于上海。从内容结构上来看，上海男性较北京男性愿意花费更多时间在洗衣做饭、购物等家务劳动上，北京居民愿意花更多时间照顾陪伴孩子及其他家庭成员。

上海居民平均家务时间达到 2 小时 30 分钟，低于北京居民 16 分钟。其中上海男性家务劳动时间 100 分钟低于北京男性 5 分钟，上海女性家务劳动 198 分钟低于北京居民 25 分钟，两性家务劳动时差上海仅为 98 分钟，低于北京 10 分钟，说明在家务劳动参与方面上海比北京两性更加平等。在洗衣做饭等家务劳动方面，上海居民达到 90 分钟，高于北京 5 分钟，上海男性为 59 分钟，高于北京男性 7 分钟，上海女性为 120 分钟，高于北京女性 3 分钟。上海男性在洗衣做饭类的家务劳动活动上参与程度要高于北京，与上海男人更"顾家"的传统符合。在购买商品或服务的活动上，上海居民与北京居民时间相同，都是 25 分钟，上海男性购物时间高于北京男性 2 分钟，上海女性低于北京女性 2 分钟，男女购物时长性别差上海低于北京 4 分钟。在陪伴照料家人方面，上海居民为 35 分钟，北京居民为 55 分钟，北京高于上海 20 分钟，说明北京居民比上海居民更看重孩子的成长与家人的陪伴。

在休闲时间方面，北京与上海居民休闲时间相差不大，但偏好内容差别较大。除去两个城市居民耗时较多的文化影视活动以外，北京居民愿意花更多时间在健身、休闲娱乐方面，上海居民更偏好阅读书报期刊、人际交往等活动。具体来看，上海居民休闲活动耗时达到 276 分钟，高于北京 1 分钟。其中上海男性休闲时间为 296 分钟，女性为 259 分钟，男性高于女性 37 分钟，与北京男女休闲时间差基本一致。在内容方面，文化影视活动耗时最多，上海居民耗时 126 分钟，男性与女性基本一致；北京居民文化影视活动耗时 115 分钟，低于上海居民 11 分钟，北京男性耗时略高于女性。北京居民比上海居民更偏向于健身锻炼，上海居民平均每天健身锻炼时间为 38 分钟，低于北京居民 13 分钟。从性别来看，与北京相同，上海男性比女性更偏向于体育锻炼。上海居民平均每天阅读书报期刊（含电子介质）时间达到 36 分钟，其中上海男性为 42 分钟，女性为 31 分钟，远高于北京平均时间 16 分钟，说明上海居民在空闲时间更偏爱阅读。在休闲娱乐方面，上海居民休闲娱乐时间较北京低 27.5%，仅有 50 分钟，上海男性休闲娱乐时间为 64 分钟，女性 36 分钟，男性高于女性 77.8%。上海休闲娱乐的性别不平衡现象高于北京市民。从社会交往时间来看，上海居民平均社会交往达到 25 分钟，男性为 24 分钟，女性为 27 分钟，上海女性比男性更注重社会关系；北京居民社交时间较上海低 6 分钟，与上海不同，北京男性较女性更偏爱社交。在公益活动方面，上海居民平均每天仅有 1 分钟，北京高于上海。

由表 2-8 可知，北京居民就业活动参与率达到 40%，总体高上海 4 个百分点。其中男性高上海 5 个百分点，女性高上海 3 个百分点。家庭生产经营活动的参与率与上海基本一致。在交通活动的参与率方面，上海居民平均达到 59%，其中，男性为 63%，女性为 56%，该比例远高于北京。

表 2-8　2018 年北京及上海居民主要活动平均参与率　　　　单位:%

	上海			北京		
	合计	男	女	合计	男	女
就业/工作	36	42	30	40	47	33
家庭生产经营活动	6	6	6	6	6	6
洗衣做饭及其他家务劳动	62	51	72	57	42	71
陪伴照料孩子生活	13	10	16	18	13	23
护送辅导孩子学习	7	5	9	9	6	11
陪伴照料成年家人	3	3	4	6	5	6
购买商品或服务	31	27	35	25	18	32
交通活动	59	63	56	52	56	48
公益活动	1	1	1	2	2	2
学习培训	12	12	12	7	7	8
健身锻炼	40	40	40	43	44	43
文化影视	72	72	73	73	74	73
阅读书报期刊（含电子介质）	31	34	28	16	17	14
休闲娱乐	26	34	19	40	43	38
社会交往	24	23	25	13	13	12

	上海			北京		
	合计	男	女	合计	男	女
睡眠休息	100	100	100	100	100	100
个人卫生护理	95	95	96	99	99	99
用餐或其他饮食	100	99	100	100	99	100
看病就医	3	2	3	3	3	4

资料来源：国家统计局社会科技和文化产业统计司．时间都去哪儿了：2018年中国时间利用调查统计数据［M］．北京：中国统计出版社，2019．

　　家务劳动的参与率上海平均达到 62%，高于北京 5 个百分点，其中上海男性家务劳动参与率达到平均 51%，高于北京男性 9 个百分点，即超过一半的上海男性参与到家务劳动中，上海女性家务劳动参与率达到 72%，高北京女性 1 个百分点。在家务劳动参与率方面，上海两性差距仅有 21 个百分点，性别差距远小于北京。上海居民家务劳动参与率高，主要原因在于上海男性家务劳动参与率远高于北京、全国平均水平。在购买商品与服务的参与率上，上海居民参与率平均达到 31%，高于北京 6 个百分点，上海男性达到 27%，高于北京男性 9 个百分点，上海女性达到 35%，高于北京 3 个百分点。购物活动两性参与率差距仅有 8 个百分点，远低于北京。因此，上海居民购物参与率较高主要由于男性购物参与率较高。

　　在陪伴照料孩子生活方面，北京居民参与率高上海居民 5 个百分点，其中男性高上海 3 个百分点，女性高上海 7 个百分点。在护送辅导孩子学习方面，北京家长参与率平均高上海 2 个百分点。从孩子成长的参与度来看，北京家长整体参与率要高于上海。从陪伴照料成年人来看，北京居民参与率高上海 3 个百分点，是上海参与率的两倍。

　　在休闲相关活动方面，北京和上海居民参与率具有不同的特征。北京居民在公益活动的参与方面，积极性远高于上海，上海参与率为 1%，北京的参与率达到 2%。在健身锻炼方面，北京无论男女其健身锻炼参与率均高于上海，从整体来看，上海该活动参与率为 40%，北京达到 43%，该项目男女基本没有差别。在阅读书报期刊（含电子介质）上，北京居民参与率仅为 16%，北京男性参与率略高于女性；该活动上海居民参与率平均达到 31%，几乎是北京的两倍，从性别来看，上海女性阅读活动参与率达到 28%，男性为 34%，男性高于女性 6 个百分点。与北京居民相比，上海居民更爱阅读。在文化影视娱乐参与方面，北京与上海居民整体参与率相差不大，均达到70%以上，且参与率方面男女相差不大。

在学习培训方面，上海居民学习培训参与率高北京5个百分点，上海参与率平均达到12%，北京为7%。对于该项活动男女都热衷参与自我提升。

在社会交往方面，上海居民社会交往参与率达到24%，其中，男性为23%，女性为25%，女性高男性2个百分点。北京居民该项活动的参与率仅为13%，几乎仅为上海居民参与率的1/2，其中男性参与率为13%，女性为12%。上海居民社会交往参与率远高于北京，尤其是上海女性该项活动参与率达到北京女性的2倍以上，说明上海居民人与人之间的交往更为密切。

在休闲娱乐参与率方面，北京居民参与率达到40%，其中男性为43%，女性为38%，两性参与率差距达到5个百分点。该项目上海居民参与率仅为26%，低于北京14个百分点，男性为34%，女性为19%，两性差距达到15个百分点。由于女性需要分配较多的时间在家务劳动、教育照顾子女、社会交往方面，因此休闲娱乐类活动的参与率与男性有一定差距。

在个人生理必需活动方面，北京和上海居民的睡眠和用餐参与率几乎达到100%。看病就医参与率北京与上海基本持平。个人卫生护理活动，北京居民的参与率高于上海。

第三章　北京市民时间分配变化统计

生活时间结构的变化，反映了人们生活方式的变迁。为了解北京居民生活方式的变化，中国人民大学休闲经济研究中心于 1986～2020 年对北京居民进行了生活时间分配的抽样调查。本章运用 1986～2020 年北京居民生活时间分配资料，从时间分配的角度，研究居民工作、休闲等各个领域的变化，从侧面反映 34 年来的居民生活方式，特别是休闲生活的变迁。主要调查年份的调查样本基本信息如表 3-1 所示。

表 3-1　1986～2020 年北京市居民在时间方面社会生活基本调查样本特征

	1986 年	1996 年	2001 年	2006 年	2011 年	2016 年	2020 年
样本总量	910	411	499	1657	1106	830	896
性别：男性	524	194	256	846	473	383	491
女性	386	217	243	811	633	447	405
年龄：19 岁以下		10	30	141	16	35	17
20～24 岁		91	84	250	184	125	145
25～29 岁	690	126	120	270	211	159	207
30～39 岁		90		330	249	182	200
40～49 岁		30	146	255	114	92	63
50～59 岁	152	48	70	255	263	141	157
60 岁以上	68	16	49	156	69	96	107
工作状况：有业		382	368	1234	876	632	686
无业	—	29	106	289	202	162	170
在学		13	25	134	28	36	40

资料来源：笔者根据调查数据整理所得。

1986~2020 年，样本量数据从 1986 年的 910 人提高到 2006 年的 1657 人，在 2011 年及之后年份，样本量稳定在 800~1100。总体来看，调查结果有一定的代表性。从性别来看，每年男女比例大致为 1：1；年龄结构以 25~39 岁中青年为主；接近 76%~79% 的被访者从事有酬劳动，无业者以退休人员为主，比例在 17%~20%，各阶段学生的比例维持在 2%~5%。本章所有图表数据来自北京居民社会生活基本调查数据整理所得。

第一节　生理活动时间

一、睡眠时间

良好的睡眠可缓解身心疲劳，舒缓压力并且预防疾病。睡眠质量差不仅会影响精神状态，而且会增加患病概率，导致生活质量下降。不少研究证明，保证睡眠时长是保证睡眠质量的有效方法之一。本书分析 34 年居民睡眠时间分配变化，借此了解居民睡眠特征及变化情况，以此反映居民生活质量变化的一个侧面。

（一）睡眠时间大幅增加

调查资料表明（见表 3-2），1986~2020 年居民的睡眠时间明显增长，全周增加 47 分钟，2020 年睡眠时间较 1986 年前提高 10%。可以看出，休息日睡眠时间增加是睡眠增加的主要原因之一。这 30 多年间，中国法定节假日数量不断增加，从 1995 年开始周休由 1 天变为 2 天，从 1999 年开始中国人多了"五一""十一"七天长假，从 2014 年开始，虽然"五一"假期变短，但居民又可以享受"清明""端午"和"中秋"假期。中国人法定节假日的不断增多，是居民睡眠时间延长的主要原因之一。引起睡眠时间增加的另一个原因是人口老龄化加速，60 岁以上人口比例从 1986 年的 6.7% 提高到 2020 年的 11.9%，老年人口比重的增加，即从退休到正常死亡之间的人口比例的增加，也会使平均睡眠时间增加。

表 3-2　1986~2020 年睡眠时间的变化　　　　　单位：分钟

年份	全周	工作日	休息日
1986	472	464	523
1996	495	475	541

续表

年份	全周	工作日	休息日
2001	512	493	561
2006	521	501	572
2011	527	505	582
2016	535	518	576
2020	519	496	577

资料来源：笔者根据调研数据整理所得。

（二）女性睡眠时间总体多于男性，近年有趋同趋势

如图3-1所示，1986~2016年，女性的睡眠时间都多于男性。但从增加的幅度来看，男性睡眠时间的增加幅度略大于女性，男性睡眠时间增加49分钟，女性睡眠时间增加48分钟。另外，女性不在业人口的增加也是平均睡眠时间增加的一个重要原因，无业者的睡眠时间多于在业者的睡眠时间。2020年的调查显示，与2016年相比，男女睡眠时间均有所下降，睡眠总时间与2006年睡眠时间接近。2020年，男性睡眠时间较2016年下降10分钟，主要由于家务劳动时间的延长；女性睡眠时间减少较多，较2016年减少38分钟，主要是由于女性制度内工作时间、照料老人孩子时间明显提高。

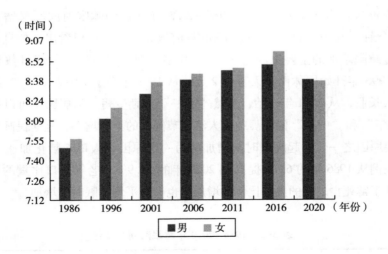

图3-1　1986~2020年男女睡眠时间差异

（三）平日"夜猫子"越来越多，周末越睡越晚

随着夜生活的丰富和工作节奏的加快，不少人选择推迟入睡时间。时点趋势见图3-2，2001年，工作日22：30之后有54.7%的人进入睡眠状态；24：00之后有89%的人进入睡眠状态；休息日直到22：40后才有超过50%的人进入睡眠，24：00之后该比例达到88%。因此，2001年，一半以上居民是在晚上22：30~22：40处于入睡状态的。

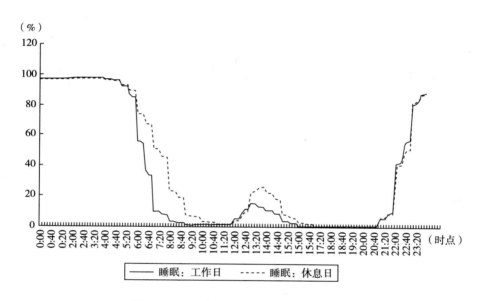

图3-2 2001年中国人不同时点睡眠比例

2016年，如时点趋势图3-3所示，工作日22：30入睡率达到一半以上，为55.3%，略高于2001年。但24：00进入睡眠状态的人仅有83.7%，较2001年低5.3个百分点，说明即使工作日"夜猫子"数量也越来越高。休息日，直到23：00之后才有超过50%的人进入睡眠状态，比15年前推迟了20分钟；24：00仅有77.5%的人选择入睡，比15年前下降10.5个百分点。

2020年，如时点趋势图3-4所示，工作日22：30入睡率不到50%，仅为48.77%，低于2016年。但24：00进入睡眠状态的人达到95.54%，较2016年高12个百分点，与2016年相比，晚睡的人更多，熬夜的人有所减少。休息日，直到23：00之后才有超过50%的人进入睡眠状态，比2016年推迟10分钟；24：00仅有93.42%的人选择入睡，比2016年前下降2.1个百分点，较20年前下降17%。休息日进入睡眠的群体较前期呈持续下降状态。

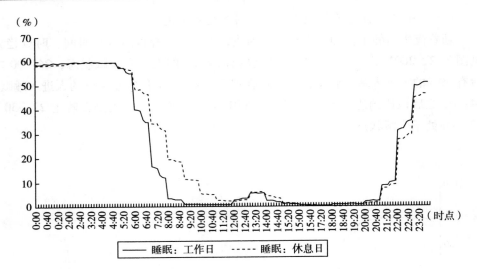

图 3-3　2016 年中国人不同时点睡眠率比例

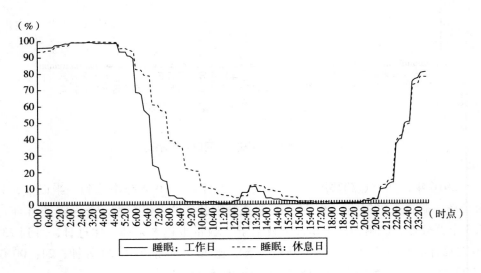

图 3-4　2020 年中国人不同时点睡眠率比例

　　经济社会的发展，极大地丰富了居民以娱乐休闲为主要目的的夜生活，导致选择晚睡的人越来越多。人类早期的夜间活动，实质上不过是白天劳动的准备与延续，修整工具和分配食物几乎就是当时"夜生活"的全部活动内容。随着生产工具的改进和生产力的发展，人们逐渐不再为温饱发愁，此时人类的夜生活才真正开始。电的发明和应用更使人们的夜生活步入一个全新的境界，产生一次质的飞跃。随着科技的飞速发展和设备的不断革新，新经济业态不断出现，电影、电视、电子游戏、手机视频、综合商超等使人们的夜生活变得越来越丰富[①]，不少人选择在休息日晚上放松自己，睡眠时间不断地推迟。

二、用餐时间

国以民为本，民以食为天。30 年来，中国人民感受最深的莫过于自家餐桌的变化。从计划经济凭票购物，到各国料理珍馐不尽。国人餐桌的变化折射出中国社会的巨大变革。无论你身在都市还是居住乡间，一日三餐的变化折射出"生活正在变得越来越富足"。

（一）一顿饭的工夫有多长

俗话说"人是铁，饭是钢"，吃饭是我们的生活必需。如图 3-5 所示，1986~2020 年，中国人用餐时间不断延长。2020 年一个人每天花在进餐上的时间平均为 1 小时 50 分钟，比 1986 年延长了 37 分钟，增幅达 51%；其中工作日进餐时间为 1 小时 47 分钟，比 1986 年提高 50.7%，休息日进餐时间为 1 小时 59 分钟，比 1986 年延长 51 分钟，增幅达 52.6%。可见，用餐时间的延长，主要来自休息日用餐时间的增多。

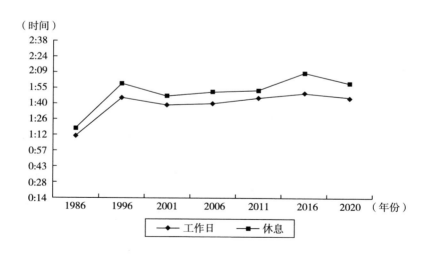

图 3-5　1986~2020 年中国人用餐时间变化

---

① 李经龙，张小林，马海波. 夜生活与夜经济：一个不容忽视的生产力 ［J］. 生产力研究，2008 （1）：60.

（二）被拉长了的一日三餐

1. 早午餐现象出现

2016 年，工作日，居民进餐率呈现"M"形（见图 3-6 至图 3-8）。早上 5：00 以前，进餐率基本为 0，从 5：00 开始，进餐率开始缓慢攀升，早上 7：30 是居民吃早餐的峰值，男性进餐率达 20.37%，女性进餐率达 20.3%。休息日比工作日早餐进餐率的峰值降低了 2 个百分点，且集中程度略有降低；进餐率在达到峰值之后，并没有如工作日那样一路走低，而是缓慢走低之后，10：00 之后逐步开始上升。休息日，早餐和午餐的分水岭不再泾渭分明。虽然早餐时间推迟了，但午餐的时间没有变化，中午 12：00 依然是人们吃午餐的峰值。休息日午餐进餐的集中度明显低于工作日，47.26% 的男性和 41.61% 的女性在中午 12：00 左右进餐，比工作日分别低 13 个和 17 个百分点。与 2001 年相比，2016 年居民早餐时间整体略有推迟，且时间跨度更长，工作日早餐进餐率峰值从 7：00 推迟到 7：30，早午餐出现，休息日尤为明显。2020 年与 2016 年对比，早餐进餐人群比例没有较大差别。

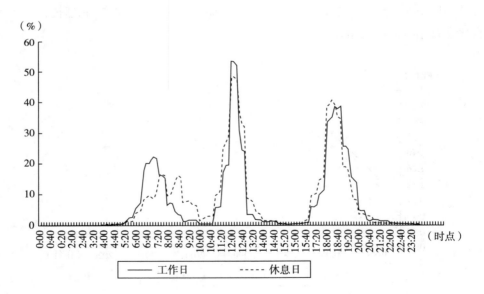

图 3-6　2001 年中国人不同时点用餐率趋势

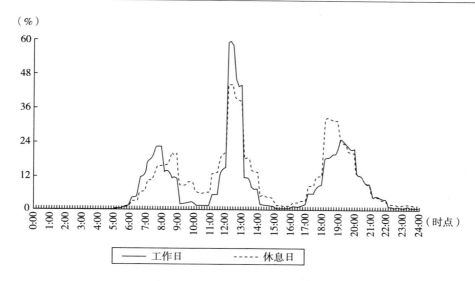

图 3-7　2016 年中国人不同时点用餐率趋势

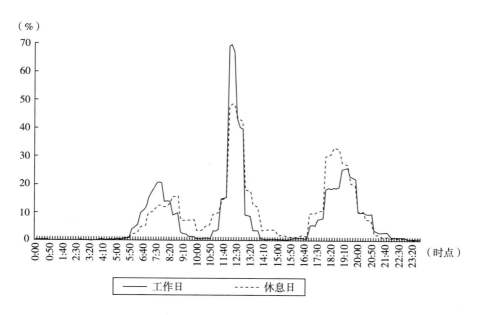

图 3-8　2020 年中国人不同时点用餐率趋势

2. 晚餐时间延长了

与2001年相比，2016年中国人晚餐进餐时段更为分散，时段被明显拉长。如果以进餐率大于5%为主要进餐时段，晚餐的主要进餐时段从2001年的17~20点变为2016年的17~21点，整整延长了一个小时。而人们的平均晚餐进餐时间由2001年的工作日46分钟，休息日48分钟，延长到2016年的工作日49分钟，休息日59分钟，休息日的晚餐进餐时间15年延长10分钟。晚餐进餐时间延长主要源于中国人夜生活的丰富和生活习惯的改变，从2001年鲜有人外出就餐到2016年外出就餐成为度过周末的一种方式，2016年北京规模以上餐饮业营业收入是2001年的25倍就是佐证。与2016年相比，2020年居民晚餐进餐时间变化不大，但工作日20：00~21：00进餐人群比例有所提高。

近几年来，人们开始重新认识传统膳食，玉米、高粱、各种豆类已经成为许多人每日不可或缺的食物。人们对食物的需求不仅是丰富多样化，还对就餐环境的要求越来越高，花园式餐饮、园林式餐饮、野外餐饮以及露天餐饮都非常受欢迎。近年来，各种家庭厨房、原生态健康主题的农庄、采摘园的发展也成为忙碌城市人的度假首选。随着互联网相关产业飞速发展，外卖行业发展如火如荼，各色饮食都可以通过网络轻松下单，快速、便捷地送到顾客手中。餐饮经济持续快速发展，行业规模不断扩大。与改革开放前夕相比，我国餐饮业年营业额增加万亿元以上，居民餐饮消费能力不断增强。从最初的"吃饭难"到如今"吃特色""吃健康"——中国餐饮行业已经成为我国第三产业中的支柱产业，使国人的生活水平发生了质的飞跃[1]。

三、个人卫生时间

个人卫生时间是指用于盥洗、理发、上厕所等生理卫生活动的时间。虽然这部分时间在人的一天的时间分配中占的比重很小，但这部分时间是反映居民生活质量的一个重要方面，同时又是个人生活必需时间的重要组成部分。

调查结果如表3-3所示，2020年，居民平均每天的个人卫生时间为56分钟。男性每天的盥洗时间平均为52分钟，女性为1个小时，女性比男性多8分钟。假如男性和女性的预期寿命同为76岁，男性一生中花在盥洗活动的时间约为144万分钟，相当于2年8个月；女性一生中花在盥洗活动的时间约为166万分钟，相当于3年2个月。女性一生将比男性多花22万分钟或6个月时间在盥洗活动上。

---

① 李雨萌. 改革开放30年的餐饮变迁［J］. 中国民商，2017（3）：82-84.

与 1986 年相比，男性和女性盥洗时间均有所提升。从 1986～2020 年，居民盥洗时间保持缓慢上升趋势，34 年由 38 分钟增长到 56 分钟，提高 47%，其中工作日增长 9 分钟，提高 24%，休息日提高 15 分钟，幅度达 35.7%。说明居民盥洗时间的提高主要来自休息日盥洗时间的大幅度增多，随着生活条件的改善，居民日益重视个人卫生状况。从性别来看，女性盥洗时间比男性多这一规律保持 30 年不变。1986 年，男性居民平均每天的盥洗时间为 35 分钟，女性为 41 分钟。2020 年男性和女性盥洗时间分别提高了 17 分钟和 19 分钟。虽然男性总体的盥洗时间少于女性，但男性在休息日会花更多的时间用于保持个人卫生。

表 3-3　1986～2020 年工作日和休息日的盥洗时间　　　　单位：分钟

年份		1986	1996	2001	2006	2011	2016	2020
周平均	合计	38	44	33	47	47	49	56
	男	35	39	33	46	42	44	52
	女	41	49	34	49	50	54	60
工作日	合计	37	44	33	48	46	47	56
	男	34	38	32	46	41	41	52
	女	40	48	34	50	50	52	60
休息日	合计	42	46	34	47	50	55	57
	男	40	42	34	46	47	51	54
	女	45	50	34	49	52	59	61

资料来源：笔者根据调查数据整理所得。

第二节　家务劳动时间

家务劳动时间是指家庭成员实现家庭责任与义务所花费的时间，它包括购买商品、做饭、洗衣物、照料孩子和老人及其他家庭劳动时间（1986 年调查没有其他家务劳动时间数据，可以用总家务劳动时间倒推其他家务劳动时间）。调查结果见表 3-4，总体来看，1986～2020 年居民家务劳动时间有逐年递减的趋势，其中女性家务劳动时间递减幅度较大，除了 1986 年外，男性家务劳动时间总体有所延长，说明两性家务劳动时间不平等有下降的趋势。受新冠肺炎疫情影响，2020 年人们居家时间较多，导致家务劳动时间有所延长，2020 年居民平均每天的家务劳动时间为 1 小时 55 分钟，比 1986 年减少 15 分钟，但比其他年份的家务劳动时间都有所延长。其中购买商品时间为 17 分钟，较 1986 年减少 9 分钟，疫情防控期间的网络购物节省了部分购物时间；做饭时间为 31 分钟，减少 23 分钟；洗衣物时间为 14 分钟，减少 10 分钟；其他家务劳动时间为 23 分钟，也有所减少。照料孩子老人时间为 30 分钟，增多 13 分钟，一方面，由于疫情人们居家时间增多，照料老人小孩时间相应提高；另一方面，"二孩"政策的全面放开，使不少女性花费更多时间在育儿方面上，照料孩子和老人时间较 1986 年提高了 85%，较 2016 年提高了 68%。

表 3-4　1986~2020 年男性和女性家务劳动时间分配　　单位：分钟

		购买商品	做饭	洗衣物	照料孩子和老人	其他家务劳动时间	合计
1986 年	平均	26	54	24	17	27	148
	男性	23	44	12	15	20	117
	女性	30	68	40	20	32	190
1996 年	平均	28	34	13	16	19	112
	男性	19	26	7	13	17	84
	女性	36	41	19	18	20	136
2001 年	平均	28	37	14	17	18	114
	男性	24	27	9	10	11	81
	女性	33	47	19	23	25	147
2006 年	平均	30	34	14	12	18	109
	男性	21	21	8	8	11	69
	女性	39	48	21	16	26	150
2011 年	平均	26	31	13	21	17	110
	男性	18	19	6	16	9	69
	女性	33	40	18	24	23	140
2016 年	平均	24	29	14	22	15	107
	男性	18	19	7	23	9	78
	女性	29	37	19	22	21	130
2020 年	平均	17	31	14	30	23	115
	男性	13	25	10	23	19	90
	女性	21	37	19	37	27	141

资料来源：笔者根据调研数据整理所得。

从性别来看，女性仍是各项家务劳动活动的主体，"男主外，女主内"的家庭模式仍清晰可见。2020年，女性人均每天家劳动时间为2小时21分钟，而男性人均只有1小时30分钟，女性人均每天家务劳动时间比男性多51分钟。表3-4是男女的分类家务劳动时间的比较，进一步分析表明，2020年北京居民家务劳动时间的减少主要体现在女性家务时间的减少。与1986年前相比，男性居民每天购买商品时间减少了10分钟，做饭时间减少了19分钟，洗衣物时间减少了2分钟，照料老人和孩子时间增加了8分钟。而女性居民每天购买商品时间减少了9分钟，做饭时间减少了31分钟；洗衣物时间减少了21分钟；照料老人和孩子时间增加了17分钟。这表明，购物可以在网上进行，懒得做饭可以下饭馆，大部分洗衣工作由洗衣机代劳，打扫房间等其他家务劳动可以请小时工，随着老龄化的加重和"二孩"的增多，不少人照料老人孩子的时间大幅度增加。

第三节　工作时间

1986~2020年，由于劳动生产率的提高及假日制度改革，北京居民工作（学习）及通勤时间总体呈逐步下降趋势，但2020年略有提高（见表3-5）。1986年，从全周来看，每日工作（学习）及通勤时间平均为7小时47分钟，男性比女性工作时长多24分钟，加班时间平均为16分钟，男性比女性长3分钟，在途时间54分钟，男性比女性长1分钟。由于周末"双休"制度的执行，1996年，工作（学习）及通勤时间有较大幅度下降，从7小时42分下降到6小时29分，通勤时间有所提高，工作时间下降幅度较大。2006年，工作（学习）及通勤时间平均为6小时5分钟，较1996年下降24分钟，通勤时间基本不变，制度内及其他工作时间略有下降，加班时长略有提高。2016年，工作（学习）及通勤时间平均为6小时1分钟，较2006年下降4分钟，基本保持不变。2020年，工作（学习）及通勤平均时长为6小时17分钟，较2016年略有提高，主要由于各种工作时间有所延长。

表3-5　1986~2020年男性和女性工作（学习）通勤时间分配

单位：分钟

		制度内工作（学习）时间	其他工作（学习）时间	加班（课）加点工作时间	上下班（学）路途时间	合计
1986年	平均	397		16	54	467
	男性	407		17	55	477
	女性	385		14	54	453
1996年	平均	292	17	15	64	389
	男性	308	19	21	66	415
	女性	277	15	10	62	365
2001年	平均	274	15	8	44	342
	男性	282	16	10	48	356
	女性	265	14	6	40	327
2006年	平均	264	18	20	63	365
	男性	279	17	24	65	385
	女性	247	18	16	61	342
2011年	平均	279	14	11	59	364
	男性	305	13	15	63	397
	女性	271	18	15	60	364
2016年	平均	269	17	16	57	361
	男性	292	15	23	60	392
	女性	250	18	11	55	335
2020年	平均	280	19	20	59	377
	男性	288	20	23	58	389
	女性	271	18	15	60	364

注：1986年调查数据制度内和其他工作学习时间并未区分。

资料来源：笔者根据调查数据整理所得。

　　由图3-9可知，1986~2020年北京居民制度内及其他工作（学习）时间总体来说逐步下降，但男性工作时长始终高于女性，目前稳定在5小时以下。男性与女性制度内及其他工作时间差由最高的42分钟缩短到17分钟。由图3-10可知，34 年来，北京居民的加班（课）加点工作时间由 16 分钟延长到 20 分钟，2011 年之后加班现象尤为显著。男性加班时长要高于女性，女性加班时长 34 年基本不变，男性加班时长由 17 分钟提高到 23 分钟，提高了 35%，可见男性较女性更爱加班。由图 3-11 可知，居民上下班（学）通勤时间，34 年间略有提高，近 10 年基本保持稳定。

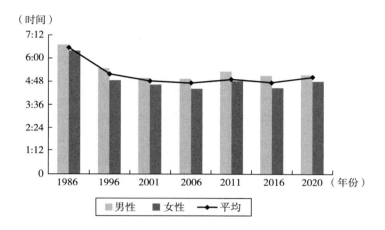

图 3-9　1986~2020 年北京居民工作（学习）时间变化趋势

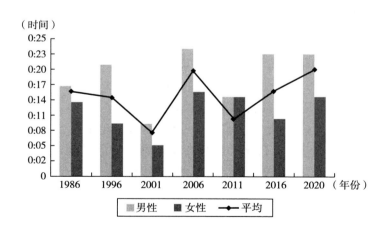

图 3-10　1986~2020 年北京居民加班（课）加点工作时间变化趋势

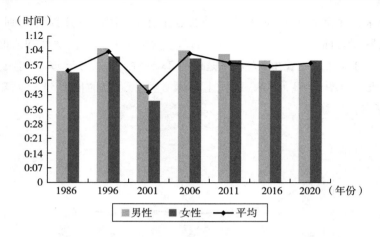

图 3-11　1986~2020 年北京居民上下班（学）路途时间变化趋势

第四节　休闲时间

一、休闲时间变化较大

随着经济增长和社会进步，居民生活方式发生了巨大的变化，休闲时间先增后减。2020 年调查结果如表 3-6 所示，北京人日平均休闲时间为 4 小时 11 分，与 1986 年的 3 小时 59 分相比，平均休闲时间增加了 12 分钟。同时总劳动时间减少 2 小时 3 分钟，其中，社会劳动时间减少 1 小时 30 分钟，家务劳动时间减少 33 分钟。社会劳动时间周平均减少 10 小时 30 分钟，相当于上班族 1.25 个工作日的工作时长。1986 年，日平均生理活动时间、工作时间、休闲时间、家务劳动时间占总时间的比重分别为 41%、32%、16%、10%；2020 年则为 48%、26%、17%、8%。时间结构的变化主要取决于劳动生产率的提高和劳动制度（如 1995 年由周休一日改为周休两日）的变革。从时间分配的变化来看，工作时间和家务劳动时间有较大幅度减少，个人生理必需时间有较大幅度增加，总体来看休闲时间略有提高。但同时也应注意，1986~2020 年，休闲时间在先增加后持续减少，2020 年休闲时间较 2001 年共减少 70 分钟，由于家务劳动时间基本保持不变，制度内工作时间和个人生理必需时间在较大程度上挤占了休闲时间。

表 3-6　1986~2020 年北京居民时间分配状况　　　　单位：分钟

年份	学习和工作时间	个人生活必需时间	家务劳动时间	休闲时间
1986	467	586	148	239
1996	389	636	112	303
2001	342	660	115	321
2006	365	684	109	282
2011	364	687	110	269
2016	361	718	107	253
2020	377	698	115	251

资料来源：笔者根据调查数据整理所得。

个人自由支配时间或称闲暇时间，休闲时间是指个人为社会、为家庭尽义务以及满足个人的生理需要之外的时间。当社会劳动生产力水平发展到个人无须整日劳动即可获得足够的生活资料时，就为自己节约下可自由支配的时间，从而使自己能够根据自身的兴趣娱乐和个性发展出发，自主地决定从事什么活动。自由时间占生活总时间的比例可以视为人类自身解放和生活质量提高与否的一个衡量标准。

1986~2001 年，居民休闲时间先增加后减少。由于假日制度改革和劳动生产率的提高，休闲时间有较大幅度提升，2001 年居民人均闲暇时间较 1986 年提高34%。2001~2020 年，休闲时间由 5 小时 21 分钟减少到 4 小时 11 分钟，降幅达21.8%。从休闲活动内容来看，如表 3-7 所示，观看影视文体表演、观看展览、体育锻炼、公益活动等休闲时间变化不大；变化较大的是探亲访友时间减少较多，下降幅度高达 65.0%，说明随着互联网和智能手机的发展，国人的"串门"传统已发生改变，人们的交流和娱乐方式在多样化，不仅局限于面对面沟通的一种交流方式。看电视时间经历了先增后减的过程，2001~2020 年，人们看电视时间持续下降，20 年减少 1 小时 24 分钟，降幅达 65.4% 以上。此外，学习科学文化知识（正规学习除外）的时间减少较多；游园散步时间有较大幅度增加，比例达 70.5%，比 1986 年提高 12 分钟，说明人们更注重身体健康。随着智能手机的普及及移动网络的发展，居民的娱乐方式越来越多样化，其他娱乐时间有显著提高，成为除看电视外最主要的娱乐方式，较 1996 年提高 128.6%。1996~2020年，休闲时间减少而个人生理必需时间不断增加，看电视和听广播时间不断减少，读报时间增多，其他娱乐时间增幅较大，看书时间减少，探亲访友时间骤减，游园散步时间增多。

表 3-7　1986~2020 年北京居民休闲时间分配状况　　　单位：分钟

年份	学习文化科学知识	阅读报纸	阅读文艺书刊	看电视	听广播	观看影视文体表演	观看各种展览	游园散步	其他娱乐	体育锻炼	休息	教育子女	公益活动	探访接待亲友	其他自由时间
1986	23	21	79	7	—	—	17	—	9	38	11	—	20	—	
1996	42	18	14	99	8	3	1	19	21	11	19	6	0	17	16
2001	9	12	9	159	7	1	1	24	20	11	19	4	1	14	22
2006	15	11	13	105	7	1	1	22	38	13	24	6	1	11	14
2011	4	4	8	97	1	1	0	25	19	9	25	3	0	8	55
2016	10	24	9	72	5	3	1	27	24	10	26	4	1	7	26
2020	10	23	8	55	4	5	1	29	48	9	25	6	1	7	20

注：1986 年休闲调查项目和之后几年略有不同。

资料来源：笔者根据调查数据整理所得。

二、女性休闲时间增长幅度大于男性

1986~2016 年，虽然男性休闲时间多于女性，但两性休闲时间差在逐步缩短。调查结果显示（见图 3-12），休闲时间差由 1986 年男性比女性多休闲 56 分钟发展到多 16 分钟，30 年缩短了 40 分钟。1986 年男性休闲时间为 4 小时 23 分，女性为 3 小时 27 分。2016 年男性为 4 小时 22 分，女性为 4 小时 5 分。30 年里，男性休闲时间减少 1 分钟，而女性增加 38 分钟。因此，居民休闲时间的增多，主要来自女性休闲时间的增多。原因是家务劳动时间的减少，家务劳动时间由 1986 年的 3 小时 10 分钟减少到 2016 年的 2 小时 10 分钟，整整减少了 1 个小时。但从 2020 年开始，女性休闲时间持续减少，男性休闲时间有所提高，因此 2020 年，休闲时间的下降主要是由于女性休闲时间较大幅度的降低。与 2016 年相比，男女休闲时间差从 16 分钟扩大到了 34 分钟，提高了 125%，与 2006 年男女休闲时间差接近。2020 年，女性制度内工作学习时间较 2016 年提高 29 分钟，家务劳动时间提高 11 分钟；男性制度内工作时间降低了 3 分钟，家务劳动时间提高 12 分钟；女性制度内工作学习时间的延长导致其休闲时间下降显著。男性睡眠和用餐时间的减少为休闲活动的增多提供了机会。

数据证明，女性家务劳动时间过长的现状已得到改善。近几十年来，虽然女性参加工作的比例逐步提高，但在世界大多数地区，家务劳动仍主要由女性来承担。女性家务劳动时间过长会产生以下两个社会影响：一是女性承担较多家务劳动是性别间收入差距的重要原因，也将直接影响到女性的从业选择和就业质量；

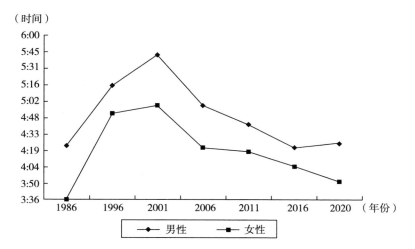

图 3-12 1986~2020 年男性与女性休闲时间对比

二是女性用于家务劳动的时间过长可能因为对家庭奉献过多而在社会竞争中处于劣势①。除以之外，女性还需要兼顾工作和家庭，休闲时间持续减少。

三、男女在休闲上趋于平等，但男性休闲时间依然高于女性

为了反映男女在休闲上的平等情况，引入休闲协同度指标，该指标是用休闲时间反映男女休闲活动的趋同性或差异性，以男性某项休闲活动时间为分母，女性该项休闲活动时间为分子计算的。100%为完全协同，即男女在该项活动上花费的时间是一样的，低于或高于100%，都说明协同性降低，低于100%说明男性在该项休闲活动上时间花费多于女性；相反，超过100%，女性花费时间多于男性。

从表 3-8 可知，2020 年北京两性休闲协同度值为 88%，2016 年为 93%，1986 年为 79%，2020 年较 1986 年协同度提高 9 个百分点，较 2016 年下降 5 个百分点。说明男女共同参与休闲活动的程度大幅度提高，两性休闲不平等现象有所缓解，但近期有不平衡加剧现象。在活动内容上，2020 年观看展览、学习以及探亲访友等项目男女休闲协同度接近 100%，在观看文体表演、散步、教育子女和公益活动上，女性花费时间远大于男性；其他项目男性花费时间大于女性。相比 1986 年，在学习科学文化知识、体育锻炼、看电视等项目上，两性休闲协同度趋同；在教育子女上，协同度差距进一步拉大。

---

① 拜秀萍，许淑贤. 山西妇女生活时间分配的调查研究［J］. 山西师范大学学报，2015，42（3）：144.

表 3-8　1986~2020 年男女休闲协同度　　　　　单位:%

年份＼类别	学习文化科学知识	阅读报纸	阅读文艺书刊	看电视	听广播	观看影视文体表演	观看各种展览	游园散步	其他娱乐	体育锻炼	休息	教育子女	公益活动	探访接待亲友	其他自由时间
1986	88.0	78.0		77.0	50.0	—	—	78.0	—	33.0	87.0	120.0	—	100.0	—
1996	94.0	84.0	108.0	91.0	87.0	163.0	89.0	154.0	70.0	69.0	92.0	176.0	144	116.0	49.0
2001	137.0	61.4	109.0	84.0	68.6	249.0	465.0	126.0	53.1	110	113	124.0	68.6	132.0	53.6
2006	123.0	57.0	92.0	98.0	86.0	100.0	100.0	110.0	52.0	73.0	104	100.0	100	69.0	81.0
2010	96.8	60.0	90.9	108.0	211.0	42.4	134.0	126.0	75.3	49.6	111	99.2	107	94.3	64.7
2016	96.0	88.0	97.0	117.0	88.0	65.0	84.0	109.0	75.0	74.0	103	134.0	137	62.0	62.0
2020	100.0	80.0	89.0	93.0	49.9	150.0	100.0	75.0	84.6	80.1	85.2	175.0	200	100.0	90.5

注：1986 年休闲调查项目和之后几年略有不同。

资料来源：笔者根据调查数据整理所得。

四、休闲与工作的选择

1978 年改革开放以来，北京人的休闲生活发生了巨大变化。30 年前，人们对休闲还持消极的态度，而如今，休闲已成为人们生活中不可或缺的重要组成部分，国家也在引导人们进行健康的休闲活动。休闲时间的分配，与体制改革、经济发展、居民收入等具有较强关系。中国人均 GDP 由 1986 年的 973 元/人提高到 2020 年的 5064 元/人（扣除物价上涨因素影响，以 1986 年为基期），34 年，人均 GDP 翻了两番（扣除物价上涨因素影响），同期居民可支配收入增加了 4 倍多（扣除物价上涨因素影响）。经济发展、居民收入增加等是休闲方式变化的物质基础，本部分主要研究收入对休闲的影响，由于 2006 年前问卷内容的变化并考虑到收入水平的变动，这里研究 2006~2020 年随收入的提高居民休闲时间的变化，主要结果见表 3-9。

表 3-9　2006~2020 年不同年收入家庭人均休闲时间统计　　　　　单位：分钟

	2006 年	2011 年	2016 年	2020 年
低收入群体	284	278	278	322
其中：≤2.99 万元	283	274	274	300
3.00 万~4.99 万元	291	298	276	348

续表

	2006 年	2011 年	2016 年	2020 年
中等收入群体	275	294	251	249
其中：5.00 万~9.99 万元	284	284	255	254
10.00 万~19.9 万元	263	306	247	247
高收入群体>20 万元	273	299	238	237
平均	282	269	253	251

资料来源：笔者根据调查数据整理所得。

14 年来，被调查者的人均可支配收入有较大幅度的提高，但休闲时间并未随着收入的增多而增加，反而有减少的趋势，14 年间休闲时间下降 30 分钟左右。从调查对象的收入结构来看，2006 年 55.0%的被调查者家庭收入在 5 万元以下，2020 年该比例仅有 7.5%，92.5%的被调查者家庭收入在 5 万元以上。如果将年收入 5 万元以下的家庭划分为低收入群体，家庭收入在 5 万~19.99 万元的划分为中等收入群体，将 20 万元以上的家庭划分为高收入群体。比较发现，高收入群体休闲时间下降较为显著，14 年间下降 36 分钟，中等收入群体休闲时间持续下降，共下降 26 分钟，低收入群体由于本次调查样本量较小，休闲时间经历了先下降后提升的过程。中高收入群体的休闲时间都呈现下降的趋势，高收入群体下降幅度更大，说明休闲时间的减少主要是中高收入群体休闲时间的降低所致。

对于不同收入组的工作时间，由表 3-10 可知，14 年来居民工作时间先减少又延长，低收入群体工作时间减少得最多，该结果也与居民收入水平变化有关；中等收入群体的社会必要劳动时间经历了先下降后提升的过程，2020 年较 2006 年工作时间延长了 11 分钟；高收入群体的工作时间远大于低收入群体，除 2006 年外，低收入群体劳动时间也经历了先下降后提升的过程。工作时间越长，休闲时间越短；工作时间长又进一步提高了高收入群体的收入水平，收入水平提高又进一步激励该群体增加工作时间，缩短休闲时间。因此，工作时间的不平等导致了休闲时间的不平等，而收入的不平等又进一步加剧休闲时间的不平等[1]。

---

① 王琪延，韦佳佳.北京市居民休闲时间不平等研究［J］.北京社会科学，2017（9）：4-14.

表 3-10　2006~2016 年不同年收入家庭人均工作时间统计　　单位：分钟

	2006 年	2011 年	2016 年	2020 年
低收入组	356	358	333	206
中等收入组	369	365	363	380
高收入组	422	388	379	407
平均	356	364	361	377

注：该工作时间包括制度内工作（学习）时间，加班（课）加点工作时间，其他工作（学习）时间，上下班（学）路。

资料来源：笔者根据调查数据整理所得。

第四章　2020 年北京居民休闲时间统计分析

随着城市进入工业化后期，休闲娱乐成为都市人生活的重要组成部分。北京是我国首都及文化中心，城市拥有丰富的休闲设施与场馆，包括诸多历史文化古迹，博物馆、文化馆及主题乐园等，具有较为深厚的休闲文化与内涵。同时北京市也是我国最为发达的一线城市之一，城市发展日新月异，都市人每日"行色匆匆"忙于自己的生活和工作，因此，本章从不同角度研究北京市民休闲生活的现状。本章图表数据均由"2020 北京居民社会生活基本调查"整理所得。

第一节　休闲活动总体分析

根据"2020 北京市居民社会生活基本调查"数据，平均个人每天花在休闲活动上的时间为 4 小时 11 分钟，其中工作日休闲时间为 3 小时 8 分钟，休息日时间为 6 小时 48 分钟。根据调查结果可以看出，居民一年中休闲活动占用的时间为 1527 小时，相当于 63.6 天。人们在工作日的休闲时间明显偏少，到了休息日开始放慢了生活节拍，增加休闲活动时间，充分享受休闲活动带来的身心愉悦以及与家人、朋友度过的美好时光。

一、休闲活动主要集中在休息日开展

历次生活时间分配数据均显示，休闲活动主要集中在休息日开展。以 2020 年数据为例，工作日和休息日居民休闲时间差距进一步拉大，休息日每日休闲时间平均比工作日多出了 3 小时 40 分钟。从活动内容来看，如图 4-1 所示，工作

日和休息日用于听广播、观看各种展览、参与公益活动时间没有明显差异，其余各项休闲活动均集中在休息日开展。尤其是休息日用于学习文化科学知识、看电视、观看影剧文体表演、游园散步、其他娱乐等休闲活动时间均比工作日多了一倍以上。

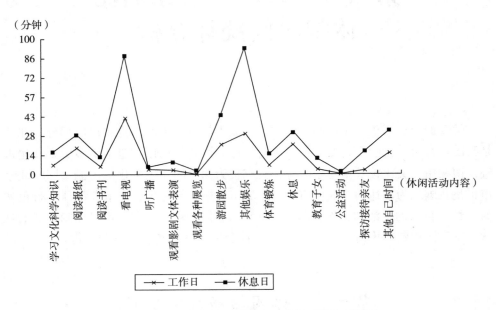

图 4-1　2020 年工作日和休息日休闲时间分配情况

改革开放以来，我国经济得到迅猛发展，居民生活水平有了很大提高，广大居民的消费观念也逐渐发生了变化，外出旅游观光度假逐渐成为人们生活的一部分。在此背景下，1994 年 3 月，我国对职工休息日进行了改革，在原先每周休息一个星期天的基础上，每两周再休息一个星期六，这样就形成所谓的"小礼拜"和"大礼拜"，为我国休假制度的改革开了好头。经过一年多的实践，自 1995 年 5 月 1 日起，在全国范围内推行每周 5 天工作制，这就是所谓的"双休日"。双休日制度的实行，使受到压制的休闲需求得以释放，带动了城郊游览和近距离城市、城乡之间客流的互动，为人们的短程旅游提供了极大便利。为了进一步拓展旅游市场、拉动内需，1999 年 9 月 18 日，国务院对 1949 年 12 月 23 日发布的《全国年节及纪念日放假办法》进行了修订，发布新的《全国年节及纪念日放假办法》（国务院令第 270 号）。该办法规定了全体公民的节日，元旦放假 1 天，春节、"五一"劳动节和"十一"国庆节各放假 3 天；如果假日恰逢双休日，应在工作日补休；在春节、"五一"和"十一"的3天假日期间，其前后的双休日实行倒休制度。这样，就形成了每年的春节、"五一"和"十一"的3个7天的长假期。总计起来，双休日、3个7天的长假期加上元旦，我国公众享有的法定假日就有114天，占一年365天的31.2%。① 2014年，国务院修改《全国年节及纪念日放假办法》，增加清明、端午、中秋节各1天假期，修改"五一"3天假期为1天，法定节假日变为115天。

二、看电视依然是最主要的休闲活动

调查显示，如图4-2所示，居民休息日15项休闲活动时间占比从高到低依次为其他娱乐22.8%、看电视21.6%、游园散步10.8%、休息7.8%、其他自己时间7.8%、阅读报纸7.1%、学习文化知识4.2%、探亲访友4.2%、体育锻炼3.4%、阅读报刊3.2%、观看影剧表演2.2%、教育子女2.9%、听广播1.2%、观看各种展览0.5%和公益活动0.2%。其他娱乐是居民休息日最主要的休闲活动，看电视由最主要的休闲活动退居次位，占全部休闲活动时间迅速减少，仅占全部休闲时间的1/5。工作日看电视依然是主要休闲活动。

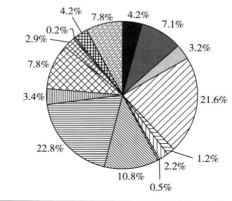

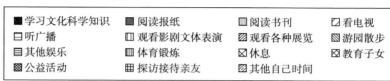

图4-2　休息日休闲时间分配

① 程遂莹. 我国居民的休闲时间、旅游休闲与休闲旅游［J］. 旅游学刊，2006（12）：9-10.

居民的休闲活动主要以其他娱乐与看电视为主，从图 4-3 中可以看出，工作日看电视的时间从早上 7：30 至凌晨 24：00，高峰时段为 19：00~22：30；休息日看电视的时间为 7：30~24：00，但参与人群明显增加，约达工作日人数的两倍，高峰期从 19：00 延长至 23：00。可见，在工作日 19：00~22：30，5%~22% 的居民休闲活动都是看电视，休息日 19：00~23：00，8%~20% 居民的休闲活动就是看电视。虽然看电视的时间较 2016 年调查下降很多，但依然维持着较高的参与率，说明看电视依然是全民最喜爱的休闲娱乐活动之一。

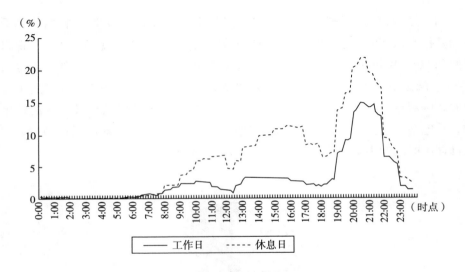

图 4-3 2020 年居民在不同时间看电视参与率

其他娱乐活动在休息日有较高的参与率，甚至高于看电视这种传统的娱乐活动。如图 4-4 所示，工作日其他娱乐活动的参与率均较低，但随着娱乐模式多样化及互联网的发展，人们在节假日会选择更多模式的娱乐活动。其他娱乐活动时间占比超过 22.0%，且参与率在休息日达到 17.2%。休息日，与看电视这种娱乐活动参与率峰值主要出现在 19：00~23：00 不同，其他娱乐活动主要有两个峰值，分别出现在 15：00~18：00、20：00~22：30。大家充分利用整块的休闲时间从事各种其他娱乐。

我国居民有休闲时间总量不足、休闲活动内容单调、休闲空间半径偏小的特点①。居民工作日休闲时间不足，只有在休息日休闲时间才相对较多，休闲水平

---

① 中国旅游研究院．中国休闲发展年度报告（2011—2012）［M］．北京：旅游教育出版社，2012．

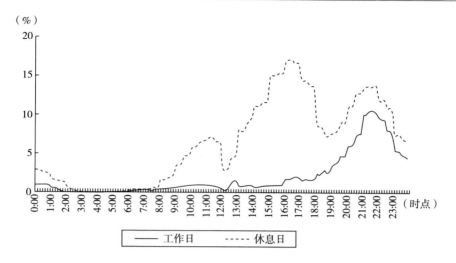

图 4-4 2020 年居民在不同时间其他娱乐参与率

和质量也显著高于工作日。2020 年，居民工作日休闲时间在 4 小时以下的比重为 70% 以上，且 85% 以上的休闲活动局限于家庭范围内，86% 以上休闲半径小于 5 千米；周末休闲时间不足 6 小时的人群占比在 20% 以上。居民多为居家休闲，休闲空间半径基本是以家庭为中心，活动范围绝大多数在 10 千米以内。

在居民休闲活动中，学习课外文化知识的时间占比只有 4.2%，比 2016 年调查结果提高 0.2 个百分点，但依然低于欧美国家，如德国。德国有着特有的读书文化，调查数据显示：有 91% 的德国人在过去一年中至少读过一本书。其中，23% 的人年阅读量在 9~18 本；25% 的人年阅读量超过 18 本，大致相当于每三周读完一本书。书也成为朋友之间最受欢迎的礼品。值得一提的是，在所有年龄段的人群中，30 岁以下的年轻人读书热情最高。在 14 岁以上的德国人中，69% 的人每周至少看书一次；36% 以上的人认为自己"经常"看书；22% 的人看"很多"书；16% 的人则有每日阅读的习惯，属阅读频繁者。[①]

三、公益活动普及率低

此外，从数据中我们还可以看到，随着生活观念的变化，公众越来越意识到参与公益活动的重要性。由表 4-1 我们能够发现，北京市民全年公益活动参与率达到 22.0%，但受新冠肺炎疫情影响，参与率有所下降，其中男性参与率为

---

① 任万杰. 无聊的德国人爱读书［N］. 荆州日报，2016-01-15（6）.

20.8%，女性参与率为 23.5%，说明女性比男性更爱无私奉献。从年龄来看，19岁以下青少年是公益活动参与率最高的群体，比例达到 35.3%。60 岁以上男性公益活动参与率最高，达到 23.4%，19 岁以下女性公益活动参与率最高，达到50.0%。男性在所有年龄段的公益活动参与率均低于女性。从公益活动参与时间来看，人均每天仅花 1 分钟，女性平均 1 分钟，男性平均不到 1 分钟，公益活动参与时间较短，与欧美发达国家还存在一定的差距。

表 4-1　2020 年北京不同年龄居民公益活动参与率与活动时间对比

	参与率（%）			参与时间（分钟）		
	全体	男性	女性	全体	男性	女性
19 岁以下	35.3	22.2	50.0	0	0	0
20~24 岁	17.9	15.9	19.5	0	0	1
25~29 岁	22.7	22.1	23.3	0	0	1
30~39 岁	23.5	23.0	24.4	1	0	1
40~49 岁	19.0	13.8	23.5	0	0	0
50~59 岁	21.7	19.8	24.2	0	0	1
60 岁以上	23.4	23.3	23.5	3	3	4
全体	22.0	20.8	23.5	1	0	1

资料来源：笔者根据调查数据整理所得。

　　居民参与公益活动的理念有了很大的变化，居民尤其是女性更加重视体现自我价值，更加重视社会整体的和谐发展，帮助他人、关爱他人能够让自身感受到快乐。当前在对青少年的教育中，家长已经越来越意识到孩子成长中存在的各种问题，让孩子深入接触社会，积极参加公益活动，通过亲身实践才能够深刻地体会到帮助他人带来的快乐，只有树立起正确的价值观和人生观，理解父母、理解他人，提高孩子的责任感和使命感，才能够真正帮助孩子树立起远大的理想和奋斗的目标。家长开始注重在休息日中，带着孩子走出去，积极参加各种公益活动，因此青少年的公益活动参与率与参与时间都相对较长。从参与率来看，现在居民公益休闲理念逐渐形成，但从参与时长来看，参与度总体较低。

　　一部分中国人开始在闲暇时间通过参与环保、捐助、慈善、扶贫、爱动物、爱植物等各类主题的公益活动，使自己获得一种身心愉悦的感受。在世界范围内，公益休闲并不算是一个新鲜玩意儿。中国知名休闲学研究者马惠娣（2006）发现，以志愿者的形式进行休闲消费，自 19 世纪中末期以来就在西方国家非常流行，"志愿者活动是美国人休闲生活的重要方式之一"。目前在欧美，很多人热衷于公益旅游，去享受旅游和公益的双重快乐。①

第二节　休闲时间的性别差

因受几千年男女分工的影响，在现代中国社会发展中，仍然存在传统的父权制文化。"男主外、女主内"的传统性别角色分工模式并未完全从人们的心中消失，这些潜意识造成了两性休闲时间的不平等。

一、男性年休闲时间依然多于女性

休闲时间存在一定的性别差异，女性休闲时间要少于男性。如图 4-5 所示，2020 年，男性平均每天花在休闲活动上的时间为 4 小时 26 分钟，其中工作日休闲时间是 3 小时 21 分钟，休息日为 7 小时 7 分钟；女性平均每天休闲时间为 3 小时 52 分钟，其中工作日休闲时间是 2 小时 52 分钟，休息日为 6 小时 24 分钟。从休闲时间分配来看，两性休闲时间差距较 2016 年有所提高，达到 34 分钟。工作日休闲活动的时间女性仅比男性少 31 分钟；但休息日休闲时间差继续扩大，女性休闲娱乐时间比男性少 43 分钟。如果按年来计算，男性用于休闲的时间每年比女性多 207 个小时。

社会和家庭两个方面的原因造成了男女休闲不平等的现象，女性的闲暇时间少于男性是因为她们比男性更频繁地在业余时间从事家务劳动、照顾子女、老人等无偿服务。2020 年，工作日的女性家务劳动时间为 1 小时 56 分钟，而男性仅为 1 小时，女性比男性多了 56 分钟；休息日的女性家务劳动时间高达 3 小时 27 分钟，而男性仅为 2 小时 49 分钟，女性比男性多了 37 分钟的家务劳动。男性家务劳动时间明显少于女性，但休息日男性愿意花更多时间从事家务劳动。

这些花在无报酬工作上的时间显然会取代那些本来可以用于休闲活动的时间。家务劳动是阻碍女性休闲的重要因素，女性家务负担重于男性的深层次社会文化因素主要是"男主外、女主内"的传统性别分工模式。虽然随着经济的不断发展，越来越多的女性从事有酬劳动工作，并成为家庭经济的贡献者，但因为这种传统性别分工模式的存在，同时女性要比男性承担更多的无偿家务劳动，

---

① 欧阳海燕. 公益休闲时代来啦［J］. 小康，2010（10）：42-45.

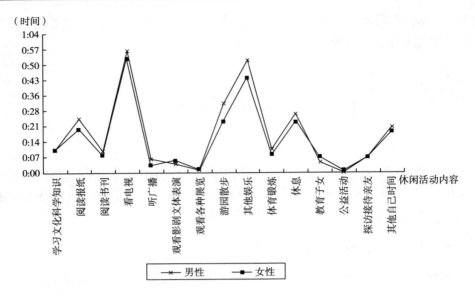

图 4-5　不同类型休闲活动参与时间比较

由此造成了两性在休闲时间上的差距。①

　　第三期中国妇女地位调查数据结果显示，有 76.1% 的女性承担了家里大部分的家务劳动，在家庭中做家务、搞卫生、家庭采购、照顾孩子、辅导孩子功课、照料老人的女性比例远高于男性。女性仍然被传统的性别规范所束缚，父权制的意识形态仍在蔓延。家务劳动必然会占用女性一天中的大部分时间，使可享受的休闲时间减少。因此，只有减少家务时间，才能使她们有更多的机会参加休闲活动。②

二、男性更爱运动减压

　　从休闲活动类型来看，男性和女性在体育锻炼上的时间差逐步缩短到 2 分钟。男性平均每天花在体育运动上的时间为 10 分钟，工作日体育锻炼时间是 7 分钟，休息日为 18 分钟；女性平均每天花在体育运动上的时间为 8 分钟，工作日是 6 分钟，休息日为 10 分钟，两性体育锻炼时间差异主要在休息日。

---

① 王晶，孙曈．男女两性休闲时间的差距——基于第三期中国妇女社会地位调查吉林省数据研究 [J]．云南大学学报，2013（1）：71-72.

② 男主外女主内？研究结果揭示到底谁做家务多 [EB/OL]．新华网．http://news.xinhuanet.com/world/2016%2D09/07/c%5F129271494.htm，2016-09-07.

工作日生活节奏快，休闲时间较少，运动没有固定规律，男性更善于利用平日碎片化时间运动。如果我们把体育锻炼时间差异放大至人的一生，假如中国男性和女性的预期寿命是 76 岁，男性一辈子比女性多花 39 天的时间在健身上。

一项针对 882 位白领的调查结果显示，"自我身体管理"和"减压"成为白领的普遍选择，"社交"则成为排在第三位的动力。在目前运动体育产业偏向社交化方向发展的形态下，希望通过运动来达到社交目的大有人在。对"80 后"来说，"社交需要"成为第二个促使他们坚持运动的因素。而在"减压"目的的选择上男性的比例超过了女性。"运动场里出一身汗，仿佛工作压力也排出了体外。"女性则更偏重于对自我的身体管理，45% 的男性和 64% 的女性均把"身体管理"作为了运动的第一目的。①

三、看电视依然是男女都爱的休闲活动

本次调查表明，2020 年男性平均每天看电视的时间为 57 分钟，较 2016 年调查减少 9 分钟，其中，工作日看电视时间是 46 分钟，休息日为 1 小时 24 分钟；女性平均每天看电视的时间为 53 分钟，工作日看电视时间是 37 分钟，休息日为 1 小时 32 分钟。男性和女性看电视时间差为 4 分钟，以一年计算，男性比女性在看电视上多花 24 小时。随着娱乐休闲产业的多样化，其他娱乐方式更是占据了人们越来越多的时间。工作日，人们每天的其他娱乐时间为 30 分钟，低于看电视的 42 分钟，休息日其他娱乐时间为 1 小时 33 分钟，看电视时间为 1 小时 28 分钟，高于后者 5 分钟。随着居民休闲观念的发展，居民周末的娱乐生活也不仅仅局限于电视前，更多的人转移到了网络或户外，第三产业与互联网的发展使人们的休闲生活多元化、商业化成为可能。

四、散步是男女皆宜的休闲运动

散步是一项缓慢的运动，通常人们都是一边散步一边聊天，散步在锻炼身体的同时也促进了相互的沟通，拉近相互间的距离，更让人们的心灵得到放松。因此，散步是人们最喜爱的运动方式之一。人老腿先老，很多人，尤其是老年人，为了生活得更加健康有品质，在难以从事剧烈运动时，多选择散步作为运动的方式。据科学家的研究证明发现，温和地健步行走，具有神奇的抗衰老功效。据

① 白领健身调研报告显示，沪上职工健身目的性更明确［EB/OL］．东方网．http：// news. 163. com/16/1227/09/C99J85EG000187VE.html，2016-12-27.

《新英格兰医学期刊》的报道，一周步行3小时以上，可以降低35%～40%的罹患心血管疾病风险。对于奋斗在工作岗位上的中青年人来说，在工作压力大、心情不好时，也会选择散步作为高强度工作压力下放松心情、缓解压力的一种方式。① 调查结果显示，全年参加散步的人群占43%，是全年参与率最高的体育运动。

2020年，男女在游园散步时间上差异较大（见图4-6），男性每天游园散步时间为32分钟，其中，工作日19分钟，休息日达到41分钟。女性每天游园散步时间比男性少8分钟，达到24分钟，其中工作日18分钟，休息日39分钟。游园散步已成为男女共同喜爱的休闲锻炼方式，但男性有更多的空闲时间从事该项活动。

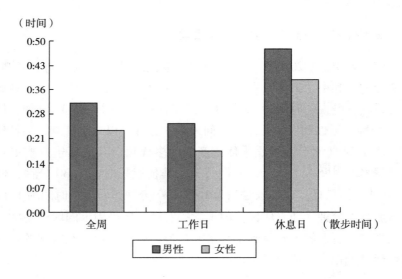

图4-6　两性游园散步时间对比

为了更好地理解不同时间点的游园散步活动参与率，我们将呈现出一幅不同时间点游园散步活动参与率图，见图4-7。这张图的横坐标是0～24：00的时间点，纵坐标是每一个时间点的游园活动人数占全部被调查人口的百分比。

---

① 坚持每天散步有十二大好处［EB/OL］. 京华时报. http：//health. sina. com. cn/hc/2016-12-05/doc-ifxyiayq2044349. shtml，2016-12-05.

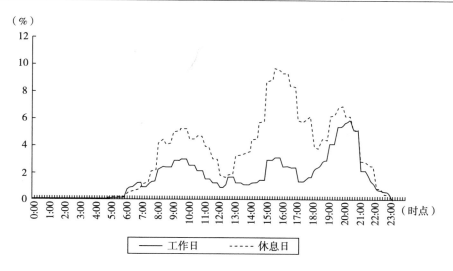

图 4-7 散步参与率与时间的关系

工作日，早上 5：00 以前，游园散步基本为 0%，从 6：00 开始，活动率开始缓慢攀升，早上 10：00 达到上午活动峰值后略有下降，但总体水平较低，只有 3.00%；午饭后，游园散步活动参与率小幅攀升，整体水平仍然不高，该阶段峰值出现在 16：00，仅为 3.13%；"饭后百步走，活到九十九"，18：00 以后，人们开启晚间游园散步活动，晚上游园散步峰值持续时间较长，19：00~21：00 达到一天内的峰值，维持在 5.80% 左右。21：00 以后，游园散步参与率迅速下降，于 23：00 左右达到 0。从游园散步率的峰值上来看，工作日上午、下午、晚上各有一次峰值，但整体水平较低。

休息日，早上 5：00 以前，游园散步活动率基本为 0%，从 6：00 开始，活动率开始迅速攀升，早上 9：00~11：00 出现了上午游园散步的峰值，达到了 5.3%，是工作日的两倍。11：00 以后，大多数人结束了上午的游园散步，开始享用午餐，活动率下降 2 个百分点，只有 2.00%；午餐后，从 13：00 开始，活动率迅速攀升，14：00~18：00 维持在较高的水平，活动参与率保持在 6.00%~9.00%，活动峰值出现在 15：30 左右，峰值达到 9.71%。晚饭后散步活动参与率也较高，21：00 之后活动参与率一路下降，于 23：00 左右下降到 0。与工作日相比，休息日的活动参与率显著提升，持续时间延长。

第三节　收入水平对休闲时间的影响

休闲是经济发展和社会文明的标志。英国思想家罗素说："能否聪明地利用'闲'，是对文明的最终考验。"收入水平作为影响居民休闲的重要变量，是如何影响休闲时间和活动内容的呢？

一、有钱人并不最有"闲"

同一时期，随着收入的提高，居民的休闲时间整体是下降的，工作日尤为明显。如表4-2所示，家庭年收入最高（100万元以上）被调查者工作日用于休闲的时间为3小时，而收入处于中等偏下水平的居民（10万~14.99万元）工作日休闲时间为3小时19分钟，家庭年收入偏低的居民（5万元以下）工作日休闲时间普遍超过4小时，该群体以退休及无业人士为主。休息日不同收入组的人群休闲时间均有很大提高，中等收入家庭提高幅度最大。中等偏下家庭收入的居民（10万~14.99万元）休息日休闲时间为7小时8分钟，较工作日提高115.1%；中等收入家庭的居民（15万~19.99万元）休息日休闲时间为6小时52分钟，提高169.3%；家庭年收入中等偏上的居民（20万~24.99万元）休息日休闲时间为6小时57分钟，较工作日提高143.9%。高收入家庭居民休息日的休闲时间也有较大幅度提高，家庭收入较高的居民（25万~49.99万元）休息日休闲时间为6小时27分，提高135.6%；家庭收入50万~99.99万元的居民休闲时间为6小时38分钟，较工作日提高71.6%；年收入最高群体（100万元以上）休息日用于休闲的时间为5小时23分钟，较工作日提高79.4%。收入水平在10万元以下的低收入家庭，休息日休闲时间提高幅度平均来看，与其他组相比较低。

表4-2　2020年不同家庭年收入休闲时间　　　　　　　单位：分钟

	0~2.99万元	3万~4.99万元	5万~9.99万元	10万~14.99万元	15万~19.99万元	20万~24.99万元	25万~49.99万元	50万~99.99万元	>100万元
全周	300	348	254	264	227	241	226	279	221
工作日	265	306	194	199	153	171	163	232	180

续表

	0~2.99 万元	3 万~4.99 万元	5 万~9.99 万元	10 万~14.99 万元	15 万~19.99 万元	20 万~24.99 万元	25 万~49.99 万元	50 万~99.99 万元	>100 万元
休息日	388	452	403	428	412	417	384	398	323
提高比例（%）	46.4	47.7	107.7	115.1	169.3	143.9	135.6	71.6	79.4

资料来源：笔者根据调查数据整理所得。

中高收入家庭休息日休闲时间的提高幅度较大，低收入水平居民提高比例较小（见图 4-8）。通常情况下，中高收入者拥有较高的物质生活水平，比较注重生活品位，他们事业成功，工作日比较忙，休闲时间较少。休息日，高收入群体会通过雇佣钟点工转移家务劳动，将更多的时间投入到用于放松、娱乐的活动中。低收入者工作日休闲时间高于高收入群体，其休息日用于休闲的时间要略少于高收入人群，主要原因在于低收入者收入水平有限，只能自己承担更多的家务劳动，从而挤占了休闲时间。

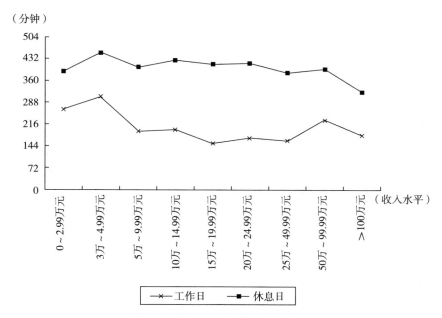

图 4-8 收入水平与休闲时间关系

随着中国劳动生产率的逐步提高，社会劳动时间大幅缩短，加之休假制度的改革，国民休闲时间不断增加。在这一背景下，呈现出"富人越来越忙，穷人越来越闲"的有趣现象。这一现象不仅反映了居民收入的贫富差距，同时也体现了休闲时间的不平等。受教育水平越高，工作时间越长，休闲时间越短；工作时长又进一步提高该群体收入水平，收入水平提高又进一步激励该群体增加工作时间，缩短休闲时间。从社会学角度来看，一方面，休闲时间不平等背后的机制与行为经济学上所称的"损失厌恶"有关，当收入不平等程度加剧时，高收入群体比一般中产阶级或低产阶级群体对自己可能要失去原本的社会地位更加感到焦虑。正因如此，前者为保障自己仍处于高收入地位，便会增加工作时间减少休闲活动时间以增加收入。另一方面，高收入群体通常把工作当成一种乐趣，对这类群体来说，工作蕴含着休闲。因此，这类群体会因为享受工作中的乐趣而愿意工作更长时间[①]。

除此之外，个人收入情况对休闲方式和时间利用结构有着直接的影响。低收入群体各种必要活动较多，在休闲时间破碎的情况下，容易选择居家消遣型休闲活动，以达到放松休息的目的，进而形成以自家消遣型为主的休闲时间利用类型。只有在收入水平较高且休闲时间十分充裕（休息日休闲时间甚至超过 12 小时）的情况下，居民才可能将大部分的休闲时间用于外出的休闲活动，尤其是长途旅游和体育休闲娱乐活动，从而形成"出游型"或"外出体育娱乐型"的休闲时间利用类型。中高收入家庭在休闲时间并不充裕的情况下，在休闲方式上常常会自家与外出、消遣与发展兼顾。在当前我国居民收入水平条件下，兼顾型休闲活动都难以在居民休闲时间利用中占有主要地位。

二、中低收入群体居家休闲多

阅读报纸、书刊、看电视、听广播等活动属于居家休闲活动。调查发现，中低收入群体以居家休闲活动为主。通过计算阅读报纸、阅读书刊、看电视、听广播等居家休闲活动占总休闲时间的比重来观察其中的规律（见图 4-9）。以不同收入水平人群休息日居家休闲活动为例，家庭年收入最高群体（50 万元以上）及收入水平最低群体（3 万元以下）休息日用于居家休闲时间占比最低为 30%，收入水平处于中等的群体（10 万~24.99 万元）休息日用于居家休闲时间占比为35%，家庭年收入偏低的群体（3 万~9.99 万元）休息日用于居家休闲时间占比最高，达到 40%。除了 3 万元以下的低收入组外，居民居家休闲时间随着收入的提高逐步递减，本次调查也揭示出了不同收入水平在休闲时间占有和享受上的不平等，上述问题都需要在城市发展中加以解决。

---

① 王琪延，韦佳佳. 北京市居民休闲时间不平等研究［J］. 北京社会科学，2017（9）：4-10.

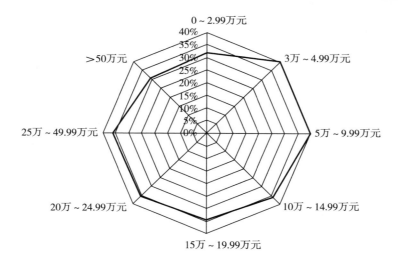

图4-9　居家休闲时间比重与收入水平之间的相关性

三、中等收入群体陪伴孩子时间多，高收入群体学习游玩时间多

中等收入群体，一般都有一定的社会保障和稳定的收入来源，因而其风险偏好相对来说并不是那么强烈。这一群体将更多的时间放到了下一代的培养上，更多焦虑的是下一代的社会地位。因而，他们的休闲时间较其他年龄群体更多投资在下一代身上，活动方式更多是围绕孩子来开展的。

高收入群体的学历水平普遍在本科及以上，愿意投入更多休闲时间去学习科学文化知识，来丰富提高自己，该群体学习时间在休闲时间分配中的比例明显提高。同时，愿意跳出居家休闲活动范围，走到户外去观看展览与影剧文体表演，或前往观光旅游地、休闲度假地进行中短途旅游。

第四节　职业对休闲时间的影响

不同的从业状态和职业特征影响人们的工作时间与劳动报酬，进而影响休闲时间和休闲行为。在业者和无业者完全处于两种不同的生活状态，各自休闲特征大相径庭。

一、无业者的休闲活动较为规律

由于没有工作和学习压力，无业者休闲时间完全可以随心所欲地安排，他们休闲时长远远高于在业者（有工作的人）。从调查结果来看，无业者的年龄分布主要在 50 岁以上，因此无业者以退休的中老年人为主。由图 4-10 可知，工作日，无业者每日休闲时间为 6 小时 33 分钟，比在业者多 4 小时 18 分钟；休息日，无业者每日休闲时间为 7 小时 4 分钟，比在业者多 21 分钟。无业者每天的休闲时间差异较小，导致他们在工作日和休息日休闲时间和休闲活动基本没有什么变化，休息日休闲时间仅比工作日增长 7.9%。

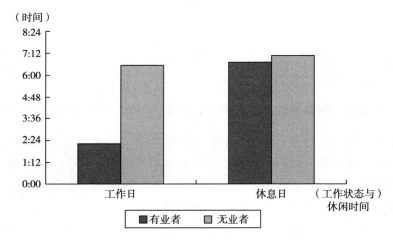

图 4-10　工作状态与休闲时间的相关性

从图 4-11 和图 4-12 可知，首先无业者的休闲活动是看电视、阅读报纸，其次是游园散步、休息等，活动类型比较单一，看电视时间太多，应开辟更多渠道，增加无业者的活动方式。无业者多是处于退休状态的老人，占整个无业者比例的 89% 以上。无业老年人活动范围较小，以居家休闲为主，平均花费 29% 的时间看电视，既不利于身体健康，又减少了出门与他人交流的机会，长期待在家中看电视，缺少与外界的沟通交流，不利于该群体的身心健康。

二、在业者休闲活动丰富多彩

对于在业者来说，休闲活动因职业的差别而呈现出不同的特征。一般来说，公务员的休闲时间要多于一般企业普通职工。

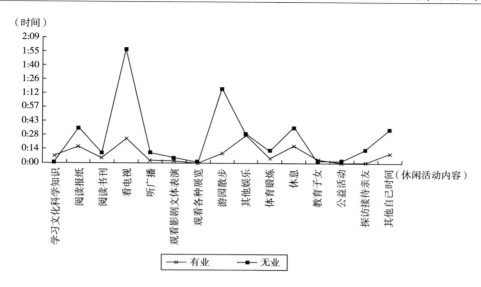

图 4-11 工作状态与参与休闲活动内容的时间比较

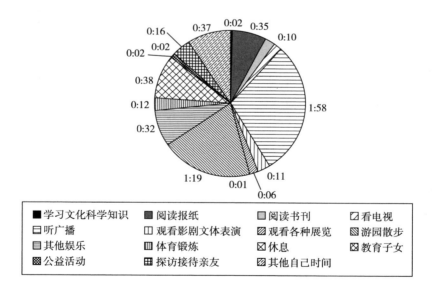

图 4-12 无业者参与休闲活动内容的时间分配

（一）在业者忙于学习文化科学知识

随着社会发展速度的加快，人工智能逐渐取代各个岗位，裁员、减薪的传闻惊得白领们趋之若鹜地"回炉充电",从投资股票到投资自己,让自己在职场"更安全"。所以在业者在休闲时间里上各类培训班,更新知识,以利于自身的职业发展,获得可观的收入来源,提高自身的生活水平。

不同职业群体学习(学业外)科学文化知识的时间不尽相同,由表4-3可知:工作日各类职业用于学习科学文化知识的时间,自由职业者学习时间最长达到15分钟,私营业主的学习时间也达到8分钟。休息日,企业职员忙于充电,学习时间提高幅度达到157%,用于充电的时间明显高于其他行业人群,且具有较大的危机意识。

表4-3　不同类型人群学习科学文化知识的时间分配　　　　　单位:分钟

就业类型	全周	工作日	休息日
无业	9	9	17
受雇于他人或单位	7	7	18
经营个体或私营业主	8	8	8
在自家帮工	0	0	0
公务员	0	0	0
自由职业或其他	15	15	20

资料来源:笔者根据调查数据整理所得。

在业者参与学习科学文化知识活动的时点数据显示,工作日与休息日学习参与率有较大变化。从图4-13可知:在业者工作日的学习活动始于早晨6:00,但参与率较低,总体水平在1%以下。午餐后学习活动参与人数开始增加,但整体较低。工作日全天学习峰值在晚饭后,从19:00开始学习人数逐步增加,一直持续到23:00,21:10峰值约有2.64%的在业者忙于学习充电。

休息日,在业者的学习活动始于早晨7:00,随后参与率小幅攀升,9:00~11:00是午前高峰,达到2%以上;午餐后学习活动参与人数迅速增加,16:00左右,达到全天峰值,大约有3.2%的在业者选择在这个时间段学习充电。休息日学习充电更多集中在午后,工作日则集中于晚饭后的时间段。

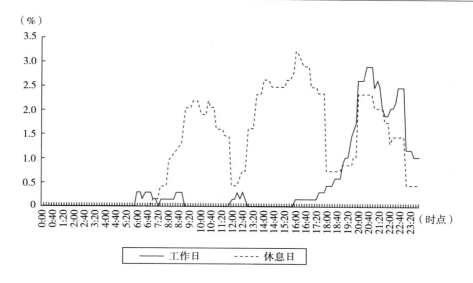

图 4-13　在业者不同时点学习科学文化知识比例

（二）公务员及自由职业者较有"闲"

相比于其他职业，公务员的休闲时间较多，如表 4-4 所示，平均每日休闲时间为 3 小时 57 分钟，比一般雇员高 25 分钟。工作日，公务员职业行为较为规律，加班加点少，休闲时间是除自由职业者外各类在业者中最多的，为 3 小时 3 分钟，比一般被雇佣者多 50 分钟。休息日，公务员的休闲时间达到了 6 小时 13 分钟，少于一般被雇佣者，但高于私营业主。自由职业者由于没有稳定的工作，休闲时间比工作较为固定的群体高。

表 4-4　不同职业人员休闲时间的比较　　　　　单位：分钟

	无业	受雇于他人或单位	经营个体或私营业主	在自家帮工	公务员	自由职业或其他
全周	379	212	174	234	237	259
工作日	361	133	114	161	183	184
休息日	424	408	322	416	373	448

资料来源：笔者根据调查数据整理所得。

（三）在家帮工或自家公司职员压力最大

在家帮工或自家公司职员，大部分是个体工商户和私营企业的家庭成员。

他们作为劳动者的同时也是部分决策者，主人翁意识较强，往往一个人要做两个人的活，具有较高的工作责任感与使命感，比一般员工更努力地工作。因此没有严格的上下班时间和休息日，导致其休闲时间在所有从业中最短，休闲方式较为单一。休闲活动以休息和散步为主，体育锻炼和观看表演等休闲时间非常短暂。

（四）学生偏爱学习研究类休闲

本次调研学生样本有40人，占全部调研总体的4.46%，80%的被调研学生是25岁以下的青少年，以大学生群体为主。学生群体的休闲状况见表4-5，平均休闲时间为4小时40分钟，比总体高30分钟，其中工作日休闲时间为3小时48分钟，比全体多40分钟，休息日为7小时5分钟，比全体多17分钟。学生工作日和休息日休闲时间相差3小时17分钟，较平均水平少23分钟，说明学生工作日与休息日的休闲时间较平均水平更为均衡。

表4-5　2020年学生休闲时间分配　　　　　　　　单位：分钟

	学习文化科学知识	阅读报纸	阅读书刊	看电视	听广播	观看影剧文体表演	观看各种展览	游园散步	其他娱乐	体育锻炼	休息	教育子女	公益活动	探访接待亲友	其他自己时间
周平均	50	6	16	22	4	8	2	14	72	12	31	0	1	3	44
工作日	44	4	13	11	2	8	0	10	54	14	34	0	0	0	35
休息日	67	12	23	49	7	8	0	24	118	7	25	0	5	12	64

资料来源：笔者根据调查数据整理所得。

学生休闲时间主要分配在学习（学业外的）文化科学知识上，占全部休闲时间的18%以上。专业知识对就读于大学各个专业的大学生来讲是最主要的学习任务，而单靠课堂的学习显然是不够的，大学生的闲暇时间中有相当一部分时间是用于非专业学习的。由于社会竞争越来越激烈，社会对复合型、综合型人才的需求越来越多，学生普遍有很强的忧患意识，希望在本专业之外掌握更多技能，拓展自己的能力和素质。[①] 学习型休闲活动成为学生闲暇时间的主要活动。

学生在游园散步和体育健身活动上的时间分配仅比平均水平高3分钟，占其全部休闲时间的4%。体育运动对于大学生的身心健康有很大的作用，体育锻炼

---

① 杨喜添. 大学生休闲时间的管理与开发［J］. 青年探索，2016，4（27）：10.

不仅可以使大学生的身体素质得到提高，而且还可以磨炼他们的意志，促进他们之间融洽人际关系和集体主义观念的形成，以及发展他们的生活乐趣，解除烦闷情绪，调节精神状态。但目前学生就业压力较大，总是学习各种课外文化知识来不断充实自己，体育活动没有在平日展开，主要集中在休息日进行。学生群体阅读课外书刊时间较多，每天比全体阅读时间多8分钟，占其休闲总时间的6%。学生爱好阅读，因为适度的浅阅读可以在快速紧张的生活节奏中放松心情，调节学习和生活压力，另外还能适应知识快速更新的步伐。

对于无工作学生群体来讲，首先，要调整其现有的休闲观念，让他们学会生活，学会理解幸福，学会体会人生真正的意义，对大学生休闲文化的教育普及迫在眉睫。其次，在休闲教育方面，重点应该是学校教育，系统专业的休闲美学教育同样非常重要。在西方大学里，早就有专门的休闲专业，休闲观念的培养也如同审美观念的培养一样需要系统的、专业的指导。最后，要提高学生休闲质量。在调查中我们可以看到，虽然学生在休闲活动中的消费较低，但其总体数量很高，因此对青年人休闲市场项目的挖掘前景十分广阔。学生群体有着丰富的课余时间和假期时间，有的学生只利用这些时间玩游戏或上网，原因在于为青年学生提供的休闲项目有限，健身房、体育馆、旅行社等均存在价格过高等缺点，学生由于不具有经济承担能力，而无法参与这些休闲活动。① 所以，针对学生的休闲活动种类过于贫乏，找出适合青年学生参与的休闲活动是一个亟待解决的问题。

第五节　不同年龄群体的休闲特征

不同年龄段拥有的休闲时间和休闲内容存在一定差异。我们依据年龄将人生分成青少年时期、青年期、中年期和老年期四个时期，各个时期休闲活动各具特点。从年龄上来看，如表4-6及图4-14所示，19岁以下的青少年平均休闲时间为3小时51分钟，此部分青少年有高考压力，休闲时间少于20~24岁的青年人。20~24岁的青年人的休闲时间达到4小时，与平均休闲时间最为接近。由于该时期大部分青年处于求学阶段，不用直接从事生产，该年龄段人群也是50岁以下人群中休闲时间最长群体。25~39岁的青年人事业处于上升阶段，由于工作压力休闲时间不断压缩。40~49岁的中年人他们具有一定的社会地位，但"上有老下

---

① 赵鹏，刘捷，付玥. 北京五类人群休闲方式的比较与分析［J］. 旅游学刊，2006（12）：17-21.

有小"家庭责任较为重大,使其休闲时间在整个生命过程中最为短暂。50~59岁的中老年人事业进入稳定期,具有一定的社会地位,且子女已接近成年,休闲时间较40~49岁中年人明显增多。60岁及以上的老年人,大部分处于退休状态,在整个生命过程中休闲时间最多,是40~49岁中年人休闲时间的两倍多,同时工作日和休息日休闲时间相差最小。

表4-6 2020年不同年龄段人群休闲活动时间　　　　单位:分钟

	19岁以下	20~24岁	25~29岁	30~39岁	40~49岁	50~59岁	60岁以上
全周	231	240	218	202	193	277	418
工作日	183	161	137	129	132	226	410
休息日	352	438	423	383	347	402	437

资料来源:笔者根据调查数据整理所得。

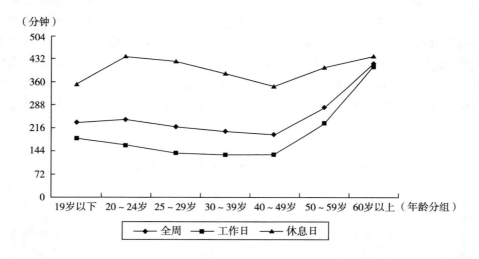

图4-14　年龄与休闲时间关系

一、青少年人热爱学习科学文化知识

如图4-15所示,青少年全周休闲时间为3小时51分钟,其中工作日由于学业因素,休闲时间为3小时3分钟,休息日为5小时52分钟。在休闲时间分配上,与成人有所不同,从全周来看,其他娱乐占全部休闲时间的28%,是花费时间最多的部分;其他自己时间及休息占比较高,达到15%,看电视的时间依然是主要的休闲活动，占全部休闲时间的 12%。其他自己时间和休息时间工作日和休息日相差不大，其他娱乐及看电视两类休闲在工作日和休息日相差较大，青少年工作日仅有 40 分钟其他娱乐，14 分钟看电视；但在休息日其他娱乐达到 2 小时 8 分钟，看电视时间达到 1 小时 4 分钟，是工作日的 3~5 倍。此外，青少年在学习（课外）文化科学知识和阅读书刊上的时间远远超过其他年龄群体。

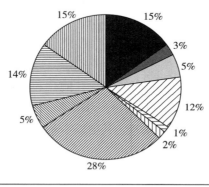

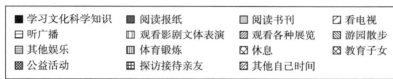

图 4-15　青少年全周休闲时间分配

青少年时期是人类生活、心理发育成长的主要阶段，也是成长过程中容易造成角色混淆的时期，因为有时父母亲或长辈会期待青少年行为举止如同成人一般，然而有时又盼望他们保有儿童的天真活泼，因此这段成长过程是属于最具变化性的时期。有些休闲学者将青少年主要参与的休闲活动分成两大类：第一类是社交活动，第二类是动态体能活动类。由于青少年时期生活重心以学校为主，因此，其休闲机会往往与学校及同学间的关联性较高；针对该年龄阶段的休闲活动应以建立社交活动，促进个人发展以及培养独立自主的精神为重点，使其借由休闲活动得到身心的均衡发展。对于青少年时期的休闲活动除了上述要求之外，学校所提供的活动不要仅局限于固定的地点、对象或活动性质，而应在活动内容与设施方面具有创新变化的特性，以吸引青少年的参与动机①。

二、青年人职场忙充电

20~39 岁的青年人普遍处于学业和职场上升阶段，工作压力较大，更愿意牺牲休闲时间获得更多的知识和更高的薪水。青年人平均休闲时间为 3 小时 40 分钟，其中工作日 2 小时 22 分钟，休息日 4 小时 48 分钟。20~24 岁的青年人大部分处于求学阶段和工作初期，休闲时间相对较多，全周为 4 小时，在休闲活动内容上，以其他娱乐为主，时间分配达到 32%，同时阅读书刊和学习科学文化知识也占到 8%。25~29 岁的青年人正是在职场"拼杀"的关键阶段，休闲时间仅有 3 小时 38 分钟，其他娱乐依然是其主要的休闲娱乐方式，占到休闲总时间的 28%，看电视时间，达到总休闲时间的 18%，阅读和学习时间比重有所提升，达到 13%。30~39 岁的青年人休闲时间进一步下降，全周仅有 3 小时 22 分钟用于休闲，是青年阶段中休闲时间最少的。其他娱乐依然是该年龄段最主要的休闲方式，同时教育子女所花费的时间上升。

青年时期是人生最重要的时期之一，30 岁以下的年轻人生活主要以社交和工作为主，随着工作环境的改变，可能促使年轻人必须离开双亲，远赴外乡建立自我独立的生活。直接影响年轻人的休闲生活追求主要有两个因素：第一为就业工作，第二为子女的出生。尤其是孩子的到来，在家庭早期建立的阶段，夫妇大多有学龄前子女，休闲时间较少，同时必须配合工作及年幼子女的需求，因此已婚者大部分的休闲活动多以家庭为中心，或是与子女有关的活动。为人父母早期阶段，通常没有足够时间从事休闲活动，过多的家庭义务成为青年人休闲的主要障碍②。

三、中年人重新爱上休闲

40~59 岁的中年人休闲时间比青年人略有提升，平均休闲时间达到 4 小时 12 分钟，但分化较为严重。如图 4-16 所示，从年龄阶段上来看，40~49 岁的中年人休闲时间为 3 小时 13 分钟，远低于 50 岁以后的中年人 4 小时 37 分钟的休闲时间，其中一个重要原因是 55 岁以后部分中年人已经开始进入退休状态，休闲时间猛然增多，拉高了整个年龄段的平均休闲时间。从休闲活动内容上来看，与青年人不同，看电视依旧是中年人最主要的休闲方式。从 40~49 岁到 50~59 岁阶

①② 王曼．试论不同年龄阶段与休闲活动的相关性［J］．湖北体育科技，2006（7）：71-72.

段看电视时间明显增多，时间延长25分钟，时间分配比例从21%提高到27%。同时，游园散步时间提高一倍，占比也从10%提高到16%。与40~49岁中年人相比，50~59岁中年人教育子女、阅读书刊报纸和学习时间有所下降。

50~59岁中年人的子女大部分已经入学或成年，不需要付出太多时间进行孩子的抚养，同时在事业上处于较为稳定的阶段。对此部分人而言，这个年龄代表休闲生活的重新开始。相关研究指出，工作时间缩短、家庭成员的减少、家庭收入增加、教育机会的增多，都使现代中年人有更好的休闲参与条件。大多数中年人参加休闲是基于健康的动机，中年人的休闲涉入模式随着子女逐渐独立而改变，许多中年人的休闲兴趣由以家庭为主的休闲，转为家庭休闲和自身休闲兴趣兼并的休闲阶段，如有计划地旅行、参加体育活动、各种社团活动等。

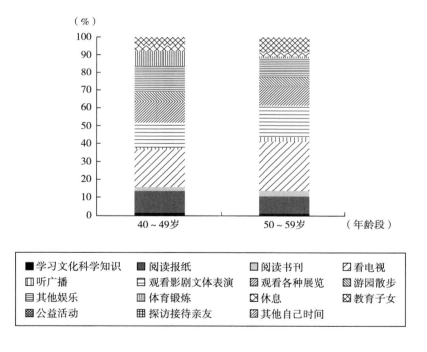

图4-16 不同年龄段中年人休闲活动内容占比

四、老年人的休闲生活以看电视为主

随着北京老龄化进一步加深，老年人的休闲生活应该得到社会及更多人的关注。多数退休老人一般都有稳定收入，他们中有些人利用闲暇时间做自己年轻时没能做到的事，有些人则去追求新的兴趣，还有一些人则被家庭束缚。2020 年，60 岁及以上老年人的平均休闲时间是 6 小时 58 分钟，由于大部分老年人处于退休状态，工作日和休息日休闲时间相差不大。看电视和游园散步是老人最主要的休闲活动，如图 4-17 所示，看电视占到老年人休闲时间的 31%。随着年龄的增长，游园散步时间呈直线上升状态。相比其他户外互动类型，老年人更倾向于运动强度较小的游园散步，从图 4-18 中可以看出，人们游园散步时间随着年龄的增长逐步增加。此外，老年人具有更强烈的求知欲望，阅读报纸、书刊时间较其他年龄段有较大幅度回升。

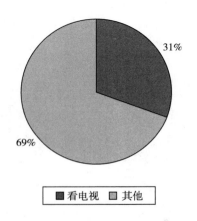

图 4-17　老年人看电视与其他休闲活动的占比

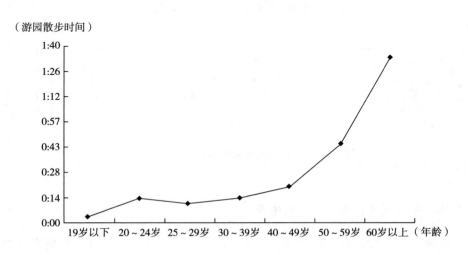

图 4-18　年龄与散步时间

老年人退休后解除了工作以及为人父母的义务，有更多的非义务时间，自由活动时间增加，而从事休闲的选择和资源并没有随之增加，老年人收入减少、退休、健康问题和社会角色的改变，都将使老年人的休闲行为受到阻碍，使老年人真正想做的休闲和实际做的休闲之间有很大的差距。健康和可行动性对老年人可用的休闲时间、休闲享受的品质有很大的影响。对健康状况良好可以自由行动的老年人而言，退休代表追求新的生活与休闲机会，但对健康不佳的老年人而言，必然放弃参与休闲的机会①。老年人休闲场所以住家为中心，休闲活动内容多以静态缓慢性的居多；年龄越大者，常从事散步、拜访亲友及心理休养等静态活动、动态性活动比例越来越低。调查研究表明，老年人最常参加的前 10 项活动依次是：看电视、散步、阅读书报、帮忙家务、拜访朋友、照顾亲子女、听收音机、种花园艺、社交活动、爬山等，75 岁以上的老年人比 65~74 岁的老年人更趋于从事静态休闲活动。此外，休闲活动应该以提高老年人活动参与感为主，帮助他们避免孤独或畏惧，同时应提供老年人和他人互动及自我投入的情境。从此意义上来讲，社交性、旅行类型的休闲对老年人的生活满足最重要。

帮助老年人特别是空巢老人拥有积极健康的休闲娱乐生活，让他们能够得到与社会互动及同步发展的机会，需要全社会尤其是年轻人的共同参与。目前，北京已有很多社区对老人开启了网络"新世界"，在社区内，教老人使用电脑、使用网络，让老人接触更多的新鲜事物，以弥补老人行动不便、不能参加一些大众的休闲项目的缺憾。另外，目前北京市的休闲设施很多，尤其是近几年市政府积极倡导开展的大众健身活动，在各个小区安装体育设施，供居民无偿使用并定期维修检查，解决了很多人尤其是老年人想锻炼又不愿消费的心理。再者，现在各个社区已经逐步组织起了相对符合本社区的有特色的文化活动，许多具有相当水准的秧歌队、舞蹈队等纷纷亮相，很多老年人都积极参与，并从中得到快乐、满足和寄托②。

总之，在人类的不同年龄阶段，个人休闲的选择会受不同环境、文化、社会、教育等因素影响，在个人方面，要切实了解自己本身的休闲需求和兴趣，只有具体地了解自我所需，才能让个体在休闲活动的选择上，寻求合适的休闲形态及参与种类，以体验愉悦的休闲生活。与休闲服务有关的单位与个人需多多关切，同时了解不同年龄阶段参与者的特征与需求，以安排广泛多元的活动协助个体成长，在活动规划上也需力求创新，以迎合人们的休闲活动与发展需求，进而达到提高人民生活品质的目的。

①　王曼. 试论不同年龄阶段与休闲活动的相关性［J］. 湖北体育科技，2006（7）：71-72.

②　赵鹏，刘捷，付玥. 北京五类人群休闲方式的比较与分析［J］. 旅游学刊，2006（12）：20.

第六节 家庭规模对休闲时间的影响

随着经济社会的发展，家庭规模不断发生变化，中国平均家庭户规模由1990年的3.96人/户缩减到2019年的2.92人/户。家庭规模和结构是影响家庭成员时间分配的主要影响因素之一，"二人世界"休闲时间相对较多，"三口之家"特别是家中有幼儿的情况下，抚养照顾幼儿会挤占成人大部分的休闲时间等。

一、家有保姆提高休闲质量

家务劳动社会化能从根本上减轻家庭成员尤其是女性成员无偿劳动的强度，为家庭成员在家务、照顾年幼子女和行动不便的老人方面提供有效帮助。从图4-19可以看出，有保姆的家庭比没有保姆的家庭休闲时间提高了近4分钟。保姆参与到家务活动中，有效地增加了家庭的休闲时间，提升了家庭的生活质量。

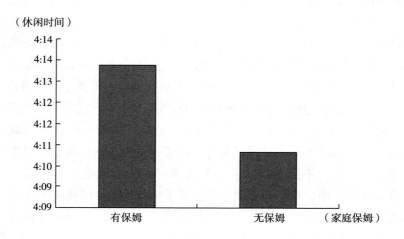

图4-19 家庭保姆与休闲时间

二、上有老下有小，休闲时间少

家庭中没有需要照料的人，如老人和孩子，家庭整体的休闲时间较多。一旦家庭中有需要照料的人，从"二人世界"进入"三口之家"，孩子的到来将彻底改变家庭的生活节奏，家庭成员的休闲时间将大幅度减少，随着孩子的长大，家庭成员的休闲时间逐渐恢复。如果家里有老人或者病人需要照料，在没有保姆参与的情况下，其休闲时间也将大幅度减少。在有被照料者的家庭中，家庭成员的休闲时段和休闲内容也随着被照料人的需要而改变，如图 4-20 所示，身边有被照料人的家庭人均休闲时间比不需要照料人的家庭成员减少 47 分钟，后者家庭成员在看电视、休息上的时间要远高于前者，但前者公园散步时间要远高于后者。这也说明了家中有需照料者的情况下，其他家庭成员的休闲活动要屈从于被照料者，从而影响家庭成员休闲方式的自主性。

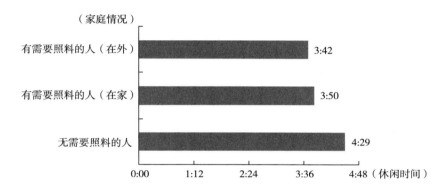

图 4-20　家中被照料人数与家庭休闲时间对比

三、四口之家最繁忙，二人世界最悠闲

从不同规模的家庭来看，如图 4-21 所示，四口之家及六口之家的家庭成员平均休闲时间最少，较两口之家少 1 小时 37 分钟。四口之家此种家庭模式一般是夫妻双方 2 个孩子，夫妻双方既要工作又要照顾孩子，成年家庭成员休闲时间有限。单身贵族通常是 30 岁以下未婚的年轻人，通常处于事业打拼期，会分配更多的时间用于工作和学习，用于休闲的时间也较少。"小两口"的休闲时间最多："两口之家"通常是夫妻模式，孩子和老人不在身边，同时又有一定的经济基础，可享受较多的休闲时间；家庭人口较多，一般是三世同堂或四世同堂之家，虽然家中有老有小，但由于家庭成员之间可以相互照顾，落到个人身上的生活压力较小，同时，四世同堂家庭中有处于退休状态的老年人，家庭成员的平均休闲时间相应地提高。

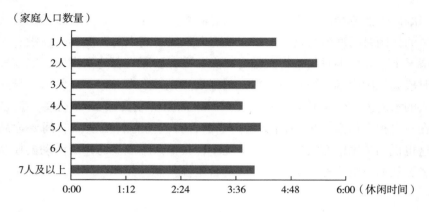

图 4-21　不同家庭规模休闲时间对比

从不同规模家庭的休闲方式来看，看电视依然是各类中国家庭最主要的休闲活动，但也呈现出不同的特点。除看电视外，单身贵族更倾向于读书、看报、学习等自我提升类休闲活动，三口或四口之家更强调其他自己的时间、学习知识和教育子女。五口及以上的多人口家庭更倾向于散步这种家庭式的休闲活动。因此，家庭结构影响行为方式，从而对居民的休闲时间及活动内容产生显著影响。

第七节　关于休闲的思考

居民休闲时间的增多及休闲方式的多样化，现象背后有深层的经济学和社会学原因。首先，居民休闲时间增多及休闲方式的多样化是劳动生产率提高，经济社会发展的重要表现。全社会劳动生产率的提高，居民社会必要劳动时间的缩短，为休闲时间的延长奠定了基础；同时社会物质的极大丰富与休闲娱乐相关产业的发展，又为居民休闲活动的丰富提供了条件。其次，休闲活动属于人力资源再生产的范畴，居民通过享受休闲时间内的积极活动可以放松心情、增长见识或提高身体素质，从而有效地促进劳动效率[1]。有学者使用经合组织30个国家的面板数据对闲暇效应对技术效率的影响进行深入分析，发现休闲时间的积极效应对人力资本积累具有明显的"闲而优"效应，其在从技术推动型向效率推动型转

---

[1] 魏翔，庞世明．闲暇效应与内生增长——基于中国和瑞典数据的分析研究 [J]．数量经济技术经济研究，2012（1）：34-49.

变过程中具有重要作用①。随着经济社会的发展，人们倾向拥有更多的闲暇时间去享受生活和追求精神生活的富足，而且当居民拥有更多的闲暇时间去提升幸福感和满意度时，又可以通过提升自身劳动质量和生产效率来积极作用于经济产出②。因此，提高城市休闲产业供给，丰富居民的休闲生活，具有重要的经济学与社会学意义。

一个城市的休闲供给一般分为三种形式：自给、公共和商业。自给性休闲是指自我提供的休闲活动（读书、居家听音乐等），对商业机构和服务的依赖程度较低；公共性供给休闲是指由作为公共部门提供的非营利性设施和服务，如博物馆、美术馆、科技馆、图书馆、公园、活动中心等；商业性供给休闲是指由商业机构提供的营利性休闲产品、设施和服务。要为老年人、残疾人等特殊群体提供优惠服务，同时还要特别注意解决下岗失业等弱势群体休闲供给的问题③。因此，在发展休闲经济中，政府的政策导向和法规化管理的作用十分重要。应采取以下三项措施：

第一，要改变居家休闲观念，扩大休闲空间半径，鼓励居民参加多元的休闲活动；发展休闲产业，进一步完善国民旅游休闲的政策支撑体系、公共服务体系、质量监管体系、宣传和推广体系，拓展休闲市场。逐步推行各类公共休闲设施和服务的免费或低价服务，尤其是要重视农村公共休闲设施、场所和服务的完善，使更多群体享受到休闲的乐趣。

第二，增加居民的休闲时间和收入水平，加大收入分配改革力度，提高社会保障水平，尤其是针对低收入群体的社会保障，使其能够享受丰富多彩的休闲生活。同时，大力推进带薪年休假制度的全面实施，逐步完善现有的假日制度，使民众有更多可自由支配时间用于休闲④。

第三，从社会调查来看，在一些企业部门（特别是私营、民营、服务部门）存在严重的超工时现象，应对其实施法规化管理，同时通过教育引导方式使公民认识休闲的价值，自觉处理创收和休闲的关系。

①　王鹏飞，魏翔. 居民休闲时间对城市生产率的影响 [J]. 城市问题，2018 (10)：53-61.
②　魏翔，虞义华. 闲暇效应对经济产出和技术效率的影响 [J]. 中国工业经济，2011 (1)：130-139.
③　王雅林. 休闲的价值与休闲经济——对哈尔滨城市居民时间分配状况的调查 [J]. 学理论，2002 (7)：38.
④　宋瑞. 时间、收入、休闲与生活满意度：基于结构方程模型的实证研究 [J]. 财贸经济，2014 (6)：109.

第五章　北京居民参与
休闲活动统计分析

　　本章对北京居民参与休闲活动状况进行分析，包括休闲参与率、休闲活动的主要内容及相关消费状况。此处主要分析的居民休闲活动包括体育活动、兴趣及娱乐活动、学习研究活动、公益活动及旅行游玩活动。

　　（1）体育活动，主要包括各种球类活动，游泳、登山、散步、跳舞、瑜伽等各种体育活动。同时单纯的体育参观及正式体育学习或研修不列入，如果是俱乐部活动包括在内。跳舞是指单纯为锻炼身体而进行的跳舞，例如，广场舞；其他项目中包括骑马、剑术、柔道、体操比赛等。

　　（2）兴趣及娱乐活动，主要包括体育观览（电视节目除外）、电影鉴赏（电视节目除外）、音乐会、演唱会、书法、绘画、各种棋类、电子游戏、网上消遣、其他等。其他项目包括卡拉OK、诗词创作、社交舞会、收集活动等。

　　（3）学习研究活动，是作为提高修养或从兴趣娱乐角度出发的学习活动。如参加民间举行的讲座，参加成人高等教育学习。既不包括小学、中学、大学等的学生预习、复习课程等活动，也不包括成人研修活动。

　　（4）公益活动，是指不以取得报酬为目的，提供自己的劳动力和技术，为增进社会福利而从事的活动。如主动清扫道路、公园、与犯罪分子斗争、宣传交通安全、去养老院、孤儿院献爱心活动，照顾孤寡老人、残疾人等。还包括有组织对灾区募捐活动、到灾区救护活动，无偿献血、免费进行各种咨询活动等。

　　（5）旅行游玩活动，其中旅行是指1夜2日及以上为外出观光等活动，而游玩则是指半日以上当日返回的情况，也包括深夜回来的情况。

　　本书图表数据均来自"2020北京居民社会生活基本调查数据"整理所得。

第一节　北京市居民休闲活动整体参与情况

从调查结果来看（见表5-1），2020年北京市民参加体育活动、旅行游玩、兴趣娱乐、学习研究、公益活动比例分别为85.9%、85.2%、83.1%、57.9%、22.0%，说明体育活动是参与度与普及率最高的休闲活动，旅行游玩和兴趣娱乐也比较受欢迎，一半以上居民参与了以休闲为目的的学习活动，但市民参与公益活动的积极性并不高。分性别来看，男女参与休闲活动状况和全体情况一致，女性各种休闲活动的参与率要高于男性，学习研究类活动尤为突出，女性参与率比男性高近10个百分点，说明女性更愿意在休闲时间中提高自我。

表5-1　2020年北京居民休闲活动参与率　　　　　　　单位：%

	体育活动	兴趣娱乐	学习研究	公益活动	旅行游玩
全体	85.9	83.1	57.9	22.0	85.2
其中：男性	85.3	82.9	53.8	20.8	83.9
女性	86.7	83.5	63.0	23.5	86.7
其中：有业	85.4	85.1	65.9	21.6	87.8
无业	86.5	73.5	24.1	21.2	75.3
在学	92.5	90.0	65.0	32.5	82.5

资料来源：笔者根据调查数据整理所得。

从就业状况来看，有业群体较无业、在学群体收入水平较高，旅行游玩成为其首选的休闲活动。有业群体旅行游玩参与率达到87.8%，高于体育活动2.4个百分点，也高于全体旅行游玩参与率近2个百分点；有业群体兴趣娱乐活动参与率达到85.1%，高于全体2个百分点；学习研究参与率达到65.9%，高于全体8个百分点，公益活动参与率低于全体水平。无业群体以退休老人为主，休闲活动以花费较少的体育类休闲为主，参与率达到86.5%，比旅行游玩、兴趣娱乐将近高出10个百分点。无业群体学习研究类休闲活动参与率较低，不到全体水平一半，公益活动参与率也低于全体水平。在学生群体中，体育活动参与率达到92.5%，是体育休闲参与率最高的群体，其次是兴趣娱乐参与率，达到90.0%，均高于有业、无业群体。虽然学生群体收入有限，但旅行游玩兴趣较高，参与率达到 82.5%。学生公益活动参与率达到 32.5%，是所有群体中公益活动参与率最高的，高于全体 10.5 个百分点。一方面，学生群体休闲时间较多，乐于参与到公益活动当中；另一方面，学校存在多个公益组织或协会，便于组织学生参加相关活动。

从不同年龄段来看，如表 5-2 所示，19 岁以下年龄群体以初高中生及刚刚步入大学的学生为主，受经济及休闲时间限制，以体育活动为主要休闲内容，是各个年龄段中体育、公益活动参与率最高的群体。休闲参与率依次递减为：体育活动、兴趣娱乐、旅行游玩、学习研究、公益活动，体育活动参与率比公益活动高出约 60 个百分点。该年龄段女性体育、公益活动参与率远高于男性，男性公益活动参与率为 22.2%，女性为 50%，一半被访女性参与了公益活动，而仅有约 1/5 男性参与公益活动，此结果也与该年龄段样本量较小有关。

表 5-2 2020 年北京不同年龄段居民休闲活动参与率　　　单位:%

年龄	全体	男性	女性
19 岁以下	体育活动（94.1） 兴趣娱乐（88.2） 旅行游玩（70.6） 学习研究（58.8） 公益活动（35.3）	体育活动（88.9） 兴趣娱乐（88.9） 旅行游玩（77.8） 学习研究（66.7） 公益活动（22.2）	体育活动（100.0） 兴趣娱乐（87.5） 旅行游玩（62.5） 学习研究（50.0） 公益活动（50.0）
20~24 岁	兴趣娱乐（94.5） 体育活动（89.0） 旅行游玩（89.0） 学习研究（77.2） 公益活动（17.9）	体育活动（90.5） 兴趣娱乐（90.5） 旅行游玩（84.1） 学习研究（69.8） 公益活动（15.9）	兴趣娱乐（97.6） 旅行游玩（92.7） 体育活动（87.8） 学习研究（82.9） 公益活动（19.5）
25~29 岁	旅行游玩（92.8） 兴趣娱乐（86.5） 体育活动（83.6） 学习研究（72.5） 公益活动（22.7）	旅行游玩（91.3） 兴趣娱乐（87.5） 体育活动（81.7） 学习研究（70.2） 公益活动（22.1）	旅行游玩（94.2） 兴趣娱乐（85.4） 体育活动（85.4） 学习研究（74.8） 公益活动（23.3）
30~39 岁	旅行游玩（89.5） 体育活动（88.5） 兴趣娱乐（88.0） 学习研究（72.0） 公益活动（23.5）	旅行游玩（92.6） 体育活动（89.4） 兴趣娱乐（89.3） 学习研究（70.5） 公益活动（23.0）	体育活动（87.2） 兴趣娱乐（85.9） 旅行游玩（84.6） 学习研究（74.4） 公益活动（24.4）

续表

年龄	全体	男性	女性
40~49 岁	体育活动（90.5） 旅行游玩（85.7） 兴趣娱乐（73.0） 学习研究（61.9） 公益活动（19.0）	旅行游玩（89.7） 体育活动（86.2） 兴趣娱乐（72.4） 学习研究（62.1） 公益活动（13.8）	体育活动（94.1） 旅行游玩（82.4） 兴趣娱乐（73.5） 学习研究（61.8） 公益活动（23.5）
50~59 岁	体育活动（79.6） 旅行游玩（75.8） 兴趣娱乐（70.1） 学习研究（28.7） 公益活动（21.7）	体育活动（78.0） 旅行游玩（73.6） 兴趣娱乐（72.5） 学习研究（28.6） 公益活动（19.8）	体育活动（81.8） 旅行游玩（78.8） 兴趣娱乐（66.7） 学习研究（28.8） 公益活动（24.2）
60 岁以上	体育活动（86.9） 兴趣娱乐（76.6） 旅行游玩（72.9） 公益活动（23.4） 学习研究（17.8）	体育活动（87.7） 兴趣娱乐（75.3） 旅行游玩（69.9） 公益活动（23.3） 学习研究（15.1）	体育活动（95.3） 兴趣娱乐（79.4） 旅行游玩（79.4） 公益活动（23.5） 学习研究（23.5）

注：表中括号内为活动参与率。

资料来源：笔者根据调查数据整理所得。

20~24 岁群体以在校大学生、研究生及刚步入社会的青年为主，该群体朝气蓬勃，探索外界的兴趣较高，经济有限但休闲时间较为充分，兴趣娱乐活动在各个年龄段中参与率最高，此外，体育活动、旅行游玩参与率也较高。该阶段群体学习研究参与率达到 72.2%，是各个年龄段中学习研究类休闲参与率最高的。男青年最爱篮球等体育活动，其次是兴趣娱乐与旅行游玩；女青年兴趣娱乐活动参与率最高，其次是旅行游玩与体育活动，该年龄段女性对体育活动的兴趣低于男性。除体育活动男性参与率高于女性 2.7 个百分点外，该年龄段女性其他休闲活动的参与率远高于男性。

25~29 岁群体以步入社会不久的青年为主，有一定经济基础可以进行长途旅行，但休闲时间有限，休闲活动整体参与率低于 25 岁以下群体。首先，该群体是各个年龄段中旅行游玩参与率最高的，达到 92.8%，有一定经济基础且带薪休假的基础上，大家普遍乐于参加长途旅游及短途游玩。其次，兴趣娱乐、体育活动参与率也较高，达到 83% 以上。男性与女性对各种休闲活动的偏爱基本一致，女性旅行游玩、体育活动、学习研究及公益活动的参与率高于男性，男性兴趣娱乐参与率高于女性。

30～39岁人群以参加工作若干年的中青年为主，该年龄段群体"上有老下有小"同时也是工作中的业务骨干，有一定的经济基础但休闲时间较少。该群体休闲活动依然以旅行游玩为主，但参与率低于90%，为89.5%，体育活动及兴趣娱乐参与率达到88%以上。男性休闲活动以旅行游玩、兴趣娱乐及体育活动为主，旅行游玩参与率达到92.6%，女性休闲参与率低于男性，体育活动参与率最高，为87.2%，旅行游玩参与率为84.6%。除公益活动外，该年龄段女性各项休闲活动的参与率均低于男性，她们需要花费额外时间照顾年幼孩子，两性休闲不平等现象较为严重。

40～49岁人群以工作稳定，孩子已入幼儿园及中小学的中年人为主，休闲活动参与率有所提升，首先，该年龄段参与率最高的是体育活动，达到90.5%；其次，是旅行游玩，参与率达到85.7%，兴趣娱乐的参与率仅为73%，远低于40岁以下群体。可以看出，随着年龄的增长，北京市民对兴趣娱乐的偏爱逐步下降，对身体健康状况重视度有所提高。首先，该年龄段男性旅行游玩参与率最高，其次是体育活动，参与率都大于85%；女性休闲以体育活动、旅行游玩为主，体育活动参与率高男性7.9个百分点，且高于30～39岁女性。说明随着孩子入学，女性分配更多休闲时间锻炼身体，而旅行游玩、兴趣娱乐参与率有所下降。公益活动参与率较低，该年龄段男性公益活动的参与率仅为13.8%，女性为23.5%，参与率几乎为男性的2倍。

50～59岁人群，其中部分群体已进入退休状态且孩子接近成年，首先，该群体休闲以体育活动为主；其次，为旅行游玩和兴趣娱乐，但参与率均低于80%，是所有年龄段中休闲参与率最低的群体。男女休闲活动参与状况与总体保持一致，男性在兴趣娱乐方面参与率高于女性，其他类型休闲活动参与率男性均低于女性。

60岁以上群体以退休老人为主，收入水平下降但休闲时间较多。首先，体育活动是该年龄段人群参与率最高的休闲活动，达到86.9%；其次，是兴趣娱乐与旅行游玩，参与率达到70%以上。公益活动参与率是除了19岁以下参与率最高的群体，他们有更多时间去做公益。由于年纪过大，学习能力下降，该群体学习研究参与率最低，仅为17.8%。从不同性别来看，男性与女性休闲活动的偏好大致相同，但女性各项休闲活动参与率均高于男性。

如表5-3所示，2006年北京全体被访居民主要休闲活动按参与率高低分别为体育活动、兴趣娱乐、旅行游玩、学习研究、公益活动，参与率分别为94.6%、89.9%、84.7%、61.9%、43.5%。男女情况跟全体基本一致，但女性各项休闲活动参与率均低于男性，在兴趣娱乐方面尤为显著。从就业状况来看，有业群体在学习研究、旅行游玩方面参与率均高于无业与学生群体，学生群体在体育活动、兴趣娱乐、公益活动方面休闲参与率高于其他群体。

表 5-3　　2006 年北京居民休闲活动参与率　　　　　　单位：%

	体育活动	兴趣娱乐	学习研究	公益活动	旅行游玩
全体	94.6	89.9	61.9	43.5	84.7
其中：男性	95.4	92.3	63	43.9	84.8
女性	93.7	87.3	60.7	43.2	84.6
其中：有业	95.3	91.7	70.2	44.4	89.5
无业	90.7	80.6	26.3	38.1	65.1
在学	96.3	93.3	61.9	47.0	82.1

资料来源：笔者根据调查数据整理所得。

北京居民参与各项活动的对比见表 5-4 及图 5-1，2020 年，除旅行游玩活动外，各项休闲活动的参与率均低于 2006 年。2020 年，体育活动参与率低于 2006 年 8.7%，其中男性相差 10.1%，女性相差 7%；兴趣娱乐的参与率低于 2006 年 6.8 个百分点，其中男性相差 9.4%，女性相差 3.8%；学习研究活动 2020 年参与率低于 2006 年 4 个百分点，男性降低 9.2%，女性参与率 2020 年高于 2006 年的 2.3%；旅行游玩方面，2020 年参与率与 2006 年基本持平，略高出 2006 年 0.5 个百分点，2020 年男性参与率下降 0.9%，女性参与率较 2006 年提升 2.1 个百分点。受疫情影响，公益活动参与率下降比例较大，2020 年较 2006 年下降 21.5%，男性下降 23.1%，女性下降 19.7%。

表 5-4　　2006 年与 2020 年各项休闲活动参与率　　　　　　单位：%

	体育活动		兴趣娱乐		学习研究		公益活动		旅行游玩	
	2006 年	2020 年	2006 年	2020 年	2006 年	2020 年	2006 年	2020 年	2006 年	2020 年
全体	94.6	85.9	89.9	83.1	61.9	57.9	43.5	22.0	84.7	85.2
男性	95.4	85.3	92.3	82.9	63	53.8	43.9	20.8	84.8	83.9
女性	93.7	86.7	87.3	83.5	60.7	63.0	43.2	23.5	84.6	86.7

资料来源：笔者根据调查数据整理所得。

总体来看，与 2006 年相比，2020 年休闲活动参与率差异最小的是旅行游玩，仅提高 0.5%；变化最大的是公益活动，下降 21.5%。从性别来看，2006 年两性各项休闲活动参与率相差不大；2020年，主要休闲活动的两性参与率差距有所扩大，学习研究参与率男性低于女性9.2个百分点。

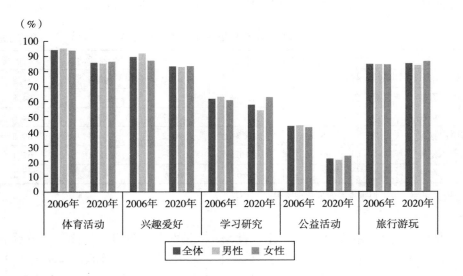

图5-1 2006年及2020年各项休闲活动参与率对比

第二节 体育活动

一、体育活动参与率

从全体来看（见表5-5），在各种体育活动中，参与散步活动的人数最多，参与率达到70%以上。分性别来看，男性散步活动参与率为68.2%，女性为73.8%，说明女性比男性更偏爱散步这项国民运动。除散步外，全民体育活动参与度较高三项运动为登山、羽毛球、游泳，参与率分别为33.9%、20.8%、15.6%，参与率最低运动为网球、排球、保龄球。登山活动融运动与赏景于一体，容易达到心旷神怡、锻炼身体的效果；羽毛球、游泳在人群中普及度较高，且对场地要求不高，平均参与率较高；网球、排球、保龄球在社会中普及率较低，导致平均参与率较低。

表 5-5　除散步外北京市居民体育活动参与率统计　　　　　单位:%

	除散步外参与率较高的三项活动	参与率最低的三项活动
全体	登山（33.9）；羽毛球（20.8）；游泳（15.6）	保龄球（1.0）；网球（0.7）；排球（0.7）
其中：男性	登山（32.8）；羽毛球（17.7）；长跑（15.9）	保龄球（0.2）；瑜伽（0.4）；排球（0.8）
女性	登山（35.3）；羽毛球（24.4）；跳舞（16.3）	足球、网球、排球（0.2）
有业	登山（37.2）；羽毛球（22.4）；游泳（16.5）	网球（0.4）；排球（0.6）；保龄球、太极拳（1.2）
其中：男性	登山（35.8）；羽毛球（18.4）；长跑（17.4）	保龄球（0.3）；排球、瑜伽（0.5）
女性	登山（38.9）；羽毛球（27.6）；游泳（18.3）	网球（0.0）；足球（0.3）；排球（0.7）
无业	登山（21.8）；跳舞（15.9）；游泳等（8.8）	篮球、足球、网球（0.6）排球、保龄球、滑冰（0.0）
其中：男性	登山（19.8）；钓鱼（12.8）；乒乓球（11.6）	排球、保龄球、瑜伽（0.0）
女性	登山（23.8）；跳舞（22.6）；游泳（9.5）	篮球、足球、网球、排球、保龄球、滑冰（0.0）
学生	羽毛球（45）；长跑（42.5）；篮球（32.5）	保龄球、瑜伽、太极拳、钓鱼（2.5）
其中：男性	篮球（60）；羽毛球（40）；长跑（40）	保龄球、跳舞、瑜伽、太极拳（0）
女性	羽毛球（50）；长跑（45）；游泳（30）	足球、排球、钓鱼（0）

注：括号中为该项体育活动的参与率。

资料来源：笔者根据调查数据整理所得。

从就业状态来看，除散步外，在有业人群中，参加度较高的三项运动为登山、羽毛球、游泳，参与率分别为 37.2%、22.4%、16.5%，参与率最低的运动为网球、排球、保龄球、太极拳，基本与全体保持一致。无业群体参与度较高的运动为登山、跳舞、游泳，参与率为 21.8%、15.9%、8.8%，参与率最低的运动为排球、保龄球、滑冰、篮球、足球、网球。无业群体以退休老人为主，其主要活动符合老年人以登山、跳舞等为主要体育休闲特征。学生群体参加度较高的运动为羽毛球、长跑、篮球，参与率分别为 45%、42.5%、32.5%，参与率较低的运动为保龄球、瑜伽、太极拳、钓鱼。

从性别来看，除散步外，在全体男性中，参与率较高的体育活动分别为登山、羽毛球、长跑，女性为登山、羽毛球、跳舞；全体男性参与率较低的体育活动为保龄球、瑜伽、排球，女性为足球、网球、排球。体育活动参与项目存在显著性别差异。同时考虑就业状态，男性有业群体中，参与率较高的体育活动为登山、羽毛球、长跑，女性为登山、羽毛球、游泳。参与率较低的体育活动，男性为保龄球、排球、瑜伽，女性为网球、足球、排球。无业男性参与率较高的运动为登山、钓鱼、乒乓球，女性为登山、跳舞、游泳，钓鱼符合退休男性的休闲特征，跳舞符合退休女性的休闲特征。无业男性参与率较低体育活动为保龄球、排球、瑜伽等，无业女性为篮球、网球、足球等，此类活动对身体素质要求高，身体对抗性强，不适合退休老人。学生参与率较高的体育活动，男性为篮球、羽毛球、长跑，女性为羽毛球、长跑、游泳，参与率较低的体育活动，男性为保龄球、跳舞、瑜伽、太极拳，女性为足球、排球、钓鱼。

散步是各个年龄段都偏爱的运动，尤其是 60 岁以上老人。从活动参与率来看，如图 5-2 所示，随着年龄的增长，人们对散步这种门槛较低、身体素质要求不高且随时能进行的运动愈加偏爱，活动参与率逐步提升。29 岁及以下青少年散步活动参与率在各个年龄段相对较低，他们以篮球、羽毛球、长跑、登山等运动量较大，身体对抗性较强的运动为主。随着年龄的增长，散步活动参与率在 30~39 岁人群中达到相对高点，然后保持在 73% 左右，60 岁以上老人参与率达到 80% 以上。女性散步活动平均参与率达到 73% 以上，男性为 68.3%，女性比男性更爱散步。

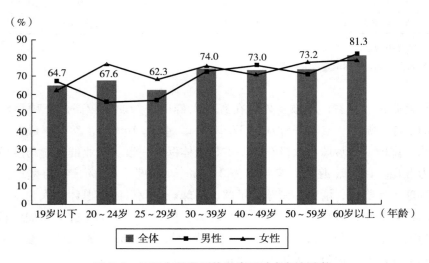

图 5-2 不同年龄段群体散步活动参与率趋势

如表 5-6 所示，除散步活动外，19 岁以下的在校学生羽毛球、长跑、篮球参与率较高，参与率较低的活动为太极拳、健身、保龄球活动，这类活动有场地要求及一定参与门槛。20~24 岁青年群体除散步外，参与率较高的体育活动为登山、羽毛球、长跑。该年龄段男性偏爱为登山、篮球、健身活动，女性偏爱登山、羽毛球、游泳，登山活动无论男女都喜欢。青年男生依然爱好篮球，女性更爱羽毛球和游泳。参与率较低的运动，男性为太极拳、瑜伽、排球、保龄球，女性为网球、排球与足球，性别特征明显。

表5-6　不同年龄段北京市民参与率较高（除散步外）及较低的体育活动统计

单位：%

	全体合计		男性		女性	
	较高	较低	较高	较低	较高	较低
19岁以下	羽毛球（47.1）长跑（41.2）篮球（41.2）	太极拳（0.0）健身（0.0）保龄球（0.0）	篮球（66.7）羽毛球（44.4）长跑、足球、乒乓球（33.3）	保龄球、跳舞、太极拳、瑜伽、健身房锻炼等活动参与率几乎为0	羽毛球（50.0）长跑（50.0）游泳（37.5）	足球、网球、排球、健身房锻炼、太极等活动参与率几乎为0
20～24岁	登山（40.0）羽毛球（29.7）长跑（24.8）	太极拳、网球、足球、保龄球（2.1）排球（0.7）	登山（39.683）篮球（31.746）健身28.571）	太极拳、瑜伽（1.587）排球、保龄球（0）	登山（40.2）羽毛球（32.9）游泳（24.4）	网球（1.2）排球（1.2）足球（0）
25～29岁	登山（37.2）羽毛球（25.6）长跑（21.3）	太极拳、保龄球（1.0）网球、排球（0.5）	登山（32.7）篮球（28.8）长跑（23.1）	网球、排球、跳舞、瑜伽（1.0）保龄球、太极拳（0.0）	登山（41.7）羽毛球（31.1）长跑（19.4）	足球、钓鱼（1.0）网球、排球（0.0）
30～39岁	登山（41.5）羽毛球（20.5）游泳（17）	太极拳（1.0）排球（1.0）网球（0.0）	登山（41.8）羽毛球（18.0）长跑（18.0）	排球、保龄球、太极拳（0.8）网球、瑜伽（0）	登山（41.0）羽毛球（24.4）瑜伽（23.1）	排球、太极（1.3）足球、网球（0）
40～49岁	登山（36.5）羽毛球（20.6）游泳（17.5）	保龄球、排球、网球参与率几乎为0	登山（44.8）游泳、钓鱼（24.1）羽毛球（20.7）	网球、排球、保龄球、跳舞、瑜伽、滑冰等活动参与率几乎为0	登山（29.4）羽毛球（20.6）跳舞（14.7）	足球、网球、排球、保龄球、太极拳活动参与率几乎为0
50～59岁	登山（22.3）羽毛球（14.0）跳舞（11.5）	滑冰、保龄球、排球参与率几乎为0	登山（23.1）羽毛球（15.4）钓鱼（12.1）	排球、保龄球、滑冰等活动参与率几乎为0	登山（21.2）跳舞（19.7）羽毛球（12.1）	足球、网球、排球等活动参与率几乎为0
60岁以上	登山（24.3）钓鱼（9.35）乒乓球（9.35）	瑜伽、保龄球、排球等参与率几乎为0	登山（20.5）钓鱼（12.3）乒乓球（9.6）	足球、网球、排球等活动参与率几乎为0	登山（32.4）跳舞（14.7）游泳（11.8）	足球、网球、排球等活动参与率几乎为0

注：括号里为该项体育活动在被调查人群中的参与率。

资料来源：笔者根据调查数据整理所得。

在25~29岁青年群体中，除散步外，参与率较高的体育活动为登山、羽毛球、长跑，较低的活动为太极拳、保龄球、网球、排球，与25岁以下青年相似。其中男性更偏爱登山、篮球、长跑活动，女性偏爱登山、羽毛球、长跑。登山、长跑是该年龄段男女都爱的体育活动，两性最大的不同在篮球与瑜伽上，29岁及以下的男性都偏爱篮球运动，该活动男性参与率很高，女性仅有1.9%；瑜伽活动女性参与率达到14.6%，而男性不到1%。

在30~39岁中青年群体中，除散步外，参与率较高的活动为登山、羽毛球、游泳，较低的活动为网球、排球、太极拳等。随着年龄的增长，人们更愿意选择游泳这类身体损伤性较小的全身性运动，游泳活动参与率高长跑2个百分点。该年龄段男性偏爱登山、羽毛球、长跑运动，篮球参与率排在健身之后，仅有12.3%，对排球、保龄球、太极拳、网球、瑜伽等活动兴趣依然较低，说明男性对身体对抗性较强运动的兴趣也随着年龄的增长逐步下降。女性偏爱登山、羽毛球、瑜伽活动，对足球、网球、排球及太极拳兴趣较低。可见，登山、羽毛球是该年龄段男女都偏爱的运动，不同之处在于，男性更爱长跑，女性更喜欢瑜伽。

在40~49岁中年群体中，除散步外，参与率较高的运动为登山、羽毛球、游泳，较低的运动为保龄球、排球、网球等，基本与30~39岁群体保持一致。该年龄段男性更偏爱登山、游泳、钓鱼、羽毛球活动，女性偏爱登山、羽毛球、跳舞，男女参与率较高的体育活动出现了较大差异。

在50~59岁年龄段群体中，部分人群已步入退休阶段，参与率较高的运动为登山、羽毛球、跳舞，参与率较低的活动为滑冰、保龄球、排球。在该年龄段，登山和羽毛球是两性都喜欢的体育活动，男性更喜欢钓鱼，女性更喜欢跳舞活动，男女差距显著。

在60岁以上年龄段人群以退休老年人为主，其体育活动特点是身体素质要求低，运动强度小。老人参与率较高的活动为登山、钓鱼、乒乓球，参与率较低活动为瑜伽、保龄球、排球等活动。老年男性偏爱登山、钓鱼、乒乓球，女性偏爱登山、跳舞、游泳。40岁以上男性普遍爱好钓鱼，女性爱好跳舞，因此跳舞与钓鱼是两性差别最大的运动。

二、体育活动具体内容分析

北京市居民参与各项体育活动的天数如表5-7所示，参与乒乓球的天数为年1~4日占比最高，为27.7%，最低为年100~199日，占比1.2%。参与羽毛球的天数大多为年1~4日和年10~19日，占比均为27.4%，占比最低的则为年200

表5-7 北京市民各项体育活动参与天数、陪同人员及俱乐部活动占比分析

单位:%

项目	一年中进行活动的日数							同谁一起参加							是否俱乐部活动	
	1~4日	5~9日	10~19日	20~39日	40~99日	100~199日	200日以上	家人	工作单位的人	学校的人	邻居	朋友	一人	其他	是	否
乒乓球	27.7	21.7	20.5	18.1	6.0	1.2	4.8	33.7	26.5	6.0	6.0	33.7	0.0	0.0	3.6	96.4
羽毛球	27.4	22.0	27.4	14.5	4.8	2.7	1.1	52.2	17.2	3.2	4.3	41.9	2.7	0.5	2.2	97.8
篮球	20.7	14.9	31.0	10.3	16.1	3.4	3.4	13.8	24.1	14.9	4.6	50.6	6.9	0.0	0.0	100.0
足球	20.8	29.2	12.5	20.8	16.7	0.0	0.0	12.5	29.2	12.5	4.2	45.8	4.2	4.2	16.7	83.3
网球	33.3	16.7	16.7	0.0	16.7	16.7	0.0	33.3	16.7	16.7	0.0	66.7	0.0	0.0	0.0	100.0
排球	33.3	0.0	16.7	16.7	33.3	0.0	0.0	16.7	50.0	33.3	0.0	0.0	0.0	0.0	0.0	100.0
保龄球	66.7	22.2	11.1	0.0	0.0	0.0	0.0	33.3	22.2	0.0	0.0	44.4	0.0	11.1	0.0	100.0
游泳	40.7	24.3	19.3	10.7	2.9	1.4	0.7	45.7	5.0	2.9	1.4	38.6	18.6	0.0	4.3	95.7
滑冰	73.3	13.3	13.3	0.0	0.0	0.0	0.0	36.7	10.0	0.0	0.0	40.0	13.3	0.0	0.0	100.0
滑雪	78.6	11.4	4.3	2.9	1.4	0.0	0.0	32.9	15.7	1.4	1.4	52.9	10.0	1.4	1.4	98.6
登山	53.3	25.3	11.2	5.3	3.9	0.0	1.0	51.0	12.8	1.6	2.3	44.4	7.9	2.3	3.3	96.7
长跑	9.7	19.4	20.9	26.1	14.9	5.2	3.7	22.4	6.0	6.0	2.2	23.1	47.8	0.7	4.5	95.5
散步	3.5	4.9	8.0	17.0	20.5	20.0	26.0	54.6	6.9	1.6	6.3	28.1	28.4	1.4	1.6	98.4
跳舞	12.2	12.2	22.0	17.1	13.4	12.2	11.0	19.5	2.4	3.7	20.7	39.0	23.2	2.4	11.0	89.0
瑜伽	14.6	14.6	12.5	29.2	12.5	8.3	8.3	10.4	10.4	0.0	0.0	27.1	60.4	0.0	14.6	85.4
太极拳	10.5	5.3	5.3	21.1	26.3	5.3	26.3	26.3	5.3	5.3	31.6	26.3	31.6	0.0	10.5	89.5
钓鱼	27.4	22.6	27.4	9.7	11.3	1.6	0.0	35.5	1.6	1.6	8.1	62.9	17.7	3.2	3.2	96.8
健身	7.3	10.0	18.2	16.4	26.4	17.3	4.5	19.1	10.9	2.7	0.9	28.2	48.2	0.9	9.1	90.9
其他	13.8	20.7	17.2	10.3	13.8	6.9	17.2	20.7	3.4	6.9	6.9	37.9	24.1	3.4	3.4	96.6

注：表中数据为各种参与天数的占比，陪伴人员类型占比，是否参加俱乐部占比。

资料来源：笔者根据调查数据整理所得。

日以上，为 1.1%。参与篮球占比最高的是年 10~19 日，比例为 31%，最低的为年 100~199 日和年 200 日以上，占比均为 3.4%。足球占比最高的是年 5~9 日，比例为 29.2%，年 100~199 日和年 200 日以上占比都为 0%。网球占比最高的则是年 1~4 日，比例 33.3%；年 20~39 日和年 200 日以上占比为 0%。排球占比最高的是年 1~4 日和年 40~99 日，比例均为 33.3%。其次，保龄球、游泳、滑冰、滑雪和登山占比最高的都是年 1~4 日，比例分别为 66.7%、40.7%、73.3%、78.6% 和 53.3%。长跑占比最高的是年 20~39 日，比例 26.1%，占比最低的是年 200 日以上，比例为 3.7%。散步最特殊，占比最高的是年 200 日以上，比例为 26%，最低的是年 1~4 日，比例 3.5%。跳舞占比最高的是年 10~19 日，比例达到 22%，占比最低的是 200 日以上，为 11%。瑜伽占比最高的是年 20~39 日，占比为 29.2%。太极拳占比最高的是年 40~99 日、年 200 日以上，比例达到 26.3%。钓鱼占比最高的是年 1~4 日和年 10~19 日，比例达到 27.4%。健身占比最高的是年 40~99 日，比例为 26.4%。

在被访人数参与超过 10 人的运动中，散步和太极拳活动年参与时间超过 200 天的群体达到 26% 以上，跳舞活动达到 200 天以上的有 11%，其余活动参与时间超过 200 天的比例仅有个位数。如果将一年从事该项活动达到 40 天以上的定义为深度参加者，从事时间在 10~39 天的为经常参与者，从事时间为 1~10 天的为偶尔参与者。散步和太极拳活动的深度参与者达到 50% 以上，健身活动的深度参与者达到 48%，跳舞、瑜伽、长跑、篮球的深度参与者达到 20% 以上。受天气及场地限制，滑冰、滑雪及登山活动的偶尔参与者达到 80% 以上；游泳、钓鱼、足球、乒乓球、羽毛球偶尔参与者达到 49% 以上，长跑、瑜伽、羽毛球、篮球的经常参与者超过 40%。散步、太极拳活动以深度参与者为主，长跑、瑜伽、跳舞、篮球以经常参与者为主，包括登山在内的大部分活动都是以偶尔参与者为主。

选取乒乓球、篮球、散步、跳舞以及健身具有代表性的 5 项运动，基于男女一年中进行运动的天数进行比较分析。女性运动方面的持续性不如男性，各项运动在坚持的天数方面都要稍低于男性，只有运动强度不大的散步、跳舞等运动女性坚持时间较长。篮球、乒乓球、健身等强度较大的运动男性坚持时间较长，而女性则更多是偶尔尝试。散步、跳舞等运动大部分男性和女性都能坚持较长的天数。

在陪伴者这一方面，乒乓球参与者主要是与家人、朋友一起进行的，占比达到 33.7%。游泳、登山、羽毛球、散步通常和家人一同进行，分别占比 45.7%、

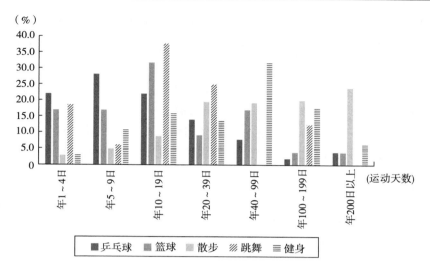

图 5-3　男性主要体育活动的运动天数占比

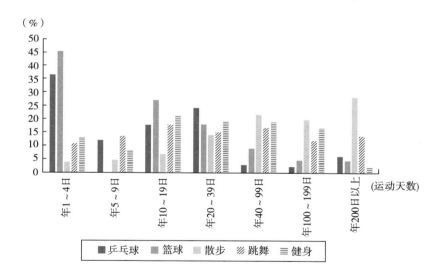

图 5-4　女性主要体育活动的运动天数占比

51%、52.2%、54.6%。排球陪伴者占比最高的为工作单位的人，比例达 50%。长跑、瑜伽和健身主要是一个人进行，分别占比 47.8%、60.4% 和 48.2%。太极拳较为特殊，和邻居、一个人进行占比较高，达到 31.6%。篮球、足球、网球等都是朋友陪伴最多，占比为 39%~67%。

北京居民从事体育活动，参加俱乐部活动的占比很少。文中体育俱乐部主要指大众体育类俱乐部，包括社区体育俱乐部、业余体育俱乐部等，不包含职业体育俱乐部。北京居民参加俱乐部活动比例最高的为足球运动，占比达到 16.7%，瑜伽、跳舞、太极拳活动参与俱乐部的比例也较高，超过 10%，健身房健身中俱乐部活动达到 9.1%，其他大部分体育项目的俱乐部比例不到 5%。

在世界主要体育发达国家，俱乐部是体育的基本组织形式，对于稳定和扩大体育人口、促进国民健康水平的提升具有重要作用。体育俱乐部起源于欧洲，是很多欧美国家体育系统的基石。美国大众体育类俱乐部总数已超过 3.8 万家，会员人数超过 5500 万人；英国共有约 15 万个类型多样的体育俱乐部；德国已有将近 9 万家体育俱乐部，会员 2700 多万人，约占德国总人口的 1/3。大部分体育发达国家的体育俱乐部收费低廉，俱乐部成员可以在其中选择自己喜欢的体育项目，享受到专业的体育指导与体育工具器械等，并且可以参加俱乐部组织的体育活动，达到全民健身的目的，具有会员流失少，大众参与度高的特点[①]。

三、体育休闲消费状况

如表 5-8 所示，北京市民全年体育活动平均消费支出 1227.5 元，其中男性平均消费 1395.9 元，女性消费 1023.4 元，男性高出女性 372.5 元，说明男性较女性更偏向在体育活动中进行花费。在各个年龄段中，支出最高的为 40~49 岁中年人，平均体育花费 3015.3 元，是均值的 3 倍左右，这个年龄段的中年人一方面经济实力较强，另一方面充分意识到体育运动对身体健康的重要性。30~39 岁青年人平均消费达到 1520.9 元，仅次于 40~49 岁中年人，60 岁以上退休老人平均消费最低。一方面由于退休后收入下降严重，另一方面退休老人的体育运动以花费很低的散步活动为主。25~29 岁年轻人平均体育消费达到 1177 元，20~24 岁平均体育消费为 1320.8 元。

将性别与年龄结合考虑 40~49 岁中年男性平均体育休闲支出最多，达到 4816.8 元，19 岁以下在学男性支出最少仅有 190 元，当然此结果也与男性学生样本量较少有关。30~39 岁青年女性是女性群体中平均支出最多的，达到 1600.4 元，远低于 40~49 岁男性，仅为其 1/3，50~59 岁女性平均体育消费支出最少仅为 188.6 元。

---

① 汪颖，李桂华等 . 世界体育发达国家体育俱乐部发展经验及启示 [J] . 体育文化导刊，2020 (1)：48-53.

表 5-8 2020 年北京居民休闲体育消费额度及调查人数统计

		合计	19 岁以下	20~24 岁	25~29 岁	30~39 岁	40~49 岁	50~59 岁	60 岁以上
年均体育消费额（元）	全体	1227.5	782.9	1320.8	1177.0	1520.9	3015.3	673.6	481.5
	男性	1395.9	190.0	1799.2	1171.3	1470.1	4816.8	1025.3	495.4
	女性	1023.4	1450.0	953.2	1182.7	1600.4	1478.7	188.6	451.5
样本量（人）	全体	896	17	145	207	200	63	157	107
	男性	491	9	63	104	122	29	91	73
	女性	405	8	82	103	78	34	66	34

资料来源：笔者根据调查数据整理所得。

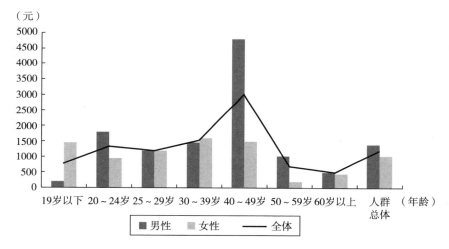

图 5-5 2020 年北京不同年龄段居民休闲体育消费额度

体育消费根据不同的运动项目金额差别较大。如表 5-9 所示，除其他项目外，北京市民平均消费最高的运动项目为健身房健身，最低的项目为散步。在参与人数超过 10 人的运动中，只有健身、钓鱼、滑雪、瑜伽这四个项目的平均花费高于 1000 元，足球、游泳、跳舞活动平均花费在 500~1000 元。其余诸多运动，如乒乓球、羽毛球、篮球、网球等项目消费额度都低于 500 元。主要原因是健身房健身一般需要办理会员卡，钓鱼需要钓竿等工具，滑雪需要准备服装、雪具及场地花费，部分瑜伽参与者需要跟随教练上课，上述因素使消费增高；羽毛球、乒乓球、篮球等活动主要是场地费用，人均消费较低。超过 60% 的健身房健身人群年相关消费超过 1000 元，进行钓鱼、足球、滑雪、瑜伽、游泳活动的市民超过 25% 的参与者年相关消费超过 1000 元。保龄球、游泳、滑冰、滑雪项目

表5-9 2020年全体及不同性别主要体育活动各种消费额度占比

项目	全体花费					男女消费差（元）	男性花费					女性花费				
	100元以下（%）	100~999元（%）	1000以上（%）	平均消费（元）	样本量（人）		100元以下（%）	100~999元（%）	1000以上（%）	平均消费（元）	样本量（人）	100元以下（%）	100~999元（%）	1000及以上（%）	平均消费（元）	样本量（人）
乒乓球	74.7	21.7	3.6	99.3	83	60.5	76.0	18.0	6.0	123.4	50	72.7	27.3	0.0	62.9	33
羽毛球	64.5	29.6	5.9	308.3	186	279	60.9	29.9	9.2	456.6	87	67.7	29.3	3.0	178.0	99
篮球	59.8	31.0	9.2	361.2	87	388	55.3	34.2	10.5	410.2	76	90.9	9.1	0.0	22.7	11
足球	45.8	16.7	37.5	680.8	24	710	43.5	17.4	39.1	710.4	23	100.0	0.0	0.0	0.0	1
网球	66.7	33.3	0.0	108.8	6	-469	80.0	20.0	0.0	30.6	5	0.0	100.0	0.0	500.0	1
排球	83.3	16.7	0.0	83.3	6	125	75.0	25.0	0.0	125.0	4	100.0	0.0	0.0	0.0	2
保龄球	33.3	66.7	0.0	155.6	9	50	0.0	100.0	0.0	200.0	1	37.5	62.5	0.0	150.0	8
游泳	16.4	57.1	26.4	648.9	140	-128	15.5	57.7	26.8	585.8	71	17.4	56.5	26.1	713.9	69
滑冰	33.3	56.7	10.0	243.3	30	220	35.7	42.9	21.4	360.7	14	31.3	68.8	0.0	140.6	16
滑雪	15.7	52.9	31.4	1477	70	1003	14.3	42.9	42.9	1746	35	17.1	62.9	20.0	743.1	35
登山	46.1	42.4	11.5	485.7	304	82.8	49.1	41.6	9.3	524.6	161	42.7	43.4	14.0	441.8	143
长跑	83.6	11.9	4.5	139.1	134	124	78.2	15.4	6.4	190.9	78	91.1	7.1	1.8	66.9	56
散步	93.7	5.0	1.3	32.9	634	4.6	93.7	4.8	1.5	35.1	335	93.6	5.4	1.0	30.5	299
跳舞	68.3	18.3	13.4	592.3	82	217	62.5	25.0	12.5	766.8	16	69.7	16.7	13.6	550.0	66
瑜伽	60.4	12.5	27.1	1061	48	1074	0.0	50.0	50.0	2090	2	63.0	10.9	26.1	1016	46
太极拳	68.4	21.1	10.5	400.0	19	380	70.0	20.0	10.0	580.0	10	66.7	22.2	11.1	200.0	9
钓鱼	30.6	30.6	38.7	1775	62	1461	27.5	29.4	43.1	2034	51	45.5	36.4	18.2	572.7	11
健身房	25.5	12.7	61.8	2544	110	-820	23.8	12.7	63.5	2194	63	27.7	12.8	59.6	3014	47
其他	62.1	17.2	20.7	3951	29	5414	61.1	16.7	22.2	6004	18	63.6	18.2	18.2	590.0	11

资料来源：笔者根据调查数据整理所得。

消费额度在 100~1000 元的参与者达到 50%，登山、网球、钓鱼、篮球项目消费额度在 100~1000 元的参与者占比达 30% 以上。散步、长跑、乒乓球、羽毛球、太极拳、跳舞、瑜伽项目超过 60% 的参与者相关消费支出在 100 元以下。

不同性别在体育休闲花费上也大相径庭。参与人数超过 10 人的项目中，男性在健身房健身上消费最高，平均达到 2194 元，钓鱼消费达到 2034 元，滑雪消费 1746 元，这三项活动男性平均消费超过 1000 元。跳舞、足球、游泳、太极拳、登山项目男性平均消费达到 500~1000 元；羽毛球、篮球、滑冰运动男性消费在 200~500 元；散步消费最低仅为 35.1 元。女性消费最高的体育项目依然是健身房健身，平均消费达到 3014 元；其次为瑜伽，平均消费达到 1016 元。滑雪、游泳、跳舞活动花费都超过 500 元，登山项目平均花费 440 元，其余体育活动花费都在 200 元以下。

在较为大众的项目中，男性除了健身房健身、游泳消费低于女性外，其余主要运动项目的消费均高于女性，尤其在钓鱼、滑雪项目上，男性平均消费比女性高出 1000 元以上。大部分对抗性、竞争性强的运动都是男性花费更高，例如，篮球、足球等，男性平均花费分别为 410.2 元、710.4 元，女性平均花费分别为 22.7 元和 0 元。一些大众参与度高，运动条件要求较低的项目，例如，散步、登山等，男性消费分别为 35.1 元和 524.6 元，女性分别为 30 元和 441.8 元，相差较小。

第三节　兴趣娱乐

一、兴趣娱乐活动参与率

从全体来看，如表 5-10 所示，兴趣娱乐参与人数排名前三的活动为电影鉴赏、电子游戏、烹饪，参与率分别为 41.1%、35.7%、34.2%，参与率较低的三项活动为剪裁、军棋、舞蹈鉴赏，分别为 1%、1%、1.5%。从就业状况来看，在有业群体中，参与率最高的兴趣娱乐为电影鉴赏、电子游戏、网上消遣，分别为 46.2%、42.1%、39.7%，占比较低的前三项为剪裁、军棋、舞蹈鉴赏，分别为 1.0%、1.2%、1.6%。无业群体以退休老人为主，参与度较高的兴趣娱乐为烹饪、麻将、网上消遣，参与率分别为 35.3%、20.6%、18.8%，参与度较低的活动为军棋、演唱会、舞蹈鉴赏，参与率均不到 1%。在全体学生中，各种兴趣娱乐参与率较高的是电影鉴赏、电子游戏、兴趣读书，分别为 52.2%、45%、35%，较低的兴趣为剪裁、针织刺绣、舞蹈鉴赏、军棋。

表 5-10　北京市民参与各种兴趣娱乐具体状况　　　　　单位:%

	参与率较高的活动	参与率较低的活动
全体	电影鉴赏（41.1）；电子游戏（35.7）；烹饪（34.2）	剪裁（1.0）；军棋（1.0）；舞蹈鉴赏（1.5）
其中：男性	电子游戏（42.4）；电影鉴赏（37.1）；网上消遣（33.2）	针织刺绣、剪裁（0.2）；舞蹈鉴赏（0.8）
女性	电影鉴赏（43.7）；烹饪（38.5）；网上消遣（37.8）	军棋（0.7）；剪裁（2.0）；舞蹈鉴赏（2.2）
有业	电影鉴赏（46.2）；电子游戏（42.1）；网上消遣（39.7）	剪裁（1.0）；军棋（1.2）；舞蹈鉴赏（1.6）
其中：男性	电子游戏（50.1）；电影鉴赏（43.4）；网上消遣（37.4）	剪裁、针织刺绣（0.3）；围棋（0.8）
女性	电影鉴赏（49.8）；网上消遣（42.5）；烹饪（37.5）	军棋（1.0）；剪裁（2.0）；舞蹈鉴赏（2.3）
无业	烹饪（35.3）；麻将（20.6）；网上消遣（18.8）	军棋、演唱会（0）；舞蹈鉴赏（0.6）
其中：男性	麻将（26.7）；象棋（25.6）；烹饪、打扑克（23.3）	舞蹈鉴赏、剪裁、针织刺绣、演唱会、绘画、雕刻制作、军棋（0）
女性	烹饪（47.6）；网上消遣（22.6）；电影鉴赏（17.9）	体育观赏、美术鉴赏、演唱会、象棋、军棋（0）
在学	电影鉴赏（52.5）；电子游戏（45.0）；兴趣读书（35.0）	剪裁、针织刺绣（0）；舞蹈鉴赏、军棋（2.5）
其中：男性	电子游戏（60.0）；电影鉴赏（45.0）；兴趣读书（40.0）	舞蹈鉴赏、美术鉴赏、针织刺绣、剪裁（0）
女性	电影鉴赏（60.0）；兴趣读书（30.0）；电子游戏、网上消遣（30.0）	剪裁、针织刺绣、军棋、麻将（0）

注：括号中为参加该项目人数所占百分比。

资料来源：笔者根据调查数据整理所得。

分性别来看，全体男性和女性参与占比较高的兴趣娱乐都包括电影鉴赏、网上消遣，不同的是，男性偏爱电子游戏，参与率达到 42.4%，而女性则喜欢烹饪，参与率达到 38.5%。女性最为偏爱的兴趣娱乐为电影鉴赏，参与率达到 43.7%，较男性高 6.6 个百分点，女性在网上消遣的比例较男性高 4.6 个百分点。有业男女跟全体男女兴趣偏好大致一样，但电子游戏、电影鉴赏、网上消遣参与率更高，做菜烹饪的参与率更低。在无业人员中，男性偏爱麻将、象棋、烹饪、打扑克，而女性偏爱烹饪、网上消遣、电影鉴赏。无业男性的兴趣娱乐多以社交性娱乐为主，女性多独自完成。学生群体中无论男女，兴趣娱乐参与率较高的三项都为电子游戏、电影鉴赏、兴趣读书，但男同学更爱打游戏，参与率达到60%，是女同学的2倍，女同学更偏爱电影鉴赏，参与率达到60%，较男生高15个百分点；兴趣读书男生参与率达到40%，较女性高10个百分点。

从各个年龄段来看（见表5-11），19岁以下群体以刚入大学或未入大学的学生为主，参与率较高的兴趣娱乐为：电影鉴赏、兴趣读书、电子游戏，其中男性偏爱电影鉴赏、电子游戏、兴趣读书，而女性偏爱电影鉴赏、演唱会、绘画，说明该年龄段的女性更喜欢一些艺术素养类的爱好。20~24岁青年群体最偏爱电子游戏，其次为电影鉴赏、网上消遣，舞蹈鉴赏、军棋、裁剪等爱好参与率很低。该年龄段电子游戏参与度较19岁以下年龄段提升明显，男性电子游戏参与率达到74.6%，是电子游戏参与度最高的年龄段，接近3/4的男孩子都爱好电子游戏。接近一半女性被访者爱好电子游戏，挤进了占比前三的爱好中。25~29岁年龄群体偏爱电子游戏、电影鉴赏、网上消遣，男女兴趣娱乐与20~24岁青年群体相似。30~39岁年龄群体参与度较高的兴趣娱乐为电影鉴赏、网上消遣、烹饪，男女参与度高的爱好活动有电影鉴赏和网上消遣。男性依然偏爱电子游戏，但参与率下降到50%，较上个年龄段下降了24个百分点。女性开始偏爱烹饪，说明该年龄段的女性将家务劳动与自己的兴趣娱乐相结合。40~49岁中年人参与率较高的兴趣娱乐为电影鉴赏、烹饪、兴趣读书，男女都爱兴趣读书、烹饪，该年龄段男性烹饪参与率达到了31%，与该年龄段女性接近。50~59岁群体中参与率较高的爱好为烹饪、网上消遣、电影鉴赏，其中男性最爱网上消遣，女性最爱烹饪，男性烹饪参与率仅为女性的一半。60岁以上老年群体以烹饪、麻将、打扑克为主要爱好，该年龄段男性和女性中参与率最高活动均为烹饪，比例达到30.8%。男女兴趣娱乐有一定差别，老年男性更爱打麻将、打扑克，女性更爱好针织刺绣、麻将、电影鉴赏。

表5-11　各年龄段兴趣娱乐情况　　　　　　　　单位:%

年龄	全体合计		男性		女性	
	较高	较低	较高	较低	较高	较低
19岁以下	电影鉴赏（47.1）兴趣读书（35.3）电子游戏（29.4）	美术、戏剧、舞蹈鉴赏、剪裁、针织刺绣、烹饪（0）	电影鉴赏（44.4）兴趣读书（44.4）电子游戏（44.4）	美术、戏剧、舞蹈鉴赏、演唱会、书法、绘画、裁剪等（0）	电影鉴赏（50.0）演唱会、绘画（37.5）	体育、美术、戏剧、舞蹈鉴赏、绘画、雕刻、烹饪、裁剪、围棋等（0）

续表

年龄	全体合计		男性		女性	
	较高	较低	较高	较低	较高	较低
20~24岁	电子游戏（58.6）电影鉴赏（57.2）网上消遣（41.4）	舞蹈鉴赏（2.1）军棋（2.1）裁剪（2.8）	电子游戏（74.6）电影鉴赏（55.6）网上消遣（33.3）	书法（0）；舞蹈鉴赏、音乐会、绘画雕刻、裁剪、针织刺绣（1.6）	电影鉴赏（58.5）网上消遣（47.6）电子游戏（46.3）	军棋（1.2）舞蹈鉴赏、象棋（2.4）
25~29岁	电子游戏（56.0）电影鉴赏（47.3）网上消遣（43.5）	裁剪、围棋（0.5）针织刺绣、军棋（1.4）	电子游戏（74.0）电影鉴赏（45.2）网上消遣（41.3）	裁剪、围棋、针织刺绣（0）	电影鉴赏（49.5）网上消遣（45.6）电子游戏（37.9）	军棋（0）乐器演奏、裁剪、围棋（1.0）
30~39岁	电影鉴赏（50.0）网上消遣（44.0）烹饪（40.5）	军棋（0）；裁剪（0.5）；舞蹈鉴赏、围棋（2.0）	电影鉴赏（50.8）电子游戏（50.0）网上消遣（45.1）	军棋、裁剪、针织刺绣（0）	电影鉴赏（48.7）网上消遣（42.3）烹饪（39.7）	军棋（0）书法、象棋、书法（1.3）
40~49岁	电影鉴赏（38.1）烹饪（36.5）兴趣读书（30.2）	舞蹈鉴赏、乐器演奏、裁剪（0）	兴趣读书（37.9）电影鉴赏、烹饪（31.0）	舞蹈鉴赏、演唱会、乐器、裁剪、针织刺绣、军棋、围棋、跳棋（0）	电影鉴赏（44.1）烹饪（41.2）网上消遣、兴趣读书（23.5）	体育、舞蹈鉴赏、绘画、雕刻制作、乐器演奏、剪裁（0）
50~59岁	烹饪（33.8）网上消遣（26.8）电影鉴赏（21.7）	舞蹈鉴赏、演唱会、绘画雕刻、军棋（0）	网上消遣（26.4）烹饪（24.2）电影鉴赏、兴趣读书（22.0）	舞蹈鉴赏、演唱会、绘画雕刻、针织刺绣、裁剪、军棋、跳棋（0）	烹饪（47.0）网上消遣（27.3）电影鉴赏（21.2）	美术、舞蹈鉴赏，演唱会、雕刻制作、乐器、军旗、象棋、围棋（0）
60岁以上	烹饪（30.8）麻将（22.4）打扑克（19.6）	体育观赏、演唱会、军棋、围棋（0）	烹饪（26.0）打麻将、打扑克（23.3）	体育、戏剧、舞蹈鉴赏、演唱会、针织刺绣、裁剪、军棋、围棋（0）	烹饪（41.2）针织刺绣（23.5）打麻将、电影鉴赏（20.6）	美术鉴赏、戏剧鉴赏、舞蹈鉴赏等参与率几乎为0

注：括号中为参加该项目人数所占百分比。

资料来源：笔者根据调查数据整理所得。

二、兴趣娱乐活动具体内容

如表5-12所示，19种兴趣娱乐参与率最高的活动为电影鉴赏；其次为网上消遣、烹饪，参与率最低的项目为军棋、剪裁、舞蹈鉴赏，在896名被访者中

表5-12 兴趣娱乐活动的一年进行的天数及陪同人员占比

单位:%

项目	人数	一年进行的日数							同谁一起参加							是否参加俱乐部	
		1~4日	5~9日	10~19日	20~39日	40~99日	100~199日	200日以上	家人	工作单位的人	学校的人	邻居	朋友	一人	其他	是	否
体育观览	12	83.3	8.3	8.3	0.0	0.0	0.0	0.0	41.7	0.0	8.3	0.0	58.3	0.0	0.0	12.5	87.5
电影鉴赏	177	48.6	28.8	18.1	2.8	1.1	0.0	0.6	49.2	5.1	1.1	0.0	53.7	6.8	0.6	5.0	95.0
美术鉴赏	28	71.4	17.9	3.6	3.6	3.6	0.0	0.0	42.9	0.0	0.0	0.0	42.9	17.9	0.0	3.8	96.2
戏剧鉴赏	25	72.0	16.0	4.0	0.0	4.0	0.0	4.0	36.0	24.0	0.0	4.0	36.0	20.0	0.0	2.6	97.4
舞蹈鉴赏	9	66.7	22.2	11.1	0.0	0.0	0.0	0.0	33.3	22.2	0.0	0.0	44.4	0.0	0.0	7.7	92.3
音乐会	30	86.7	10.0	3.3	0.0	0.0	0.0	0.0	43.3	3.3	3.3	0.0	46.7	6.7	0.0	6.8	93.2
演唱会	27	92.6	7.4	0.0	0.0	0.0	0.0	0.0	22.2	0.0	3.7	0.0	66.7	0.0	7.4	13.2	86.8
音乐鉴赏	26	19.2	11.5	19.2	15.4	11.5	7.7	15.4	15.4	3.8	0.0	0.0	15.4	76.9	0.0	7.8	92.2
乐器演奏	12	50.0	25.0	0.0	0.0	8.3	8.3	8.3	33.3	0.0	0.0	0.0	33.3	50.0	0.0	22.2	77.8
绘画、雕刻制作	14	42.9	21.4	0.0	14.3	14.3	7.1	0.0	35.7	0.0	7.1	0.0	21.4	50.0	0.0	17.4	82.6
书法	17	29.4	17.6	17.6	17.6	11.8	5.9	0.0	17.6	0.0	0.0	5.9	17.6	58.8	0.0	7.9	92.1
绘画	32	31.3	9.4	15.6	21.9	15.6	6.3	0.0	28.1	0.0	6.3	0.0	21.9	53.1	0.0	9.8	90.2
剪裁	8	62.5	12.5	12.5	0.0	12.5	0.0	0.0	50.0	0.0	0.0	12.5	0.0	37.5	0.0	0.0	100.0

续表

项目	人数	一年进行的日数							同谁一起参加							是否参加俱乐部	
		1~4日	5~9日	10~19日	20~39日	40~99日	100~199日	200日以上	家人	工作单位的人	学校的人	邻居	朋友	一人	其他	是	否
针织、刺绣	32	21.9	21.9	15.6	21.9	12.5	0.0	6.3	15.6	3.1	0.0	3.1	6.3	75.0	0.0	3.0	97.0
烹饪	156	9.6	4.5	17.3	9.6	17.3	10.9	30.8	65.4	2.6	0.6	1.3	17.9	32.7	0.0	1.3	98.7
兴趣读书	113	13.3	17.7	17.7	13.3	19.5	7.1	11.5	12.4	1.8	0.9	0.9	8.0	77.0	0.9	1.7	98.3
象棋	10	20.0	40.0	10.0	20.0	0.0	0.0	10.0	60.0	0.0	10.0	0.0	30.0	20.0	0.0	4.8	95.2
军棋	3	66.7	0.0	0.0	33.3	0.0	0.0	0.0	66.7	0.0	0.0	0.0	66.7	0.0	0.0	0.0	100.0
围棋	11	36.4	18.2	18.2	27.3	0.0	0.0	0.0	72.7	0.0	9.1	0.0	27.3	0.0	0.0	11.8	88.2
跳棋	20	35.0	30.0	25.0	5.0	5.0	0.0	0.0	55.0	0.0	5.0	10.0	30.0	0.0	5.0	0.0	100.0
打麻将	63	20.6	36.5	25.4	7.9	4.8	1.6	3.2	68.3	1.6	0.0	3.2	49.2	1.6	1.6	2.5	97.5
打扑克	67	28.4	26.9	23.9	11.9	6.0	0.0	3.0	58.2	11.9	3.0	6.0	37.3	3.0	0.0	4.9	95.1
电子游戏	107	3.7	12.2	17.8	17.8	22.4	14.0	12.2	18.7	3.7	0.9	1.9	55.1	40.2	2.8	3.1	96.9
网上消遣	153	2.0	5.9	7.2	5.9	13.7	24.2	41.2	11.1	2.0	2.0	0.7	13.1	83.0	2.6	0.6	99.4
其他	18	50.0	16.7	11.1	5.6	0.0	5.6	11.1	16.7	16.7	0.0	5.6	72.2	5.6	5.6	9.4	90.6

资料来源：笔者根据调查数据整理所得。

以此为爱好的不到 10 人。舞蹈鉴赏参与天数 1~4 日的比例为 66.7%；音乐鉴赏参与天数较为平均，其中年 1~4 日比例为 19.2%，5~9 日的为 11.5%，10~19 日的为 19.2%；烹饪参与天数比例最低的为 5~9 日，占比 4.5%，最高的为年 200 日以上，为 30.8%；打麻将参与天数比例最低的为年 100~199 日，占比为 1.6%，比例最高为年 5~9 日以上，占比 36.5%。网上消遣天数占比最低的为年 1~4 日，比例为 2.0%，最高的为年 200 日以上，占比为 41.2%。

在参与人数超过 10 人的兴趣娱乐中，网上消遣、烹饪一年参与时间超过 200 天的群体达到 20% 以上；音乐鉴赏达到 200 天以上的仅占 15.7%，电子游戏为 12.2%，兴趣读书为 11.7%；其余活动占比仅有个位数。将一年从事该项兴趣娱乐的时间达到 40 天以上的定义为深度参加者，从事时间在 10~39 天的为经常参与者，从事时间为 1~10 天的为偶尔参与者。烹饪、网上消遣活动的深度参与者达到 60% 以上，音乐鉴赏、电子游戏、兴趣读书的深度参与者达到 40% 左右，象棋、乐器演奏、书法、绘画的深度参与者达到 20% 以上。绘画、书法、针织刺绣、围棋、兴趣读书、打麻将、打扑克等活动的经常参与者比例超过 35%；其余活动以偶尔参与者为主。除了电影鉴赏外，各种鉴赏活动、音乐会、演唱会一年参与天数在 1~4 天的偶尔参与者占 60% 以上。

通过图 5-6 与图 5-7 对男性和女性一年内主要兴趣娱乐活动，如电子游戏、兴趣读书、麻将、象棋、网上消遣、音乐鉴赏及做菜烹饪参加天数进行分析，女性对烹饪、音乐鉴赏等偏生活休闲类的兴趣娱乐坚持时间较长，而男性对电子游戏、象棋等偏竞技性的兴趣更为偏好。烹饪、麻将等符合中国人传统的兴趣娱乐，男女双方同样表现得较为持久。

陪同参与者进行兴趣娱乐活动的主要是朋友、家人或一个人。例如，体育、电影鉴赏、演唱会、电子游戏、音乐会、美术鉴赏等活动主要的陪同参与者都是朋友，其中，体育、电影鉴赏、演唱会、电子游戏朋友陪同的占比达到 50% 以上。网上消遣、针织刺绣、兴趣读书、绘画、书法、音乐鉴赏等兴趣娱乐则主要是一个人完成。烹饪、麻将、扑克、剪裁等兴趣娱乐则主要是在家人的陪伴中进行的。大部分兴趣娱乐都是非俱乐部行为，乐器演奏、绘画雕刻制作、围棋活动参加俱乐部比例较高，达到 10% 以上，也与这些活动参与者较少有关。

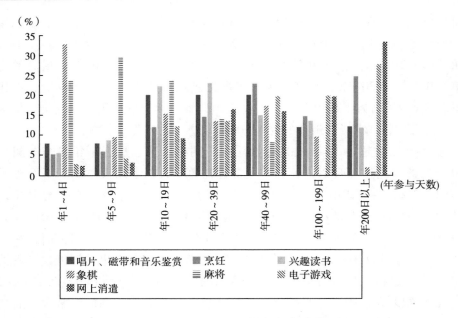

图 5-6 男性一年中参与兴趣娱乐的天数比例

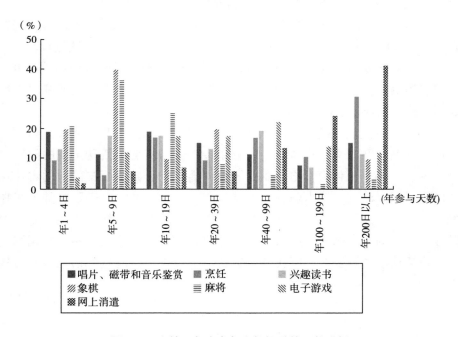

图 5-7 女性一年中参与兴趣娱乐的天数比例

三、兴趣娱乐休闲消费状况

北京市民全年在兴趣娱乐上的消费情况见表 5-13，兴趣娱乐平均消费为 4537.3 元，其中男性平均支出 4165 元，女性平均支出 4988.6 元，女性平均支出高男性 823.6 元，说明女性更喜欢在兴趣娱乐上消费。从年龄来看，首先是平均支出最高的年龄段为 19 岁以下，为 6982.4 元，与其样本较少有一定关系。其次是 40~49 岁中年人，兴趣娱乐平均支出为 6662.4 元，这个部分群体收入较高，有较强支付能力。以退休老人为主的 60 岁以上群体消费能力最低，仅为 1755.7 元，是均值的 1/3。

表 5-13 不同年龄段居民年均兴趣娱乐消费额

		平均	19 岁以下	20~24 岁	25~29 岁	30~39 岁	40~49 岁	50~59 岁	60 岁以上
年均兴趣娱乐消费额（元）	全体	4537.3	6982.4	3362.2	4154.4	5831.6	6662.4	5256.7	1755.7
	男性	4165.0	2444.4	2204.8	4617.0	4981.3	7233.1	5219.3	1527.4
	女性	4988.6	12087.5	4251.4	3687.3	7161.7	6175.7	5308.2	2245.9
	两性差	-823.6	-9643.1	-2046.6	929.7	-2180.4	1057.4	-88.9	-718.5
样本量（人）	全体	896	17	145	207	200	63	157	107
	男性	491	9	63	104	122	29	91	73
	女性	405	8	82	103	78	34	66	34

资料来源：笔者根据调查数据整理所得。

将性别与年龄相结合分析，在全体 20 岁以上男性中，首先是 40~49 岁年龄段平均消费最高，达到 7233.1 元，其次是 50~59 岁，达到 5219.3 元，最低的是 60 岁以上，仅为 1527.4 元。20 岁以上女性中，平均消费最高的群体为 40~49 岁中年人，达到 6175.7 元，60 岁以上老年女性平均消费最低，仅为 2245.9 元，约为均值的一半。20 岁以上群体，30~39 岁女性较同年龄段男性多消费 2180.4 元，20~24 岁女性比同年龄段男性多消费 2046.6 元，50~59 岁两性消费差最小，女性仅比男性高 88.9 元。25~29 岁男性比女性多消费 929.7 元，40~49 岁男性比女性多消费 1057.4 元。

分析参与人数超过 10 人的各种兴趣娱乐，根据图 5-8 比较不同类型兴趣娱乐的支出。从平均来看，烹饪的花费最高达到 5608.2 元，消费最低的兴趣娱乐为跳棋、围棋。在参与率较高的兴趣娱乐中，电影鉴赏平均花费 456.1 元，兴趣读书为 597.4 元，麻将花费 760.1 元，扑克花费 290.4 元，电子游戏平均支出

868.5 元，网上消遣支出 3204.1 元。北京居民在兴趣娱乐上的平均花费区别较大，电影鉴赏、美术鉴赏、剪裁、针织刺绣和象棋、扑克等项目的平均花费在500 元以下，戏剧鉴赏、书法、兴趣读书等项目在 500~2000 元，网上消遣、绘画等项目则是 2000 元以上。

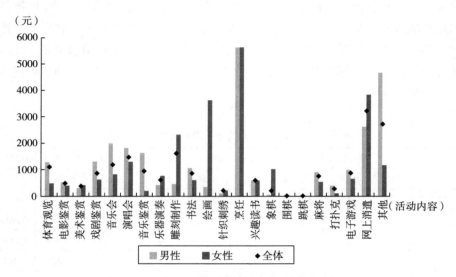

图 5-8　各不同性别各类兴趣娱乐支出分析

性别差异方面（见表 5-14），男性在体育、戏剧、音乐鉴赏、音乐会、演唱会、书法、麻将、扑克、电子游戏上消费额度高于女性，音乐鉴赏支出是女性的 8倍，打扑克支出是女性的 5.7 倍、体育鉴赏消费是女性的 2.6 倍、书法支出是女性的 1.7 倍，麻将支出是女性的 1.7 倍，电子游戏支出是女性的 1.5 倍、演唱会支出是女性的 1.4 倍、电影鉴赏支出是女性的 1.33 倍。烹饪、兴趣读书、围棋、跳棋方面，男性花费略高于女性，基本相差不大。女性在绘画、雕刻制作、网上消遣、乐器演奏、象棋、针织刺绣方面消费远高于男性，女性绘画消费是男性的 10.7 倍、网上消遣支出是男性的 1.45 倍、乐器演奏支出是男性的 1.86 倍，美术鉴赏支出是男性的 1.35 倍。

对于参与率较高的兴趣娱乐，70%以上的电影爱好者一年在电影鉴赏上的花费在 100~999 元；83.1%的读书爱好者在兴趣读书上花费在 1000 元以下；70%左右的烹饪爱好者在烹饪上的花费高于 1000 元，72.8%的扑克爱好者、50%左右的麻将爱好者相关支出低于 100 元。64.1%的电子游戏爱好者，58.2%的网上消遣爱好者相关支出低于 100 元。

表5-14　兴趣娱乐的不同额度消费占比及平均消费状况

项目	全体花费					男性花费					女性花费				
	样本量	100元以下	100~999元	1000元及以上	平均	样本量	100元以下	100~999元	1000元及以上	平均	样本量	100元以下	100~999元	1000元及以上	平均
体育观览	48	22.9	39.6	37.5	1076.3	36	22.2	38.9	38.9	1273.9	12	25.0	41.7	33.3	483.3
电影鉴赏	359	14.5	73.3	12.3	456.1	182	14.8	71.4	13.7	520.6	177	14.1	75.1	10.7	389.7
美术鉴赏	52	26.9	55.8	17.3	364.2	24	20.8	70.8	8.3	306.3	28	32.1	42.9	25.0	413.9
戏剧鉴赏	39	12.8	59.0	28.2	863.8	14	7.1	64.3	28.6	1291.4	25	16.0	56.0	28.0	624.4
舞蹈鉴赏	13	53.8	7.7	38.5	707.7	4	75.0	0.0	25.0	250.0	9	44.4	11.1	44.4	911.1
音乐会	44	15.9	43.2	40.9	1192.7	14	14.3	28.6	57.1	1978.6	30	16.7	50.0	33.3	826.0
演唱会	38	5.3	47.4	47.4	1450.5	11	18.2	45.5	36.4	1816.4	27	0.0	48.1	51.9	1301.5
音乐鉴赏	51	56.9	29.4	13.7	899.0	25	40.0	44.0	16.0	1623.8	26	73.1	15.4	11.5	202.0
乐器演奏	27	48.1	37.0	14.8	569.3	15	40.0	40.0	20.0	411.3	12	58.3	33.3	8.3	766.7
绘画雕刻制作	23	26.1	52.2	21.7	1581.3	9	22.2	55.6	22.2	438.9	14	28.6	50.0	21.4	2315.7
书法	38	42.1	34.2	23.7	847.4	21	28.6	38.1	33.3	1046.7	17	58.8	29.4	11.8	601.2
绘画	41	31.7	41.5	26.8	2898.0	9	44.4	33.3	22.2	338.9	32	28.1	43.8	28.1	3617.8
剪裁	9	44.4	44.4	11.1	238.3	1	100	0.0	0.0	0.0	8	37.5	50.0	12.5	268.1
针织刺绣	33	24.2	75.8	0.0	210.5	1	0.0	100.0	0.0	100.0	32	25.0	75.0	0.0	213.9

续表

项目	全体花费					男性花费					女性花费				
	样本量	100元以下	100~999元	1000元及以上	平均	样本量	100元以下	100~999元	1000元及以上	平均	样本量	100元以下	100~999元	1000元及以上	平均
烹饪	306	12.4	18.0	69.6	5608.2	150	11.3	16.0	72.7	5611.9	156	13.5	19.9	66.7	5604.6
兴趣读书	239	36.0	47.7	16.3	597.4	126	36.5	43.7	19.8	606.3	113	35.4	52.2	12.4	587.6
象棋	62	88.7	9.7	1.6	174.6	52	92.3	7.7	0.0	12.0	10	70.0	20.0	10.0	1020.0
军棋	9	100.0	0.0	0.0	7.8	6	100	0.0	0.0	11.7	3	100	0.0	0.0	0.0
围棋	17	94.1	5.9	0.0	17.1	6	83.3	16.7	0.0	36.7	11	100	0.0	0.0	6.4
跳棋	32	90.6	9.4	0.0	14.4	12	83.3	16.7	0.0	25.8	20	95.0	5.0	0.0	7.5
麻将	161	50.3	32.9	16.8	760.1	98	48.0	32.7	19.4	905.4	63	54.0	33.3	12.7	534.1
打扑克	184	72.8	19.6	7.6	290.4	117	67.5	22.2	10.3	393.5	67	82.1	14.9	3.0	110.4
电子游戏	320	64.1	19.7	16.3	868.5	213	58.2	22.1	19.7	974.9	107	75.7	15.0	9.3	656.7
网上消遣	316	58.2	15.5	26.3	3204.1	163	57.7	18.4	23.9	2622.8	153	58.8	12.4	28.8	3823.5
其他	32	25.0	43.8	31.3	2690.6	14	28.6	35.7	35.7	4650.0	18	22.2	50.0	27.8	1166.7

资料来源：笔者根据调查数据整理所得。

第四节　学习研究

一、学习研究类休闲参与率分析

如表 5-15 所示，北京市居民参与以休闲为目的的学习研究活动，首先是以电视广播学习为主，占比达到 38.5%；其次是在单位学习，参与率达到 27.1%，一个人学习参与率达 25.1%。19 岁以下群体主要通过各种学校参与休闲学习，占比 47.1%，电视广播学习，占比为 35.3%；20~24 岁群体主要通过电视广播学习、在单位学习参与休闲学习研究；25~29 岁群体，超过一半的市民以电视广播学习为主，其次是在单位学习，比例达到 36.7%；40~49 岁群体以电视广播学习为主，参与率达到 34.9%，50 岁及以上的群体以电视广播学习为主，但参与率降低到 20% 以下，且一个人学习的比例也较高。可见，学习研究类休闲参与率随着年龄的增长而降低。

表 5-15　2020 年北京市不同年龄段居民各种休闲学习的参与率及消费状况

| | 年龄 | 人数 | 参与率（%） | | | | | | | | 全年平均支出（元） |
			各种学校	职业训练学校	成人高等教育	电视广播学习	在单位学习	在俱乐部学习	一个人	其他	
全体	合计	896	5.4	3.3	14.5	38.5	27.1	1.6	25.1	0.8	1959.7
	19 岁以下	17	47.1	0.0	0.0	35.3	0.0	0.0	23.5	0.0	9805.9
	20~24 岁	145	11.0	6.2	31.0	49.0	33.8	1.4	32.4	0.0	2963.9
	25~29 岁	207	6.3	2.9	16.4	52.7	36.7	1.9	34.8	0.5	2356.1
	30~39 岁	200	3.5	3.5	16.5	48.5	40.5	1.5	27.5	0.5	2544.4
	40~49 岁	63	1.6	7.9	23.8	34.9	28.6	0.0	22.2	4.8	1257.8
	50~59 岁	157	1.9	1.9	1.9	17.2	11.5	1.9	15.9	0.6	516.6
	60 岁以上	107	0.0	0.0	0.0	12.2	0.9	1.9	7.5	0.9	23.4

续表

年龄		人数	参与率（%）								全年平均支出（元）
			各种学校	职业训练学校	成人高等教育	电视广播学习	在单位学习	在俱乐部学习	一个人	其他	
男性	合计	491	5.1	3.1	9.6	34.2	28.1	1.2	24.2	0.8	1817.1
	19岁以下	9	55.6	0.0	0.0	44.4	0.0	0.0	22.2	0.0	10633.3
	20~24岁	63	12.7	9.5	15.9	42.9	33.3	0.0	33.3	0.0	2204.9
	25~29岁	104	8.7	1.9	12.5	47.1	40.4	1.9	33.7	1.0	2656.5
	30~39岁	122	2.5	3.3	14.8	45.9	46.7	1.6	27.0	0.8	2472.9
	40~49岁	29	0.0	6.9	20.7	31.0	20.7	0.0	27.6	3.4	1152.8
	50~59岁	91	0.0	1.1	0.0	16.5	12.1	2.2	16.5	0.0	500.0
	60岁以上	73	0.0	0.0	0.0	11.0	1.4	0.0	6.8	1.4	9.6
女性	合计	405	5.7	3.7	20.5	43.7	25.9	2.0	26.2	0.7	2132.6
	19岁以下	8	37.5	0.0	0.0	25.0	0.0	0.0	25.0	0.0	8875.0
	20~24岁	82	9.8	3.7	42.7	53.7	34.1	2.4	31.7	0.0	3547.1
	25~29岁	103	3.9	3.9	20.4	58.3	33.0	1.9	35.9	0.0	2052.7
	30~39岁	78	5.1	3.8	19.2	52.6	30.8	1.3	28.2	0.0	2656.2
	40~49岁	34	2.9	8.8	26.5	38.2	35.3	0.0	17.6	5.9	1347.5
	50~59岁	66	4.5	3.0	4.5	18.2	10.6	1.5	15.2	1.5	539.6
	60岁以上	34	0.0	0.0	0.0	14.7	0.0	5.9	8.8	0.0	52.9

资料来源：笔者根据调查数据整理所得。

与男性相比，女性更偏向于学习研究类休闲活动。除了在单位学习外，其他各类学习活动，女性学习参与率都高于男性。其中，成人高等教育参与率女性高男性10.9个百分点，电视广播学习高男性9.5个百分点，一个人学习比男性高2个百分点。

二、学习研究具体活动分析

调查年份为2020年，由于疫情关系，大部分人的休闲学习以电视广播学习为主。如表5-16所示，各种学校的学习是年200日以上占比最多，达到25%；职业训练学校则是年5~9日最多，占比23.3%；成人高等教育和电视广播学习是年40~99日占比最多，参与率分别达到42.3%和26.7%；在单位学习则是年10~19日占比最多，比例为22.6%；在俱乐部学习占比最多的为年

1~4 日，比例为 28.6%；一个人学习则较为平均，年 20~39 日和年 40~99 日占比均为 21.3%。

表 5-16　学习类休闲活动的参与天数、内容及花费占比　　　　单位：%

	内容	各种学校	职业培训学校	成人高等教育	电视广播学习	在单位学习	在俱乐部学习	一个人	其他
一年进行的日数	1~4 日	10.4	16.7	2.3	3.5	13.2	28.6	2.2	57.1
	5~9 日	12.5	23.3	1.5	5.2	14.4	14.3	5.8	0.0
	10~19 日	4.2	13.3	3.8	15.4	22.6	21.4	15.1	0.0
	20~39 日	14.6	16.7	20.8	20.6	20.6	14.3	21.3	14.3
	40~99 日	18.8	6.7	42.3	26.7	13.2	14.3	21.3	28.6
	100~199 日	14.6	13.3	19.2	16.8	9.5	7.1	18.7	0.0
	200 日以上	25.0	10.0	10.0	11.9	6.6	0.0	15.6	0.0
学习内容	外语	27.1	0.0	18.5	22.3	4.1	14.3	22.7	0.0
	美术	8.3	3.3	0.0	3.8	1.6	0.0	5.8	0.0
	工业技术	6.3	16.7	2.3	8.1	16.0	0.0	6.2	0.0
	医学保健	2.1	16.7	0.8	7.0	5.8	14.3	9.3	14.3
	美容美发	4.2	3.3	0.0	2.6	0.8	14.3	1.3	14.3
	教育社会福利	2.1	3.3	0.8	2.3	4.1	7.1	4.0	14.3
	社会科学	10.4	6.7	19.2	17.1	6.6	7.1	13.8	14.3
	自然科学	6.3	0.0	3.1	8.1	3.7	0.0	8.0	14.3
	艺术文化	8.3	6.7	1.5	10.1	4.5	21.4	13.3	28.6
	时事问题	2.1	0.0	2.3	15.9	6.2	0.0	13.3	14.3
	家政等	2.1	0.0	0.0	4.1	0.8	0.0	4.9	0.0
	计算机	14.6	13.3	10.8	20.9	16.9	0.0	18.2	14.3
	其他	50.0	36.7	68.5	43.8	50.6	50.0	44.0	71.4
全年花费	100 元以下	14.6	20.0	3.8	51.6	85.6	57.1	57.3	100.0
	100~999 元	4.2	6.7	1.5	22.0	7.8	7.1	24.9	0.0
	1000 元及以上	81.3	73.3	94.6	26.4	6.6	35.7	17.8	0.0
	消费额度（元）	9710	4200.4	4050.0	1087.4	228.7	750.0	871.7	0.0

资料来源：笔者根据调查数据整理所得。

在各种学习内容中，学习外语、美术、医学保健等参与率不是最高，而是其他，基本占比在50%。除了其他外，各种学校学习内容参与率较高的为外语，占比达到27.1%；职业培训学校参与率较高的内容为工业技术与医学保健，参与率达到16.7%；成人高等教育参与率较高的内容为社会科学、外语与计算机，参与率分别为19.2%、18.5%、10.8%；电视广播学习参与率较高的内容为外语、计算机、社会科学，参与率分别为22.3%、20.9%、17.1%；在单位学习参与率较高的内容为计算机、工业技术及社会科学，参与率分别达到16.9%、16.0%、6.6%；在俱乐部学习参与率较高的科目为艺术文化、医学保健、美容美发、外语，参与率达到21.4%、14.3%、14.3%、14.3%；一个人学习参与率较高的科目为外语、计算机与社会科学，参与率达到22.7%、18.2%、13.8%。除了其他内容外，男性参与率较高的学习内容为计算机、社会科学与外语；女性参与率较高的内容为外语、医学保健及计算机。

三、学习研究休闲消费状况

由图5-9可知，以休闲为目的的学习研究平均花费1959.7元，高于体育活动平均花费，低于兴趣娱乐活动，男性学习研究平均花费为1817.1元，女性为2132.6元，较男性高17.3%，说明女性较男性更爱在提高自身方面进行投资。由于19岁以下样本较少，在20岁以上各个年龄段中，20~24岁群体学习研究平均支出最高达到2963.9元，高出全体平均51.2%。25~29岁群体平均花费为2356.1元，高于平均水平20%。30岁以上群体平均学习花费随着年龄的增长而降低，60岁以上群体学习研究年均花费仅为23.4元。说明年轻人更喜欢为提高自身而投资，老年人由于自身记忆力及老年大学的存在，使其在休闲学习方面投入较少。在20岁以上各个年龄段中，25~29岁男性在全体男性中学习研究方面花费最高，达到2656.5元，花费比同年龄段女性高29.4%。20~24岁女性在全体女性中学习研究方面支出最高，平均达到3547.1元，较同年龄段男性高60.8%。60岁以上女性花费最少，仅有52.9元。以休闲为目的的学习研究年平均支出，男性仅在25~29岁这个阶段高于女性，其余年龄段女性支出均高于男性。

各种学习方式的全年支出见图5-10，除其他外，花费最高的为各种学校，平均花费达到9709.6元，最低的是在单位学习，支出仅为228.7元。男女支出差距最大的是职业训练学校学习，男性平均花费5875.5元，而女性平均花费2525.3元，男性是女性的2.3倍。差异最小的是各种学校，男性平均花费9642.4元，女性平均花费9782.6元。在各种学校、电视广播学习、在单位学习

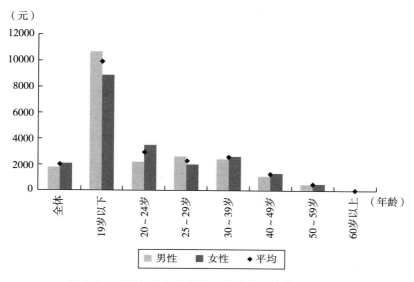

图 5-9 不同年龄段休闲学习研究平均消费支出情况

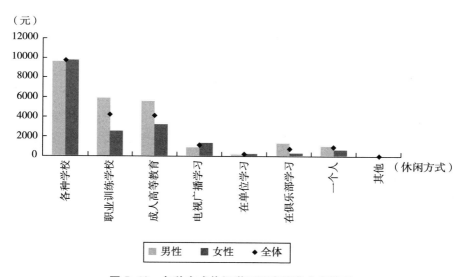

图 5-10 各种方式休闲学习研究消费支出情况

上，女性平均支出高于男性；而在职业培训学校、成人高等教育、俱乐部学习、一个人学习时，男性平均支出高于女性。各种学校、职业培训学校和成人高等教育支出则为 1000 元以上占比最高，比例分别为 81.3%、73.3% 和 94.6%。用电视广播学习、在单位学习、在俱乐部学习和一个人学习时 100 元以下支出占比最高，分别为 51.6%、85.6%、57.1% 和 57.3%。

第五节 公益活动

一、公益活动整体参与率分析

北京市居民参与公益活动的积极性不高，如表 5-17 所示，首先参与率最高的是对本地区居民的服务，达到 9.2%，其次是对老人、儿童、伤、残疾人的服务，对一般人服务的参与率为 7.5%，对灾区等地人的服务参与率为 7.4%，对福利设施的人的服务参与率为 2.7%。

表 5-17 2020 年北京市不同年龄段居民各种公益活动参与率及花费

	年龄	人数	参与率（%）						全年平均支出（元）
			对本地区居民的服务	对福利设施的人的服务	对老人、儿童、伤、残疾人的服务	对灾区等地人的服务	对一般人的服务	其他	
全体	合计	896	9.2	2.7	7.5	7.4	7.5	1.3	98.2
	19 岁以下	17	29.4	5.9	17.6	11.8	0.0	0.0	197.1
	20~24 岁	145	6.9	4.1	9.0	4.1	7.6	0.0	36.7
	25~29 岁	207	3.9	1.9	7.2	8.2	9.2	1.9	106.1
	30~39 岁	200	8.0	2.5	10.0	9.5	9.0	2.0	103.8
	40~49 岁	63	6.3	1.6	6.3	3.2	7.9	1.6	100.8
	50~59 岁	157	11.5	2.5	5.7	7.0	6.4	1.3	159.4
	60 岁以上	107	19.6	2.8	2.8	8.4	3.7	0.9	48.6
男性	合计	491	9.6	2.6	7.5	6.7	7.1	1.0	123.8
	19 岁以下	9	11.1	0.0	11.1	0.0	0.0	0.0	333.3
	20~24 岁	63	9.5	6.3	6.3	4.8	6.3	0.0	52.8
	25~29 岁	104	4.8	1.9	9.6	5.8	8.7	1.0	143.4
	30~39 岁	122	10.7	3.3	11.5	7.4	10.7	1.6	92.8
	40~49 岁	29	3.4	0.0	6.9	3.4	3.4	0.0	100.0
	50~59 岁	91	8.8	1.1	4.4	7.7	4.4	1.1	227.7
	60 岁以上	73	17.8	2.7	2.7	9.6	5.5	1.4	63.0

续表

年龄		人数	参与率（%）						全年平均支出（元）
			对本地区居民的服务	对福利设施的人的服务	对老人、儿童、伤、残疾人的服务	对灾区等地人的服务	对一般人的服务	其他	
女性	合计	405	8.6	2.7	7.4	8.1	7.9	1.7	67.1
	19 岁以下	8	50.0	12.5	25.0	25.0	0.0	0.0	43.8
	20～24 岁	82	4.9	2.4	11.0	3.7	8.5	0.0	24.4
	25～29 岁	103	2.9	1.9	4.9	10.7	9.7	2.9	68.4
	30～39 岁	78	3.8	1.3	7.7	12.8	6.4	2.6	120.9
	40～49 岁	34	8.8	2.9	5.9	2.9	11.8	2.9	101.5
	50～59 岁	66	15.2	4.5	7.6	6.1	9.1	1.5	65.2
	60 岁以上	34	23.5	2.9	2.9	5.9	0.0	0.0	17.6

资料来源：笔者根据调查数据整理所得。

　　从不同年龄段来看，19 岁以下群体由于样本较少，整体公益参与率较高，其中，对本地区居民服务的参与率最高，达到 29.4%，其次是对老人、儿童、伤、残疾人的服务，参与率为 17.6%，占比最低的是对一般人的服务和其他，占比为 0。在 20 岁及以上群体中，60 岁以上群体公益参与率最高，其中对本地区居民的服务参与率达到 19.6%。20～24 岁青年人参与率最高的公益活动则是对老人、儿童、伤、残疾人的服务，为 9.0%，其次是对一般人的服务，参与率为 7.6%。25～29 岁青年参与率较高的公益活动为对一般人的服务，达到 9.2%，其次是对灾区等地人的服务，达到 8.2%。30～39 岁中年参与率较高的活动为对老人、儿童、伤、残疾人的服务，达到 10%。40～49 岁中年参与率较高的公益为对一般人的服务，达到 7.9%；参与率较低的活动为对福利设施的人的服务，仅为 1.6%。50～59 岁参与率最高的公益为对本地区居民的服务，达到 11.5%，最低的为其他。

　　从不同性别来分析，男性参与公益活动的积极性低于女性，男性参与率最高的公益活动为对本地区居民的服务，达到 9.6%，对福利设施的人的服务参与率较低，仅有 2.6%。19 岁以下、25～49 岁年龄段男性参与率较高的公益活动为对老人、儿童、伤、残疾人的服务；20～24 岁、50 岁以上男性参与率较高的公益为对本地区居民的服务。在 19 岁以下、50 岁以上年女性群体中，参与率较高的公益活动为对本地区居民的服务；20～24 岁青年女性偏爱参与对老人、儿童、伤、残疾人的服务，参与率达到 11.0%；25～39 岁中青年女性参与为对灾区等地人的服务较为积极，40~49岁中年女性为对一般人的服务较为积极。

二、公益休闲具体活动分析

一年进行公益活动情况如表5-18所示，所有的公益活动参与率最高参加天数都是1~4日，其中，对本地区居民年服务1~4日占对本地区居民年服务群体的36.6%，年服务200日以上的占比仅为3.7%；对福利设施的人的服务群体中，有54.2%参与者服务天数在1~4日，年服务200日以上占比仅为4.2%；对老人、儿童、伤、残疾人服务的群体中46.3%的人参与天数在1~4日；对灾区等地人的服务群体62.1%参与天数为1~4日；对一般人的服务的群体32.8%参与天数为1~4天。

表5-18　公益类休闲活动的参与天数、同行人员及花费占比　　　单位:%

	项目	对本地区居民的服务	对福利设施的人的服务	对老人、儿童、伤、残疾人的服务	对灾区等地人的服务	对一般人的服务	其他
	样本量	82	24	67	66	67	12
一年进行的天数	年1~4日	36.6	54.2	46.3	62.1	32.8	75.0
	年5~9日	17.1	8.3	19.4	27.3	25.4	8.3
	年10~19日	8.5	16.7	13.4	7.6	16.4	0.0
	年20~39日	14.6	8.3	7.5	3.0	4.5	16.7
	年40~99日	14.6	8.3	6.0	0.0	7.5	0.0
	年100~199日	4.9	0.0	0.0	0.0	0.0	0.0
	年200日以上	3.7	4.2	7.5	0.0	13.4	0.0
同伴者	以社会服务为目的的团体	29.3	45.8	16.4	22.7	1.5	16.7
	居委会、青年团、俱乐部	50.0	20.8	23.9	19.7	19.4	16.7
	其他社会团体	7.3	0.0	17.9	9.1	19.4	8.3
	同家里人	3.7	8.3	16.4	16.7	11.9	0.0
	同邻居	8.5	0.0	1.5	4.5	7.5	0.0
	同单位学校的人	15.9	33.3	19.4	15.2	22.4	0.0
	同朋友等	7.3	8.3	7.5	7.6	16.4	8.3
	一个人	6.1	0.0	14.9	25.8	31.3	50.0

续表

	项目	对本地区居民的服务	对福利设施的人的服务	对老人、儿童、伤、残疾人的服务	对灾区等地人的服务	对一般人的服务	其他
全年花费	100 元以下	80.5	75.0	64.2	22.7	64.2	58.3
	100~999 元	15.9	12.5	28.4	66.7	29.9	25.0
	1000 元及以上	3.7	12.5	7.5	10.6	6.0	16.7
	消费额度（元）	95.2	352.3	310.3	468.4	164.1	750.0

资料来源：笔者根据调查数据整理所得。

而在陪伴者这一方面，首先是居民参与对本地区居民服务的公益活动，以居委会、青年团、俱乐部为主，占比 50.0%，其次是以社会服务为目的的团体以及同单位学校的人，分别占比 29.3% 和 15.9%。参与对福利设施人的服务活动最多的是以社会服务为目的的团体，占比 45.8%，其次是同单位学校的人。参与对老人、儿童、伤、残疾人的服务活动以居委会、青年团、俱乐部参与为主，同时也会和家人、校友、其他社团一起参与活动，占比达到 16% 左右。男性偏爱以社会服务为目的的团体，居委会、青年团、俱乐部形式活动参与公益活动，女性偏爱以居委会、青年团、俱乐部形式，与同单位学校的人参与休闲活动。

三、公益休闲支出状况

北京居民公益活动全年平均支出仅为 98.2 元（见图 5-11），在各种休闲活动中支出最少，男性年平均支出 123.8 元，女性平均支出 67.1 元，男性比女性高 56.7 元，男性比女性在公益方面更爱花钱。各年龄段中，全年平均支出最高的是 19 岁以下年龄段，为 197.1 元，20~24 岁平均支出最低，为 36.7 元，仅为全体的 1/3，其次是 60 岁以上的老年群体。20 岁以上男性群体、50~59 岁中年人支出最高，达到 227.7 元，20~24 岁男性支出最少。20 岁以上的女性群体全年平均支出最高的是 30~39 岁中年女性，达到 120.9，60 岁以上群体支出最少。

各种公益活动平均支出最高的是对灾区等地人的服务，达到 468.4 元，2/3 的参与者花费在 100~999 元；平均支出最低的是对本地区居民的服务，仅有 95.2 元。主要由于对灾区的公益活动需要捐钱捐物支持受灾地建设，而对本地区居民服务主要以个人参与活动为主花费较少。对福利设施人的服务，对老人、儿童、伤、残疾人的服务，这两类活动的平均公益支出达到 300 元以上。男性在对灾区等地人的服务、对福利设施的人的服务方面支出较高；女性在对灾区等地人的服务，对老人、儿童、伤、残疾人的服务方面支出较高。

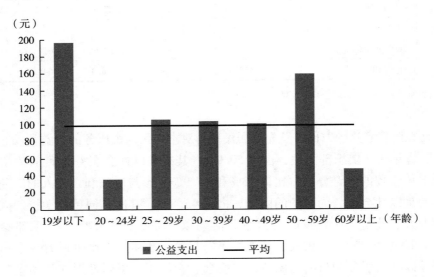

图 5-11 不同年龄段居民公益休闲支出情况

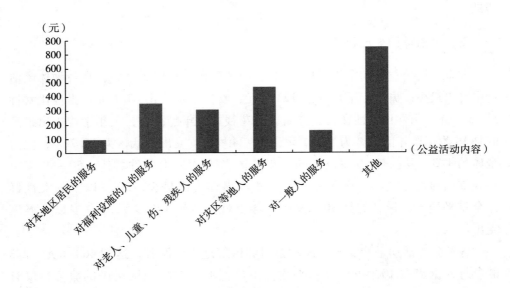

图 5-12 不同类型公益休闲支出情况

第六节 旅行游玩

一、旅行游玩整体参与分析

北京市居民旅行游玩的各种活动如表5-19所示，参与率最高的是回老家，比例达到了51.9%，当日返回的游玩参与率也达到47.5%，家庭及朋友国内旅行的参与率达到30%以上，受新冠肺炎疫情影响国外观光旅行的参与率仅为5.2%，参与率最低的为居委会等组织的国内旅行，仅有1.5%。从性别来看，男女参与率最高的旅行游玩活动都为回老家，分别占比为49.5%、54.8%，但女性回老家的参与率高于男性5个百分点，参与率最低的活动都是居委会等组织国内旅行。与男性相比，女性更偏爱当日返回的游玩及与朋友一起出游，参与率高于男性3~6个百分点，男性更偏爱家庭国内旅行、国内业务出差研修等。

在各个不同年龄段中，19岁以下、50岁及以上年龄段参与率最高的旅行游玩活动均为当日返回的游玩，其他各个年龄段参与率最高活动则均为回老家。由于北京外来人口占比较高，且中青年人父母健在，回乡探亲愿望较为强烈，因此，20~49岁群体回老家成为旅行游玩的第一目的。50岁以上的中老年人，外来人口占比较少，且部分人的父母亲人已经故去，因此参与当日返回的游玩活动的比例较高。在各个年龄段中，居委会等组织国内旅行和其他国内旅行参与率都较低。

二、旅行游玩具体活动分析

北京市居民参与各种旅行游玩活动的频率，依据其活动内容差别较大。当日返回的游玩因为时间便捷，年参与10次以上的比例达到37.4%。其他各类活动，如家庭国内旅行、单位组织国内旅行、其他国内旅行和回老家等活动，进行一次、两次的比例接近或超过70%。

北京市居民的外出旅游的居住地点同样是根据旅行活动的内容有所区别。当日返回的游玩则可以直接返回家中，所以没有数据。其他旅行活动，除了回老家外，都是选择在旅馆居住，比例超过了50%，例如，家庭国内旅行、和朋友一起旅行各占58%和62.8%。值得一提的是，家庭国内旅行和单位组织国内旅行活动在饭店居住，则分别占24.9%和29.6%，接近1/3。

表5-19 2020年北京市不同年龄段居民旅行游玩参与率及花费

单位：%

	年龄	人数	当日返回的游玩	家庭国内旅行	单位组织国内旅行	居委会等组织国内旅行	和朋友一起国内旅行	一个人国内旅行	其他国内旅行	回老家	国内业务出差、研修等	国外观光旅行	国外业务出差、研修等	全年平均支出（元）
全体	合计	896	47.5	33.9	16.0	1.5	30.7	6.7	1.0	51.9	15.4	5.2	2.1	10870.2
	19岁以下	17	52.9	35.3	11.8	0.0	0.0	0.0	0.0	11.8	0.0	0.0	0.0	7976.5
	20~24岁	145	54.5	30.3	20.7	0.7	51.7	11.7	2.1	59.3	9.7	5.5	1.4	9347.4
	25~29岁	207	46.4	24.2	23.2	0.5	41.1	8.7	1.0	67.6	19.3	4.3	1.4	8419.4
	30~39岁	200	51.5	40.0	24.0	0.0	27.0	8.5	1.0	58.0	24.5	6.5	4.0	13421.1
	40~49岁	63	41.3	39.7	12.7	0.0	23.8	3.2	1.6	54.0	23.8	6.3	4.8	14653.2
	50~59岁	157	42.7	33.1	3.2	2.5	16.6	1.9	0.6	38.9	11.5	4.5	1.3	14154.1
	60岁以上	107	43.0	43.9	1.9	6.5	18.7	2.8	0.0	24.3	1.9	5.6	0.9	6321.0
男性	合计	491	46.0	35.4	16.1	0.8	27.7	6.9	1.2	49.5	21.6	4.1	2.4	12265.7
	19岁以下	9	55.6	33.3	11.1	0.0	0.0	0.0	0.0	22.2	0.0	0.0	0.0	1255.6
	20~24岁	63	49.2	27.0	19.0	0.0	49.2	9.5	3.2	58.7	17.5	1.6	1.6	5824.8
	25~29岁	104	47.1	24.0	26.0	0.0	40.4	8.7	1.0	60.6	25.0	2.9	1.0	9132.6
	30~39岁	122	52.5	42.6	23.8	0.0	27.0	9.0	0.8	57.4	34.4	5.7	4.9	15242.6

续表

	年龄	人数	当日返回的游玩	家庭国内旅行	单位组织国内旅行	居委会等组织国内旅行	和朋友一起国内旅行	一个人国内旅行	其他国内旅行	回老家	国内业务出差、研修等	国外观光旅行	国外业务出差、研修等	全年平均支出（元）
男性	40~49岁	29	48.3	51.7	20.7	0.0	20.7	6.9	3.4	62.1	34.5	6.9	3.4	19460.4
	50~59岁	91	35.2	31.9	3.3	1.1	14.3	3.3	1.1	38.5	16.5	4.4	2.2	21226.3
	60岁以上	73	42.5	45.2	1.4	4.1	15.1	4.1	0.0	24.7	2.7	4.1	1.4	4641.8
	合计	405	49.4	32.1	15.8	2.2	34.3	6.4	0.7	54.8	7.9	6.7	1.7	9178.4
女性	19岁以下	8	50.0	37.5	12.5	0.0	0.0	0.0	0.0	0.0	0.0	0.0	0.0	15537.5
	20~24岁	82	58.5	32.9	22.0	1.2	53.7	13.4	1.2	59.8	3.7	8.5	1.2	12053.8
	25~29岁	103	45.6	24.3	20.4	1.0	41.7	8.7	1.0	74.8	13.6	5.8	1.9	7699.3
	30~39岁	78	50.0	35.9	24.4	0.0	26.9	7.7	1.3	59.0	9.0	7.7	2.6	10572.1
	40~49岁	34	35.3	29.4	5.9	0.0	26.5	0.0	0.0	47.1	14.7	5.9	5.9	10552.9
	50~59岁	66	53.0	34.8	3.0	4.5	19.7	0.0	0.0	39.4	4.5	4.5	0.0	4403.2
	60岁以上	34	44.1	41.2	2.9	11.8	26.5	0.0	0.0	23.5	0.0	8.8	0.0	9926.5

资料来源：笔者根据调查数据整理所得。

三、旅行旅游类休闲消费状况

如图 5-13 所示，2020 年北京市民旅行游玩全年平均支出为 10870.2 元，其中，男性平均支出为 12265.7 元，女性平均支出为 9178.4 元，女性比男性全年平均支出低 3087.3 元。在各个年龄段中，40~49 岁年龄段全年平均支出达到 14653.2 元，平均支出最高；支出最低的是 60 岁以上年龄段，仅为 6321 元。19 岁以上群体中，男性全年平均支出最高的是 50~59 岁群体，支出达到 21226.3 元，支出最低的为 60 岁以上群体，仅为 4641.8；女性全年平均支出最高的是 20~24 岁群体，平均支出为 12053.8 元，支出最低为 50~59 岁群体，仅为 4403.2 元。主要原因是 50~59 岁年龄的女性，部分群体已经退休，收入下降，影响其消费水平，同时该年龄女性出游以当日返回或家庭出游为主，部分消费由丈夫承担，导致该年龄段男性消费支出较高，女性消费支出较低。

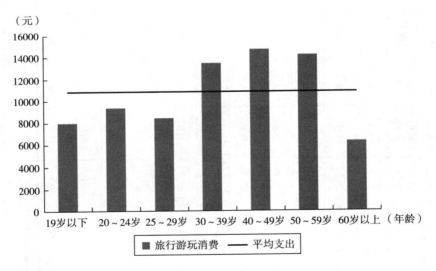

图 5-13　不同年龄段居民旅行游玩消费支出情况

北京市居民各种旅行游玩活动的全年花费最高的是国外旅行，平均达到 38888.3 元，最低的则是居委会等组织的旅行，平均花费仅为 512.5 元。在国内的各种旅行游玩活动中，家庭国内旅行平均消费最高，达到 7766.3 元，国内业务出差、研修等平均消费 3980.2 元，和朋友一起的国内旅行平均花费 3477.1 元，当日返回的游玩平均消费 3124.0 元，回老家平均支出 3102.4 元。平均花费

表5-20　北京居民旅行游玩活动进行次数、居住地点及花费占比

单位：%

项目		当日返回的游玩	家庭国内旅行	单位组织国内旅行	居委会等组织国内旅行	和朋友一起国内旅行	一个人国内旅行	其他国内旅行	回老家	国内业务出差、研修等	国外观光旅行	国外业务出差、研修等
一年进行的次数	1次	12.9	32.4	62.7	25.0	34.5	46.4	33.3	27.8	25.0	81.4	42.9
	2次	17.1	37.5	24.6	41.7	33.3	19.6	55.6	33.3	22.3	9.3	7.1
	3次	24.5	13.3	7.7	16.7	14.6	10.7	11.1	17.6	17.9	4.7	28.6
	4次	14.8	6.8	2.1	0.0	9.6	7.1	0.0	8.9	9.8	2.3	7.1
	5次	13.5	5.5	0.7	16.7	3.4	5.4	0.0	5.8	15.2	0.0	7.1
	6~7次	10.6	2.7	2.1	0.0	3.8	7.1	0.0	3.4	8.0	2.3	0.0
	8~9次	6.5	1.7	0.0	0.0	0.8	3.6	0.0	3.1	1.8	0.0	7.1
	10次以上	37.4	3.8	0.7	8.3	5.4	7.1	0.0	12.3	23.2	9.3	35.7
居住地点	饭店	0.0	24.9	29.6	8.3	19.2	28.6	11.1	1.2	34.8	32.6	71.4
	旅馆	0.0	58.0	55.6	66.7	62.8	57.1	66.7	1.0	81.3	60.5	71.4
	招待所	0.0	0.3	1.4	0.0	0.0	0.0	0.0	0.0	2.7	0.0	7.1
	个体旅社	0.0	5.8	2.1	0.0	6.5	7.1	0.0	0.0	2.7	2.3	0.0
	本单位设施	0.0	0.3	4.9	0.0	0.0	1.8	0.0	1.2	7.1	0.0	0.0
	朋友家	0.0	10.9	0.0	0.0	13.4	8.9	0.0	6.3	0.0	4.7	7.1
	别墅	0.0	4.1	6.3	0.0	1.9	0.0	0.0	2.2	0.0	2.3	0.0
	其他	0.0	13.3	5.6	41.7	7.7	12.5	22.2	101.9	6.3	11.6	0.0
全年花费	100元以下	27.4	7.2	52.1	33.3	6.5	12.5	33.3	17.9	32.1	7.0	35.7
	100~999元	31.0	8.9	23.9	41.7	20.3	14.3	0.0	13.8	9.8	7.0	7.1
	1000~5000元	27.7	36.9	15.5	25.0	49.4	48.2	55.6	43.5	32.1	7.0	14.3
	5000元以上	13.9	47.1	8.5	0.0	23.8	25.0	11.1	24.9	25.9	79.1	42.9
	平均花费（元）	3124.0	7766.3	1715.3	512.5	3477.1	2711.3	1455.6	3102.4	3980.2	38888.3	6035.7

资料来源：笔者根据调查数据整理所得。

5000 元以上占比最高的是国外观光旅行和国外业务出差、研修等，分别占 79.1% 和 42.9%。和朋友一起旅行、一个人国内旅行等项目则主要是 1000~5000 元消费占比最高，分别为 48.2% 和 55.6%。单位组织旅行和国内业务出差主要由单位报销经费，个人支出较小，因此，消费额度占比最高的为 100 元以下，分别占 52.1% 和 32.1%（见表 5-20 和图 5-14）。

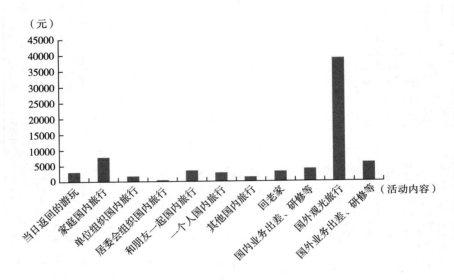

图 5-14 不同类型旅游休闲活动消费支出情况

第六章　城市休闲水平的国际比较

时间在现代社会普遍被认为是一种重要的资源。尽管一个人每天、每年拥有的时间总量都是相同的，但这相同的时间总量在一个人的各项活动中如何分配能反映其生活状况、价值取向等。社会中人们时间的分配状况往往能反映出社会发展水平及变迁轨迹。① 为了便于研究，本章以北京居民时间分配来代表中国人的时间分配状况，比较中国、美国和日本三国居民睡眠时间、餐饮时间和休闲时间的分配状况，借此了解三国居民生活方式及社会特征。在时间方面，由于日本时间分配调查数据截至 2016 年，因此本部分对比以 2016 年数据为主。本章图表中资料来源、中国数据由调查数据整理所得，日本数据来自日本统计局网站，美国数据来源于美国劳工统计局网站（见表6-1）。

第一节　睡眠时间的国际比较

进入 21 世纪，睡眠问题引起了国际社会的关注，根据世界卫生组织的一项调查，全球有 27% 的人有睡眠问题。为了唤起全民对睡眠重要性的认识，从 2001 年起，国际精神卫生和神经科学基金会将每年初春 3 月 21 日定为"世界睡眠日"，以警醒世人重视睡眠问题。丰富的夜生活和智能电子产品的普及，使现代都市人或多或少都存在一定的睡眠问题。

一、日本是全球睡眠时间最短的国家之一

由表6-1可知，2016 年，中国人每天平均睡眠时间达到 535 分钟，美国人

---

① 刘耳. 中美时间分配与城市居民生活方式比较［J］. 信息空间，2004（7）：95-98.

达到 527 分钟，日本人仅有 460 分钟，中国人平均睡眠时间比睡眠最短的日本多出 75 分钟。中美两国睡眠时间相差不大，中国仅比美国长 8 分钟。从全年来看，中国人用 135.7 天来睡觉，美国人用 133.7 天来睡觉，日本人仅用 116.6 天来睡觉，中国人每年比日本人多睡 19.1 天，比美国人多睡 2 天。如果按日本人均预期寿命 84 岁、美国人均预期寿命 79 岁，按中国人 76 岁来计算，日本人一生 26.7 年都在睡觉，美国人一生 28.9 年都在睡觉，中国人一生用 28.3 年时间进行睡觉。即便日本人均预期寿命较长，一生的睡眠时间依然比中国人短 1.6 年。有调查显示，在发达国家中，日本人的睡眠时间是最短的。由于长时间的工作、加班、学习以及网络的普及，很多人会选择减少睡眠时间来增加工作学习或是娱乐的时间，日本已经成为世界上数一数二的"不眠之国"。

表 6-1　2016 年中国、美国、日本三国居民睡眠时间统计　　单位：分钟

	平均	男性	女性	工作日	休息日
中国	535	529	539	518	576
美国	527	521	533	510	569
日本	460	465	455	449	487

资料来源：中国数据由笔者根据调查数据整理所得，日本数据来源于日本统计局网站，美国数据来源于美国劳工统计局网站。

从性别上来看，2016 年，中国、美国女性平均每日睡眠时间要比男性多 10 分钟左右，但日本女性睡眠时间比男性短 10 分钟。日本人平均睡眠时间比较短，主要是日本女性睡眠时间远少于中国、美国女性，之间相差 80 分钟以上，而日本男性比中美两国男性的睡眠时间少 60 分钟左右。从全年来看，日本女性比中国女性少睡 21.3 天，比美国女性少睡 19.8 天，日本男性比中国男性少睡 16.2 天，比美国男性少睡 14.2 天。从睡眠学的观点来看，没有证据显示睡眠时间存在显著的男女生理差异。日本是世界上少有的女性睡眠时间比男性短的国家之一，这与日本女性"不能比丈夫早睡，不能比丈夫晚起"的传统习惯有关。日本女性往往需要早起准备一家人早餐，照顾孩子，夜里收拾完屋子后才能睡觉。因此，男女分工的不平等是日本女性睡眠时间短的主要原因之一。①

中、美、日三国休息日睡眠时间都大于工作日，中国人休息日睡眠时间比工作日长 58 分钟，美国人长 59 分钟，日本仅长 36 分钟。日本不少公司周六有加班现象，因此休息日睡眠时间并没有比工作日长多少。不过，从调查数据来看，

---

① 睡眠时间男女不同，日本女性很难入睡 ［EB/OL］. 人民网 . http：// news. youth. cn/gj/201709/ t20170901_ 10635673. htm，2017-09-01.

即使周日，日本人睡眠时间也比中国人、美国人工作日的睡眠时间短 40 分钟以上。

日本人普遍缺觉，商务人士因拼命工作而广为人知，导致国内"睡眠经济"受到追捧。促进睡眠效果的"修养服"、床上用品、睡眠相关的书籍、促进睡眠食品等的热销，也可以看到日本人生活方式和睡眠意识的变化。①

二、日本人睡眠时间逐年减少，中年人睡眠尤为堪忧

与中国人、美国人睡眠时间递增的趋势相反，20 年来，日本人平均睡眠时间逐年递减，如图 6-1 所示，从 1996 年的 467 分钟减少到 2016 年的 460 分钟，20 年平均日睡眠时间减少 7 分钟。男性睡眠时间由 1996 年的 475 分钟减少到 2016 年的 465 分钟，平均减少 10 分钟；女性睡眠时间由 1996 年的 460 分钟减少到 2016 年的 455 分钟，平均减少 5 分钟。从整年来看，日本人全年睡眠时间减少 1.7 天，其中男性减少 2.5 天，女性减少 1.3 天。一直以来，日本女性睡眠时间少于男性，但女性睡眠时间减少的幅度小于男性，两性睡眠时间差由 15 分钟减少到 10 分钟，两性睡眠时间不平等现象有缓解的趋势。

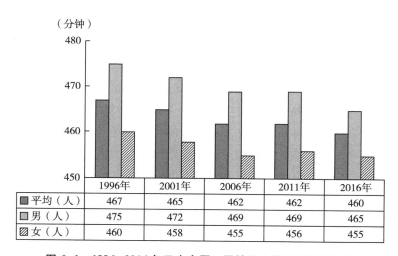

图 6-1　1996~2016 年日本全周、男性和女性睡眠时间趋势

如图 6-2 所示，2016 年，日本人工作日睡眠时间仅有 449 分钟，比 1996 年减少 11 分钟，周日睡眠时间由 509 分钟减少到 496 分钟，20 年减少 13 分钟，周

---

① 日媒：日本各种睡眠生意正兴起 "睡眠经济" 受追捧［EB/OL］. 环球网. http：//finance. huan-qiu. com/gjcx/2017-11/11367603. html, 2017-11-09.

六睡眠时间有先增后减趋势，近5年人们由于生活和工作压力，不少上班族选择周六加班，导致周六睡眠时间有所下降。

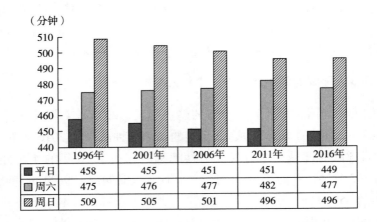

（分钟）

	1996年	2001年	2006年	2011年	2016年
■ 平日	458	455	451	451	449
▨ 周六	475	476	477	482	477
▨ 周日	509	505	501	496	496

图6-2 1996~2016年日本人工作日、休息日睡眠时间趋势

　　从年龄层次来看，如表6-2所示，50~59岁年龄段人口是日本睡眠时间最少的群体，平均睡眠时间仅有423分钟，低于全体睡眠时间近40分钟。40~49岁年龄阶段的中国人是睡眠时间最少的群体，但与其他年龄阶段相差不明显，仅比成年中国人的平均睡眠时间短11分钟。相对于中国各个年龄段人口睡眠时间差最大不到40分钟，日本不同年龄段睡眠时间差最大可达80分钟。除了退休的老人和未工作的青少年之外，20~29岁的青年人是睡眠时间最长的群体。从性别来看，除老人和未成年人外，20~29岁的女性睡眠时间最长，接近480分钟，是女性睡眠时间唯一多于男性的年龄段。与中美两国女性睡眠时间大于男性不同，在日本男性睡眠时间多于女性，且男女睡眠时间差随着年龄的增长不断加大。除了生理原因之外，女性组织家庭，抚养孩子，特别是之后再回到工作岗位，在家务和工作的双重压力下，睡眠时间明显减少。此处，再次佐证传统的家庭分工是影响日本男女睡眠时间不平等的首要因素。

表6-2 日本各年龄段人口平均睡眠时间统计　　　　单位：分钟

	19岁及以下	20~29岁	30~39岁	40~49岁	50~59岁	60~69岁	70岁及以上
平均	484	472	454	432	423	449	503
男性	485	472	455	439	433	461	511

续表

	19 岁及以下	20~29 岁	30~39 岁	40~49 岁	50~59 岁	60~69 岁	70 岁及以上
女性	483	473	452	424	412	437	497
男女睡眠差	2	-1	3	17	21	24	16

资料来源：日本统计局网站（http：//www.stat.go.jp/english/index.html）。

长期以来，受"加班"文化的影响，日本人不爱睡觉几乎成了民族共识。在日本经济高速发展的背后，"过劳死"和"过劳自杀"已成为严重的社会问题。如今，日本年轻人终于意识到了睡眠的重要性，睡眠时间减少的趋势正在得到遏制。从时间上来看，日本年轻人的平均睡眠时间在 40 年来首次呈增长趋势，但中年人的睡眠状况依然堪忧。[①]

三、日本经济越发达，居民睡眠时间越少

从地域上来看，日本埼玉县居民平均睡眠时间最短，仅有 451 分钟；秋田县居民睡眠时间最多达到 482 分钟，地区睡眠时间差达 31 分钟。日本人口最多、经济最为发达的六个地区（2016 年统计数据），同样是日本睡眠时间最少的区域。日本经济主要集中在东京都市圈和近畿都市圈。东京都市圈内，东京都和神奈川县（横滨、川崎所在县）是金融、保险、服务业等高端产业的集中地，神奈川、千叶和埼玉的优势产业是批发零售、水电燃气和交通运输业。近畿都市圈包括京都、大阪等，其优势产业主要是制造业和服务业。这些地区是日本的经济中心和人口密集区，工作节奏快，生活压力大，也是日本著名的不夜城，成为日本平均睡眠时间最短的地区。[②] 如图 6-3 所示，大阪地区平均睡眠时间相对较长，达到 456 分钟；东京地区和爱知地区平均睡眠时间仅有 455 分钟，在日本地区睡眠时间中排名倒数第 4；神奈川县平均睡眠时间为 453 分钟，千叶县为 452 分钟，分列倒数第 2、3 位。

四、日本人工作日普遍晚睡早起

图 6-4 和图 6-5 将一天 24 小时分为 96 个时间段，每个时间段 15 分钟，记录每个时间段日本人入睡比例。由图 6-4 可知，日本人是标准的晚睡早起型，

① 日本年轻人重视睡觉胜过交朋友［EB/OL］．人民网．http：//japan.people.com.cn/n1/2018/0515/c35421-29991669.html，2018-05-15.

② 2017 年日本人口发展、人口城市化发展及东京圈城市人口净流入变化情况分析［EB/OL］．中国产业信息网．http：//www.chyxx.com/industry/201708/5485467.html，2017-8-5.

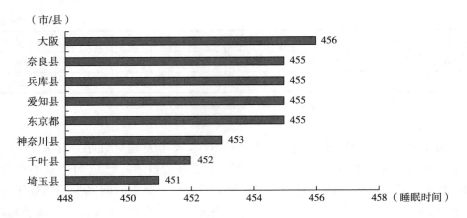

图 6-3　日本睡眠时间最少的八个地区

工作日 23：00 之后才有超过 50% 的人入睡；国民睡眠率在凌晨 3：15～3：30 达到最高，96.71% 的人处于入睡状态；而 6：30～6：45 已有超过 50% 的人起床开始一天的工作。两性入睡时间点差别不大，都是在 23：00 之后 50% 的人进入睡眠，但女性入睡比例比男性高 1.5% 个百分点，说明女性入睡时间比男性要早，男性更爱熬夜；而 6：15～6：30 已有超过 50% 的女性起床为家人准备早餐，此时仍有 54% 的男性在呼呼大睡，该阶段女性起床比例比男性高 5.3 个百分点。从入睡率来看，23：00～23：15，处于入睡状态的女性比例超过男性；5：30～5：45 处于起床状态的女性高于男性。

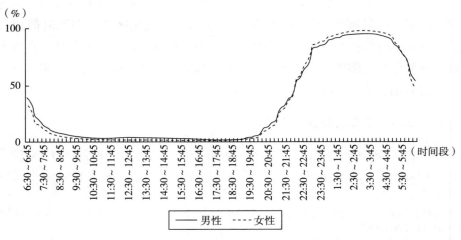

图 6-4　2016 年工作日日本男女不同时间段入睡比例

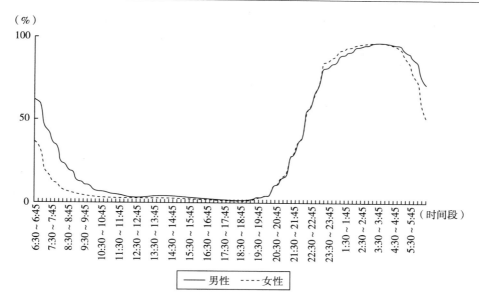

图 6-5　休息日日本男女不同时间段入睡比例

　　工作日，中国人在 7：00~7：10 起床有 50% 的人，在 22：40~22：50 已有超过 50% 的人进入梦乡，可以说大部分中国人比日本人早睡 20 分钟，晚起 30 分钟，睡眠时间长于日本。在凌晨 0：00~0：15，有超过 97% 的中国人进入了梦乡，该时段日本人入睡比例仅有 84%；中国人入睡率峰值在 3：00~3：10 出现，比日本提前 15 分钟，高达 99%，高于日本约 1 个百分点。相对于中国而言，日本是夜生活较为丰富的国家，真正的"今夜无人入眠"。

　　休息日，超过 50% 的日本人在 7：00 以后起床，比工作日起床时间推迟半个小时，大多数人入睡时间依然是 23：00 之后，但睡眠率峰值出现在凌晨 3：45~4：00，比工作日推迟 30 分钟，入睡率峰值 96.3% 低于工作日 0.4 个百分点。休息日，超过 50% 的中国人要到 8：00 才起床，比日本人晚起一个小时；50% 的人入睡要在 23：00 以后，与日本人入睡时段较为接近。中国人睡眠率峰值出现在凌晨 3：00~3：20，这个区间，98.8% 的人进入睡眠，日本比中国推迟 40 分钟。

五、越睡越久的美国人

　　与日本睡眠时间递减的趋势相反，美国人睡眠时间随着劳动生产率的提高不断延长（见表 6-3），平均睡眠时间由 2003 年的 514 分钟提高到 2016 年的 527 分钟，13 年提高了 13 分钟。其中，男性睡眠时间提高 12 分钟，女性睡眠时间提高了 14 分钟；工作日睡眠时间提高 14 分钟，休息日提高 11 分钟。因此，美国人睡眠时间的延长主要来自女性睡眠的增多和工作日睡眠时间的延长。与中国人睡眠性别特征相同，女性的睡眠时间比男性稍长，工作日平均比男性多睡 23 分钟，周末多睡 17 分钟。男性更喜欢晚睡晚起，在工作日比女性晚睡 39 分钟，休息日晚睡 42 分钟；男性在工作日比女生晚起 22 分钟，休息日晚起 28 分钟。从入睡时间来看，美国人 23：00～24：00 入睡率超过 67%，7：00～8：00 起床率达到 57% 以上。

表 6-3 2003～2016 年美国人平均睡眠时间统计   单位：分钟

年份	总体	男性	女性	工作日	休息日
2003	514	509	519	496	558
2006	518	514	521	500	559
2011	523	517	528	507	561
2016	527	521	533	510	569

资料来源：美国劳工统计局网站（https：//www.bls.gov/tus/）。

虽然美国国民整体睡眠时间比日本长，但大学生尤其是精英大学生睡眠时间也不能保证。美国大学"宽进严出"，课业繁重，不少学生表示在美国工作、社交和睡眠只能同时保证两样。不少美国大学生为了完成大量的课后作业和参加课外活动，牺牲睡眠时间，睡眠时间严重不足。Jawbone 公司公布了各大学校学生的睡眠时间，统计了超过 100 所高校、总计 140 万个夜晚的学生睡眠情况，发现美国大学生在工作日的平均睡眠时间为 7 小时，周末则是 7 小时 22 分钟。数据同时表明学生在学校的学术表现确实与学生睡眠时间长度有一定关系。通常在学业繁重、排名更高的学校，学生入睡时间越晚、睡眠长度也越短。同时，学生睡眠时间还与学校位置有关系，通常大城市区域内的学生会比乡村区域内的学生更晚入睡①。

---

① 每天只睡 4 小时！为啥美国人睡那么少还照样精力充沛？［EB/OL］．精英说．http：//www.sohu.com/a/205866147_ 557383，2017-11-22．

第二节　进餐时间的国际比较

不同的民族和国家存在各具特色的饮食文化，其丰富性和多样性也正是不同民族特色和文化的体现。中国、日本和美国由于饮食特点、态度、内容等方面都存在显著的差异，因此三国居民在用餐时间分配上也各具特点。

一、讲究吃的中国人

进餐时间的长短受到饮食文化的影响，对于东亚国家来说，每天的进餐时间是很好地与家人团聚时间，在吃饭的同时还要与家人聊天。因此，中日两国的饮食不仅是解决生理问题，还包含着文化因素、社交因素在内。

中国人有"民以食为天"的观念，饮食在中国已上升到了一种几乎超越其他一切物质形态和精神形态的举足轻重的东西，这也反映在人们日常生活中的各个方面。其中最为常见的要算是中国人之间相互询问的那句"你吃过了吗"。中国人每天要做的第一件事，也往往是吃，或为吃做准备。所谓的"开门七件事：柴、米、油、盐、酱、醋、茶"，哪一件不关于饮食？孩子出生要吃，满月要吃，周岁要吃，结婚要吃。人到了六十大寿更要觥筹交错庆祝一番，甚至去世也要吃，叫作"红白喜事"；客人来了要吃，称为"接风洗尘"；客人出门要吃，谓之"饯行"；乔迁要吃等。通过吃可以交流感情，表达欢迎或惜别的心情，甚至感情上的风波也往往借助于酒菜来平息。吃的形式后面蕴含着一种丰富的心理和文化的意义以及人们对事物的认识和理解，从而获得了更为深刻的社会意义；吃也不仅仅停留在原有的交际功能上，已转化成对社会心理的一种调节。在中国文化中，吃被赋予不同寻常的意义，因此饮食的时间最长。

在美国，饮食仅仅作为一种生存的必要手段和交际方式。美国心理学家亚伯拉罕·马斯洛（1943）在著名的需求定律中将人的需求由低级到高级划分为五个层次：饮食则被划分在第一层，即作为人类的最低级的需求，从中不难看出，"吃"虽然重要，但从文化的意义上来看，在西方国家只是停留在简单的交流、交际的层面上，并没有像在中国那样被赋予更多、更为重要的"使命"，更谈不上是"众礼之源"①。特别是美国快餐文化的兴起，快餐改变了美国人的生活方式，美国也因此成为"快餐社会"和"快餐之国"，反映和隐喻了美国人的生活方式、风俗习惯和价值观。由于人们生活节奏的加快，快餐顺势而生，进食仿佛成为一种累赘，一种亵渎时间的活动，于是所有忙碌的人都开始减少吃饭所用的时间，为了不耽搁时间，往往把吃饭这件事在路上匆匆地解决。麦当劳的流行就是印证，以至于成为美国的文化符号之一②。人类越现代，生活节奏也就越快，在什么都快的时代，这种随叫随吃、既不费时又美味可口的快餐便逐渐成为主流。美国人饭吃得简单，吃得迅速，进餐时间最短③。

从进餐时间来看（见图6-6），中国人每天进餐时间最长，平均116分钟，比日本长16分钟，中日两国饮食时间相差不大，但与美国相比存在较大差异，中国人平均进餐时间比美国人长46分钟，日本人进餐时间比美国长30分钟。中国人一年用29.4天来吃饭，日本人用25.3天来吃饭，美国人仅用17.7天来吃饭。中国人一年比美国人多用11.7天来吃饭，比日本人多用2天。从人的一生来看，中国人一生用6年时间来进餐，美国人用3.8年时间来进餐，日本人用5.8年时间来进餐。

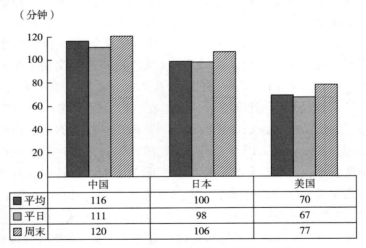

图6-6　2016年中、美、日三国进餐时间统计

---

① 卞浩宇，高永晨. 论中西饮食文化的差异［J］. 南京林业大学学报（人文社会科学版），2004（4）：49-53.

② 李天紫. 麦当劳的快餐文化隐喻：美国当代文化价值观透析［J］. 对外经贸实务，2012（1）：80-85.

③ 侯海涛. 美国饮食面面观［J］. 山东食品科技，2004（8）：35-36.

二、不爱吃早餐的日本男人

1996~2016 年，日本人进餐时间基本保持不变，2016 年进餐时间比以往调查年份多 1 分钟，休息日平均饮食时间达到 102 分钟，工作日饮食时间在 98 分钟。从进餐时间性别差异来看，男性进餐时间平均比女性少 5 分钟左右，而且随着时间的推移，两者的进餐时间差有减少的趋势（见表6-4）。

表 6-4　1996~2016 年日本进餐时间比较　　　　　　单位：分钟

年份	平均	男性	女性	工作日	休息日
1996	99	95	102	98	100
2001	98	96	101	97	100
2006	99	96	102	97	101
2011	99	96	102	97	101
2016	100	98	103	98	102

资料来源：日本统计局网站（http://www.stat.go.jp/english/index.html）。

从日本进餐时间的分配来看（见表6-5），日本人无论男女都比较重视晚餐，晚餐进餐时间在 40 分钟左右，占一天进餐时间的 38.3%，早餐仅占 21.5%，晚餐进餐时间比早餐长 19 分钟，比午餐长 10 分钟。从参与率来看，日本人的晚餐参与率高达 92.1%，女性比男性高近 3 个百分点；早餐参与率最低，仅有 79.4%，说明有超过 1/5 的日本国民不吃早餐，而且不吃早餐现象在男性中尤为严重，有接近 1/4 的日本男士不吃早餐。此外，日本有轻食习惯的国民达到 23.7%，女性比例较高，达 25.8%，超过 1/4 的日本女性喜欢吃轻食，比男性高出 4.3 个百分点。轻食是在一定热量限制内，尽量选择饱腹感强的食物，低盐、低糖、低脂肪和纤维丰富是轻食的择食标准。因此，轻食受到广大日本女性的欢迎。此外，日本国民的夜宵参与比例较低，仅有 1.1%，且主要是男性。

表 6-5　2016 年日本进餐类型时间分配及参与率　　　　　　单位：%

	进餐时间分配比例			参与率		
	总体	男	女	总体	男	女
饮食	100	100	100	98.9	98.5	99.3
早餐	21.5	20.9	23.5	79.4	75.2	83.5

续表

	进餐时间分配比例			参与率		
	总体	男	女	总体	男	女
中餐	29.6	29.6	30.4	82.5	81.2	83.8
晚餐	38.3	37.4	39.1	92.1	90.6	93.5
夜宵	0.0	0.9	0.0	1.1	1.8	0.5
轻食	9.6	8.7	9.6	23.7	21.5	25.8

资料来源：日本统计局网站（http：//www.stat.go.jp/english/index.html）。

进餐时间随着年龄增长有延长的趋势（见表6-6），15～24岁青年的进餐时间最短，比65岁以上的老人进餐时间减少近30分钟。由不同年龄段进餐时间可以看出，无论哪个年龄段晚餐进餐时间都在40分钟以上，早、晚餐进餐时间差随着年龄的增长而减少，年龄越大越重视早餐质量。不同年龄段早餐进餐时间相差较大，最长可达17分钟，而晚餐进餐时间相差较少，最大仅有7分钟。25～34岁上班族早餐时间最短，其次是15～24岁的在学组，与前文这两个群体睡眠时间较长有关。

与中国人午餐进食时间较长不同，日本各个年龄段晚餐进餐时间都比较长，占就餐时间的40%，15～24岁年轻人晚餐时间高达44分钟，是早餐时间的2倍以上，占整个就餐时间的44%。对于上班族来说，晚餐是一天中最难得放松和私人时光，很多人中午吃便餐也是为了晚上玩得开心一点。居酒屋是很多上班族晚餐绕不开的地方，上班族们到了这里，点上几瓶日本清酒、啤酒或是酸梅酒，压抑了一天的人，此时就会放松自我①。

表6-6　2016年日本不同年龄段调查人口进餐时间分配　　　单位：分钟

	10～14岁	15～24岁	25～34岁	35～44岁	45～54岁	55～64岁	65～74岁	75岁以上
总计	101	99	102	106	114	118	129	137
早餐	24	19	18	21	24	26	33	35
中餐	28	31	33	34	35	34	37	39
晚餐	42	44	40	42	44	44	45	47

---

① 日本上班族最普通的一日三餐［EB/OL］．搜狐网．http：//www.sohu.com/a/209777699_746389，2017-12-17．

续表

	10~14 岁	15~24 岁	25~34 岁	35~44 岁	45~54 岁	55~64 岁	65~74 岁	75 岁以上
夜宵	—	0	0	1	1	0	0	0
轻食	6	5	9	8	11	13	15	17

资料来源：日本统计局网站（http：//www. stat. go. jp/english/index. html）。

三、开饭早的日本人

从进餐的时段来看（见图6-7），一日三餐有明显的时段特征，呈现出不同特征的三个峰度，文中规定以进餐率达到5%为主要进餐时段。在工作日，日本人早餐的主要进餐时段较为分散，呈现平缓的峰度，峰值两边大致呈对称分布。工作日早餐主要进餐时段主要集中在6：00~9：00，时间跨度长达3个小时，在7：00~7：15峰值的进餐率达到20.6%。午餐进餐时段更为集中，呈现较为陡峭的峰度，峰值两边大致呈对称分布，有大起大落的特征。午餐的进餐时间集中在11：30~13：45，跨度仅有2小时15分钟，且在12：00~12：30进餐比例达到峰值40%以上，之后迅速回落。晚餐时段跨度较长，从下午17：30一直持续到晚上21：30，时间跨度长达4个小时，呈现厚尾特征。晚餐峰值19：00~19：30时段进餐率高达25%以上。

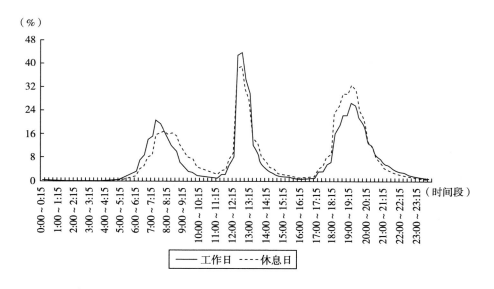

图 6-7　2016 年日本工作日和休息日进餐比例

相比工作日，休息日三餐进餐时间变化不大。由于起床时间的推后，且起床后不需要匆忙吃完早餐赶去上班，因此休息日早餐进餐时段拉长并向后推迟，主要进餐时段分散程度高于工作日。休息日，日本人早餐的主要进餐时段变为6：00~9：30，并在7：30~7：45达到进餐率峰值，比例为17.0%，低于工作日。午餐同样表现出进餐时段拉长更为分散的特征，主要进餐时段为11：30~14：00，进餐率峰值39.0%出现在12：15~12：30，该峰值低于工作日。但是，休息日晚餐进餐时段略有提前且更为集中，曲线肥尾现象有所减缓。晚餐主要进餐时段为17：30~21：00，比工作日缩短30分钟，进餐率峰值32.6%同样出现在19：00~19：15，但比工作日峰值高出6个百分点。说明相比工作日晚上需要通勤加班，休息日时间则自由得多，可以选择合适的时间进餐，进餐集中度有所提高。

从两性差别来看，男性早餐进食时点要早于女性，且不吃早餐的比例大于女性，从图6-8可知，随着时间的推移女性进餐比例从低于男性到高于男性；午餐男女差别不大，两性曲线重合在一起，但男性进餐比例峰值略高于女性。晚餐与早餐相反，女性进餐时间要早于男性，时段更为集中，在19：00~19：15达到28%的峰值之后，下降较为明显。不少男性因为要加班，因此晚餐时段较为分散，曲线尾部依然较为肥厚。随着时间的推移，深夜仍有不少男性在进餐，与上文日本男性爱夜宵的结论不谋而合。

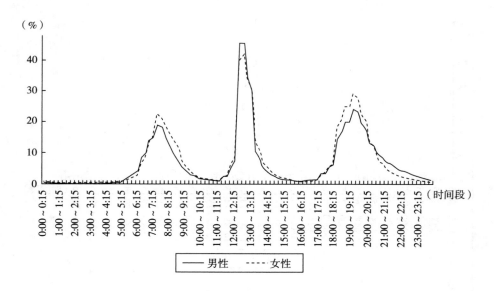

图6-8　2016年日本工作日男性和女性进餐比例

与第三章北京进餐率的时间趋势图相比，日本居民进餐率呈现相似的图形分布。但在进餐时点上，由于中国人起床较晚，早餐进餐率峰值一般在 7：30~7：50，比日本早餐进餐率高峰推迟半小时。午餐进餐率在 12：00~12：10 达到峰值 59.4%，峰值时段与日本一致，但是进餐峰值要高于日本 14 个百分点。我国晚餐在 19：00~19：10 达到进餐峰值，比例为 25.2%，与日本晚餐进食率峰值相似。中国人晚餐主要进食时段在 17：40~21：00，时间跨度类似，但长度短于日本 40 分钟。

四、进餐快速的美国人

如表 6-7 所示，2016 年，美国人平均每天用 70 分钟吃吃喝喝，每年吃喝时间达到 17.7 天，男性和女性吃饭时间几乎相同，男性进餐时间比女性多 1 分钟。假如美国人预期寿命是 79 岁，需要用 3.8 年，也就是人生 4.8% 的时间用来吃喝，男性一辈子比女性在饭桌上多花 20 天的时间。2003~2016 年美国人的平均用餐时间先增后减，如图 6-9 所示，从 2003 年的 73 分钟下降到 2016 年的 70 分钟。其中，减少最多的是工作日用餐时间，从 2006 年的 70 分钟下降到 2016 年的 67 分钟，平均减少了 3 分钟。休息日用餐时间比 2003 年减少 2 分钟，比 2011 年减少 5 分钟，远远少于日本和中国的三餐时间。从男女进餐时间来看，2003~2016 年，男女进餐时间都在减少，但男性减少幅度要大于女性，与 2003 年相比，2016 年女性进餐时间减少 1 分钟，男性减少 3 分钟。

表 6-7　2003~2016 年美国进餐时间变迁　　　　　　　单位：分钟

年份	平均	工作日	休息日	男性	女性
2003	73	70	79	74	71
2006	74	71	82	75	73
2011	74	71	82	76	73
2016	70	67	77	71	70

资料来源：美国劳工统计局网站（https：//www.bls.gov/tus/）。

与中国、日本对饮食的重视不同，美国人用餐观念淡薄，反而对时间特别珍惜。处于工作状态的美国人何时用餐都是跟随生理的饥饱而定，他们完全可以接受一边做着工作一边吃着汉堡，甚至是吃着披萨便讨论开会的内容[1]。不少美国

---

① 杨一宁. 浅谈中美饮食文化的差异与联系 [J]. 洛阳理工学院学报（社会科学版），2014（10）：77-80.

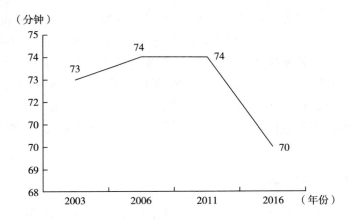

图 6-9　2003～2016 年美国人平均用餐时间变化趋势

上班族、商界政界人士甚至总统往往都是借早餐之机讨论事务，以"工作早餐"开始一天的工作。美国人尤其讲究时间和效率，快速步调下的美国人只好选择快速解决餐食，麦当劳等快餐店就成了他们最理想的选择①。

中美进餐速度差别之大，主要源自两国的饮食文化的差距。中国人的进餐方式，深受传统文化的影响，讲究一个"和"字，即吃饭时要有一种和谐、团圆的氛围；无论是家庭聚餐，还是应酬待客，都要大家围坐在一起，共同分享桌上的食物。在中国人看来，"共食"是一个非常重要的人际交往活动，可以加深亲人、朋友间的亲情友爱关系。因此，中国人进餐的时间也是社交和家人团聚的重要时间，"食"承载了中国人社交功能，进餐时间难免会被拉长。与中国人不同，美国人讲究个性与独立，吃饭时习惯与别人分开，采取的是"分餐制"。美国人吃饭通常是要各自点菜，各持一份，不愿与人共享食物。即便是家庭聚餐，往往也是由一个人把食物分配给全家人，大家分开来在各自的小盘子里进食，各自吃完就可离席，进餐时间较短。从进食的菜品来看，中国人的饮食讲究"色、香、味"俱全，追求极致的美味，进食也是享受美味的过程。美国人的饮食更重视烹调的效率问题，② 美国最流行的几种食物，正是美国人饮食观念的体现：方便、快捷、省时。

---

① 叶文姬. 我看美国快餐里的美国人餐食观念——以麦当劳为例 [J]. 今日科苑，2009 (2)：204.

② 董敏娜. 中美快餐文化对比及在对外汉语教学中的应用 [D]. 河南大学硕士学位论文，2015.

第三节 休闲时间的国际比较

从古人忘我的享受美酒美景，到现代人讲究度假休憩，休闲与每个人都休戚相关。休闲是人们感受到自由且独立存在的一种方式。当下，休闲已经成为人们日常生活的重要组成部分，从不同国家居民自由时间的使用，可反映出居民的休闲特点和社会特征。

一、中国人休闲时间少，日本人睡眠时间少，美国人用餐时间少

由于中国、美国和日本时间分配统计口径不同，本章将一天24小时分为个人生理必需时间、工作学业及家务时间、休闲时间，其统计口径如表6-8所示，比较不同国家和发展程度的居民时间分配特征。

表6-8 中美日生活必需时间、工作学习家务时间和休闲时间统计口径

	中国	美国	日本
生活必需时间	睡眠、用餐、个人卫生、就医保健和其他生活必需时间	个人护理活动（睡眠、洗漱、就医等）和用餐	睡眠、个人卫生相关、用餐及就诊医疗
工作、学习及家务相关时间	制度内工作（学习）时间；加班（课）加点工作时间；其他工作（学习）时间；上下班（学）路途时间购买商品；做饭；洗衣物；照料孩子和老人；其他家务劳动时间	家务劳动；购物和服务；照料和帮助家庭成员；照料和帮助非家庭成员；工作及其相关活动；学业及其相关活动	通勤和通学时间；工作；学业；家务劳动；照料与护理；育儿；购物和其他移动时间（除通勤、通学外）
休闲时间	学习文化科学知识；阅读报纸；阅读书刊；看电视；听广播；观看影剧文体表演；观看各种展览；游园散步；其他娱乐；体育锻炼；休息；教育子女；公益活动；探访接待亲友；其他自己时间	组织活动、公民活动和宗教活动；社交和沟通；休闲与体育（看电视，来自兴趣的读书，运动与锻炼，娱乐等），电话邮件和电子邮件其他活动，没有其他分类	（除学习以外的）学习、训练和自我启发；电视、广播、报纸、杂志等大众媒体；休养和休息；兴趣娱乐；体育活动；志愿者和社会活动；社交与交往及其他

资料来源：中国数据由笔者根据调查数据整理所得。美国劳工统计局网站（http://www.bls.gov/tus/）。日本统计局网站（http://www.stat.go.jp/english/index.html）。

如图 6-10 所示，2016 年，中国人平均休闲时间仅有 253 分钟，远低于美国的 337 分钟和日本的 327 分钟，中国人休闲时间严重贫乏，低于发达国家 70 分钟以上。工作日休闲时间短成为中国人休闲时间短缺的首要原因。工作日中国人的休闲时间仅有 196 分钟，与美国、日本工作日的 300 分钟的休闲时间相差 100 分钟；休息日中国与美国、日本人民的休闲时间仅相差 30 分钟。从性别上来看，中、美、日三国男性的休闲时间都长于女性，但中国男女休闲时间不平等幅度要小于美国和日本，中国男性和女性的休闲时间相差 17 分钟，但在美国和日本男女休闲时间差都分别达到 36 分钟和 34 分钟。从全年来讲，中国男人比女人多休闲 4.3 天，日本男人比女人多休闲 8.6 天，美国男人比女人多休闲 9.1 天。

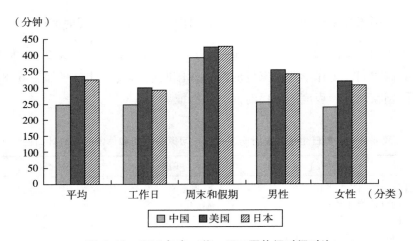

图 6-10　2016 年中、美、日三国休闲时间对比

从中、美、日三国时间分配的主要内容来看，如图 6-11 所示，美国和日本时间分配模式相似，都是 45% 的个人生理必需时间（包括睡眠、进食、洗漱等），31% 的工作学习时间和 24% 的休闲时间；中国人在个人生理必需时间上配置较高，达到 50% 左右，分配近 1/3 的时间用来工作，仅仅 18% 的个人时间用于休闲。也就是说，从人的一生来看，中国人用 13.4 年进行休闲，美国人用 18.4 年进行休闲，日本人用 19.1 年进行休闲，中国人一生的休闲时间比美国人和日本人少 5 年。

受中国经济社会发展阶段的制约，中国劳动生产率与美国、日本等发达国家相比还有一定差距，导致必要劳动时间略长于美国和日本。2016 年，中国人平均每天劳动和学习相关时间在 7 小时 49 分钟，略长于美国和日本。中国和美国、日本休闲时间的差别主要来自生理必需时间。中国人平均个人生理必需时间在

11 小时 58 分钟，日本仅有 10 小时 50 分钟，其中，主要差别来源于睡眠时间。可以说，日本人用中国人的睡眠时间多享受了一小时以上的休闲时光。美国人平均生活必需时间为 10 小时 48 分钟，与日本相差不大；美国人睡眠时间略少于中国人，但进餐时间平均比中国人少 46 分钟。可以说，美国人使用中国人的吃饭、睡眠和工作时间多享受了近一小时的休闲时光。由于生活习惯和民族文化，中国人个人生理必需时间减少幅度较小，如果要提高居民休闲时间，那么应该提高劳动生产率，降低必要劳动时间，提高中国人的自由时间。

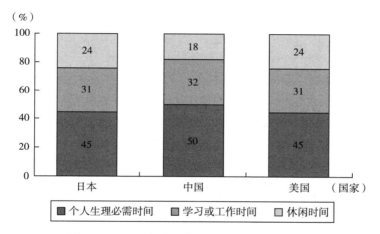

图 6-11　2016 年中、美、日天/时间分配比例

二、看电视是日本人最主要的休闲活动

2016 年，日本国民休闲时间为 5 小时 45 分钟，比中国人休闲时间长 1 小时 32 分钟。与中国相似，日本人的休闲活动主要在休息日展开，但工作日和休息日的休闲时间差距仅有 2 小时 5 分钟，远低于中国人的 3 小时 19 分钟。说明相比中国人，日本人的休闲观念已经融入生活的每一天，工作日和休息日的休闲生活并没有过大差别。

与中国人休闲时间分配内容相似，如表 6-9 及图 6-12 所示，日本人的休闲生活以观看或收听包括电视、广播、报纸杂志等大众媒体为主，占到总休闲时间的 39%；其中，看电视时间长达 116 分钟，可以说日本人用 1/3 的休闲时间来看电视，参与率也达到 64%。平均来看，日本人一生用接近 7 年的时间来看电视，比其吃饭时间还要长。日本男性更"沉迷"于电视，平均看电视时间比女性多 8 分钟，每年日本男人平均比女人多看 2 天电视。

表 6-9　2016 年日本国民休闲相关活动时间分配和日参与率

	休闲活动时间（分钟）					休闲活动日参与率（%）				
	平均	工作日	休息日	男性	女性	平均	工作日	休息日	男性	女性
电视、广播、报纸杂志	135	126	167	139	131	64.3	63.3	66.9	61.6	66.9
休息和放松	97	89	119	97	96	67.0	67.2	66.7	65.1	68.9
学习、自我启发、训练（除了学业）	13	12	14	13	12	9.4	9.7	8.45	8.9	9.8
兴趣娱乐	47	38	72	57	37	25.4	23.3	30.65	27.4	23.4
体育运动	14	12	21	18	10	11.8	11.4	12.65	13.5	10.1
志愿者和社会活动	4	3	8	4	4	2.5	2.1	3.55	2.4	2.6
交际、交往	17	13	26	15	19	10.1	8.9	12.9	8.3	11.8
其他	18	16	24	25	17	15.8	15.2	17.5	13.5	18.1
合计	345	309	434	452	360	92.5	91.8	94.5	91.4	93.5

资料来源：日本统计局网站（http：//www.stat.go.jp/english/index.html）。

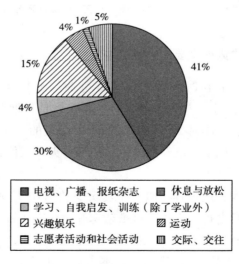

图 6-12　2016 年日本休闲时间分配比例
资料来源：日本统计局网站（http：//www.stat.go.jp/english/index.html）。

休息与放松是日本人参与率最高的休闲活动，参与率高达67%，每日休息时间达到97分钟，占总休闲时间的28%。各种兴趣娱乐占休闲总时间的14%左右，时间分配排名第三位，参与率达到25%。随着电子科技的发展，电脑与游戏是人们每日花时间较多的娱乐活动，参与比例逐年攀升。兴趣娱乐休息日的参与度比工作日提高7.4个百分点，大部分上班族要利用周末时间进行娱乐。以游戏时间为例，平均游戏时间从工作日的11分钟提高到周日的25分钟，提高了127%。

　　运动、课外学习和交际占到休闲时间的4%~5%，参与率也达到10%左右。日本人对参与志愿活动和社会活动的兴趣不高，公益和社会活动时间仅占总休闲时间的1%，而且参与率也仅有2.5%。相比工作日，休息日日本国民在体育运动、交际和交往、志愿者和社会活动、兴趣娱乐活动上的时间支出提高85%以上，参与率也提高30%以上；而观看或收听大众媒体、休息和放松等活动时间分配提高的比例不到40%，参与度变化较小，在一定程度上说明了这些项目是日本国民的日常休闲项目。

　　从性别上来看，日本女性的休闲时间比男性少34分钟，休闲活动参与率比男性高2.1个百分点。日本女性个人生理必需时间较男性短10分钟，但学习劳动等相关时间（包括有偿劳动、无偿劳动及学业等）长达423分钟，较男性长13分钟。相比于男性，日本女性要承担更多的劳动，特别是家务、育儿等无偿劳动，挤占了大量的休闲时间。日本女性较男性更喜欢观看以电视为主的大众媒体，虽然男性观看或收听大众媒体的时间比女性长，但参与度较女性低5.3%。此外，与男性相比，女性更爱交际，不仅时间比男性长10分钟，参与度也比男性高3.5个百分点；女性更爱学习和训练（除了学业），参与度比男性高0.9%。而男性更倾向于以游戏、电脑为代表的兴趣娱乐，娱乐时间比女性长20分钟，参与度也比女性高5%；各种体育运动也是男性的最爱之一，运动时间比女性长8分钟，参与度也高3.4个百分点。

　　1996~2016年日本人休闲时间的变革见图6-13，日本国民休闲时间经历了先增加后减少的"M"形波动趋势，总体呈提高趋势。其中，1996~2011年休闲时间从320分钟提高到331分钟，提高了11分钟。从休闲方式来看，虽然观看或收听大众媒体一直是居民主要的休闲方式，占到休闲总时间的40%以上，但该项休闲活动时间20年间处于不断递减的状态，减少了18分钟。同时，社会交际时间也从1996年的27分钟缩短到2016年的17分钟。与之相反的是，休息和放松时间提高了22分钟，兴趣娱乐时间提高了11分钟。可见，随着娱乐方式的多样化和电子信息技术的日新月异，日本人休闲活动呈现多样化特征。

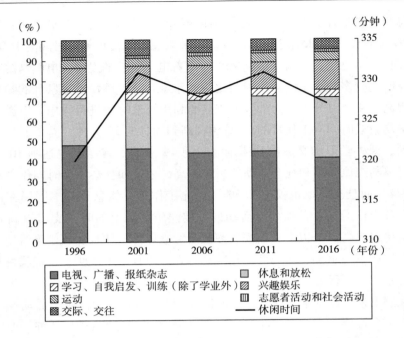

图 6-13　1996~2016 年日本休闲时间变化趋势及休闲时间分配比例

三、日本男人比女人更爱休闲

工作日，全天休闲活动参与率呈现早中晚峰度不同的曲线，如图 6-14 所示，在 20：45~21：00 达到峰值。早上 9：00 之前男性休闲参与率一直略高于女性，9：00~12：15 女性休闲参与率略高于男性，12：15~13：00 男性休闲参与率高于女性，13：00~17：00 女性休闲参与率又大于男性，13：30~15：30 女性参与率较男性高 9 个百分点。17：00 之后，男性休闲参与率一直大于女性，差距随着时间的推移不断减少，21：00 之后该差距可忽略不计。休息日，男性休闲参与率一直大于女性，在 22：00 之后该差距可忽略不计。从工作日不同性别休闲活动参与率的时间特征可以看出，日本不少女性在成家后就不再工作，但承担了大部分家务劳动。只有丈夫上班和孩子上学时，休闲活动参与率才高于男性。在 17：00 丈夫下班后，两性休闲参与率差距不断拉大，在 21：00 之后，妥善安排好家人的晚餐与处理完家务后，此差距才可忽略不计。

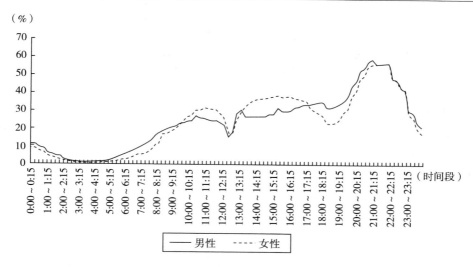

图 6-14　2016 年工作日日本男女参加休闲活动比例

　　休息日，日本人休闲活动参与率较工作日有显著提高（见图 6-15），平均达到 40% 以上，且在早、中、晚呈现三个时间跨度较大的平峰。且各个时段日本男性休闲活动参与率都大于女性，这也说明女性在休息日依然要承担较多的无偿劳动。

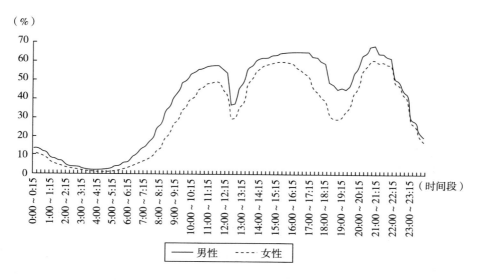

图 6-15　2016 年休息日日本男女参加休闲活动比例

四、散步是日本国民运动，看电影是日本的国民娱乐

2016 年，日本人每天花在运动上的休闲时间平均仅有 14 分钟，低于看电视时间和游戏娱乐时间。各种休闲活动参与率与参与天数见表 6-10，首先，散步或轻体操是日本人最喜欢的体育运动，参与率达到 41.3%；其次，器械健身活动，参与率达到 14.7%。从休闲深度来看，散步或轻体操国民人均每年参与天数达到 98.7 天，剑道这种日本民族运动的参与天数也达到了 98.5 天，器械健身达到年 71.9 天，这几项运动是深度休闲的主要集中区。与中国人运动规律不同，日本男性在体育活动上所花费时间和参与率都高于女性，男性体育活动参与率达到 73.5%，女性仅为 64.4%。

表 6-10　2016 年日本国民各种体育活动年参与率及年平均活动时间

活动名称	参与率（%）	参与天数（天/年）	活动名称	参与率（%）	参与天数（天/年）
散步或轻体操	41.3	98.7	羽毛球	6.7	20.4
器械健身	14.7	71.9	其他	6.3	—
保龄球	12.7	5.7	足球	6	44.8
马拉松或慢跑	12.1	53.8	滑雪或其他冰上运动	5.4	6.3
游泳	11	24.8	网球	5	52.2
登山或徒步	10	7.3	排球	4.5	40.7
钓鱼	8.7	12.1	篮球	4.3	47.7
高尔夫	7.9	28.3	垒球	2.7	23
自行车	7.9	37	门球	0.7	48.1
棒球	7.2	34.8	柔道	0.6	50.9
乒乓球	6.8	24.2	剑道	0.6	98.5
体育活动总计	68.8	—			

资料来源：日本统计局网站（http://www.stat.go.jp/english/index.html）。

2016 年，日本人每天在兴趣娱乐上所花时间达到 47 分钟，全年活动参与率高达 87%，如表 6-11 所示。首先，日本全民性兴趣娱乐按照参与度排名是电影鉴赏、CD 等音乐鉴赏、作为兴趣的读书和在家玩电子游戏。其他场合的电影鉴赏（电视、DVD、电脑等）参与率大于 52.1%；其次是 CD、磁带等的音乐鉴赏，参与率达到 49.0%；作为兴趣的读书参与率达到 38.7%，超过 1/3 的人爱好

是读书，该比例远大于中国；在家玩电子游戏的比例达到 35.8%，略低于读书爱好者的比例。但从休闲深度来说，电子游戏爱好者全年有 149.5 天在从事该活动，音乐爱好者全年有 132.9 天从事该项活动，读书爱好者全年有接近 1/4 的天数在从事该项活动。虽然电影院中的电影鉴赏参与度很高，但参与者全年平均只有 6 天进电影院看电影；即使参与度最高的其他场合电影鉴赏，参与者的鉴赏天数也只有 40 天。爱好乐器演奏、欣赏传统日本音乐、围棋的人虽然比例不高，但爱好者参与天数高达 50 天以上。相较于电影鉴赏，乐器演奏、传统日本音乐和围棋的深度休闲参与者参与比例较高。

表 6-11　2016 年日本国民各种兴趣娱乐的年参与率和年平均活动时间

兴趣娱乐	参与率（%）	参与天数（日/天）	兴趣娱乐	参与率（%）	参与天数（日/天）
其他场合的电影鉴赏（电视、DVD、电脑等）	52.1	40	传统音乐会	10.1	7.7
CD、磁带等的音乐鉴赏	49	132.9	弹珠机	8.5	44.9
电影院中的电影鉴赏	39.6	6	剪裁	6.4	26.5
作为兴趣读书	38.7	79.7	野营	6.4	4.9
在家玩电子游戏	35.8	149.5	书法	4.1	35.7
去游乐场、动物园、水族馆等	33.8	5.5	绘画、雕刻制作	3.5	41.2
KTV	30.7	11.4	象棋	3.2	27.6
园艺	25.7	57.5	传统日本音乐	2.9	74.8
摄影或绘画	24.9	33	合唱或声乐	2.8	45.2
体育观览（除电视节目外）	21.5	20.5	作诗	2.5	50.2
美术鉴赏（除电视节目外）	19.4	6.8	陶艺或工艺	2.2	22.3
烹饪	17.8	23.9	日式插花	1.8	23
演艺、舞蹈、戏剧等鉴赏（电视节目除外）	14.5	7.3	日本舞蹈	1.6	39.4
流行演唱会	13.7	9.7	日式茶道	1.6	23.1
乐器演奏	10.9	66.3	西方舞蹈	1.4	70
作为爱好的木工活	10.9	11.7	围棋	1.2	59.9
针织、刺绣	10.6	33.6	其他	3.5	—
兴趣娱乐合计	87.0	—			

资料来源：日本统计局网站（http：//www.stat.go.jp/english/index.html）。

五、热爱休闲的美国人民

2003~2016 年，美国人民的休闲时间经历了先增后减的趋势，总体来说保持在 5 小时 50 分钟左右（见表 6-12）。美国女性的休闲时间少于男性，且两性休闲时间差有扩大的趋势，从 2003 年的 23 分钟扩大到 2016 年的 31 分钟。工作日的休闲时间比休息日短 111 分钟，三个国家中的工作日和休息日休闲时间差最短。说明休息日和工作日的休闲生活界限不再明显，休闲已经融入生活的每一天。

表 6-12　2016 年美国人休闲时间分配状况

活动类型	平均时间（分钟）			参与率（%）		
	总体	男性	女性	总体	男性	女性
各种组织，宗教和公益活动	19	17	22	14.3	12.2	16.3
宗教和精神活动	10	8	11	9.7	8.0	11.3
志愿活动（组织和公民活动）	8	7	8	5.9	5.4	6.3
休闲和运动	308	331	286	95.8	96.4	95.3
社交和沟通	39	38	40	35.9	33.8	37.8
看电视	164	176	151	79.1	80.2	78.1
来自兴趣的读书	17	15	20	19.5	17.0	21.8
参加运动，锻炼和娱乐	19	23	15	21.7	23.6	20.0
电话，邮件和电子邮件	10	7	11	20.9	16.9	24.7
其他活动，没有其他分类	13	11	16	16.2	13.6	18.7
休闲时间总计	350	366	335	—	—	—

资料来源：美国劳工统计局网站（https://www.bls.gov/tus/）。

从休闲内容上来看，与中国、日本相同，看电视依然是美国人最主要的休闲方式。看电视时间长达 164 分钟，占其休闲总时间的 48.0%，几乎接近中国人看电视时间的 3 倍。看电视日参与度也高达 79.1%，高出中国 12 个百分点。美国男性每日看电视的时间和参与率要远远高于女性。男性每日看电视时间比女性多 25 分钟，参与率比女性高 2.1 个百分点。从所花时间和参与度上来看，美国男性是中、美、日三国中最爱看电视的群体。

同时，美国人热心参与各种组织、宗教和公益活动，人均每天参加各种社会活动达到 19 分钟，远大于中国的 1 分钟与日本的 4 分钟，活动参与度也较高，达到 14.3%。志愿者活动的参与率也高达 5.9%，远大于中国和日本。美国人爱交流，社交和沟通时间长达 39 分钟，远大于日本的 17 分钟。美国人每日参加体育锻炼的时间达到 19 分钟，是中国的 3 倍以上，比日本高出 50.0%。美国人日均（作为兴趣的）读书时间为 17 分钟，参与率达到 19.5%；中国人和日本人日平均读书时间分别仅为 9 分钟和 7 分钟，远低于美国人。与美国人相比，中国人和日本人更不爱读书。

休闲活动内容的时间分配见图 6-16，2006~2016 年，美国人看电视的时间越来越多，10 年里增加了 9 分钟，在整个休闲时间中所占比例也有所加大；体育、锻炼和娱乐时间也有所提高，提高了 2 分钟；参加宗教活动的时间也有所增加。但社交与沟通的时间减少了 7 分钟，这种变化与中国、日本相似，主要由于网络和智能电子设备的发展，人们沟通和交流呈多样化的趋势，传统社交和交际行为的时间不断减少，人们变得越来越"宅"。

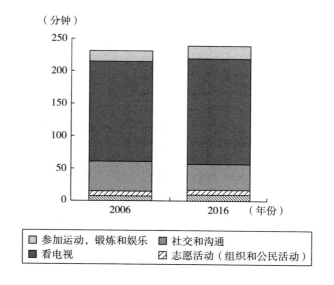

图 6-16 2006~2016 年美国主要休闲活动时间分配变化趋势

从性别来看，女性更喜欢从事人际交往相关活动，如社交、电话沟通、组织和宗教、志愿者活动，平均参与时间和参与率都大于男性。男性更喜欢从事运动、兴趣娱乐、看电视等相关活动。女性更爱阅读书籍，日平均阅读时间比男性多 5 分钟，且参与率也比男性高 4.8 个百分点。近 10 年，收看电视时间的延长主要来自男性看电视时间的增加，而宗教、体育和娱乐时间的延长主要来自女性投入时间的增多。

第四节　国际比较的启示

从睡眠和饮食等个人生理必需时间的分配来看，中国人对"吃"和"睡"的重视程度要远大于美国人和日本人，在这两类活动中分配了较多的时间，反映出中国人对基本生理需求的要求较高。由于中国社会经历了长期的战争和动荡，中国人在20世纪80年代才解决基本温饱问题，不少老年人依然有"饥饿"的记忆。因此，中国人可以少玩，但不能吃得不"体面"，睡得不踏实。没有充足的睡眠，没有一家人其乐融融的就餐，生活基本上就没有质量可言。因此，相对于日本人少睡觉，美国人可以快速用餐，中国人对"吃"和"睡"等生活必需活动非常强调，分配了接近一半的个人时间。

同时，中国人休闲观念较为淡薄，许多人认为休闲活动主要应该是在休息日展开的，休闲活动只是工作日的时间打发。中国人工作日的主要休闲活动就是看电视、看报纸和散步，将休闲活动在工作日和休息日明显区别开来，使两者休闲时间相差2小时以上。而美国人和日本人工作日和休息日休闲时间相差不大，更多地将休闲活动融入生活的每一天。一方面，中国人劳动时间比美国人和日本人长；另一方面，日本人用中国人的睡眠时间进行休闲，美国人用中国人的进餐时间进行休闲。由于生活习惯和饮食文化的原因，不少中国人融休闲活动于进餐之中，进餐也是很好的社交行为，所以中国人挤出进餐时间进行休闲可能性较小。同样，也不会使用睡眠时间换休闲。因此要提高中国人的休闲时间，只能在社会劳动生产率提高的同时，减少必要劳动时间，同时培养全社会的休闲意识和休闲观念，使人们开始享受这种休闲生活，成为生活必不可少的一部分。

第七章　北京居民休闲满意度统计测评

国家"十四五"规划提出"不断增强人民群众获得感、幸福感",而居民休闲满意度对人民幸福感的获得有着重要意义。本部分基于问卷调查对北京和上海居民休闲生活满意度进行调查分析,弄清休闲生活满意度现状及影响因素,有助于为从不同维度提高居民生活幸福感提供参考及建议。

第一节　北京居民休闲满意度调查分析

一、调查样本基本情况

为了对北京居民的休闲满意度现状进行分析,笔者于 2021 年对北京市居民进行问卷调查,得到有效样本 451 个,表 7-1 反映了被调查者的基本情况。调查对象中女性占 60.3% 以上,男性占 39.7%,样本满足随机性要求;年龄主要集中在 18~40 岁,占样本总数的 85.4%,31~40 岁中青年占比接近 40%;学历水平中等偏上,具有专科及以上学历的被访者占样本总数的 96.54%,其中本科学历的被访者达到 62.7%;家庭状况以已婚育有一孩为主,占被访者的将近 50%,未婚人群占比达到 36.1%,已婚育有两孩及以上的群体占比较小。调查对象的职业主要集中在普通公司职员,比例达 44.3%,公司管理层占比达 19.3%,公务员或事业单位群体占比为 16.6%,学生占比为 11.8%,其余情况占比在 8%。

表 7-1　调查对象基本特征

内容	统计量	频数（人）	频率（%）
性别	男	179	39.7
	女	272	60.3
年龄	25 岁以下	93	20.6
	26~30 岁	113	25.1
	31~40 岁	180	39.9
	41~50 岁	43	9.5
	51~60 岁	16	3.5
	60 岁以上	6	1.3
学历	中学及以下	16	3.5
	专科	41	9.1
	本科	283	62.7
	研究生及以上	111	24.6
婚姻状况	未婚	163	36.1
	已婚无孩	40	8.9
	已婚育有一孩	222	49.2
	已婚育有两孩及以上	26	5.8
工作状态	普通公司职员	200	44.3
	公司管理层	87	19.3
	公务员或事业单位	75	16.6
	个体工商户或自由职业	23	5.1
	学生	53	11.8
	主要从事家务活动	3	0.7
	其他	10	2.2

资料来源：根据调查数据整理所得。

调查对象在北京市居住地分布情况见图 7-1，其中，有 48% 的调查对象居住在首都城市功能拓展区（海淀、朝阳、丰台、石景山），30% 居住在首都城市发展新区（通州、顺义、大兴、昌平、房山），19% 居住在首都核心功能区（东城、西城），而只有 3% 的被访者居住在首都生态涵养区（怀柔、平谷、门头沟、密云、延庆）。

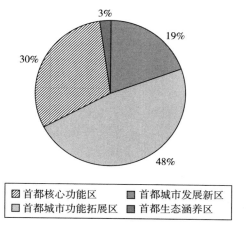

图 7-1　调查对象居住区域

被访者年收入状况见图 7-2，年可支配收入 10 万~15 万元占比最高，达到 24.2%；年可支配收入为 5 万~10 万元的人数占比 18.8%。排在第三的是年收入 15 万~20 万元，占比为 18.4%。年可支配收入达 30 万元以上的人数最少，占比仅有 4.9%。收入状况大致呈现正态分布，这也说明调查对象符合随机要求。

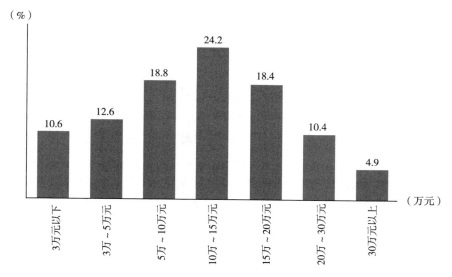

图 7-2　可支配收入频率分布

消费往往受收入影响，年消费额度状况见图 7-3，首先，年消费额度在 4 万~8 万元的群体占比最大，达到 35.7%；其次有 20.0% 的居民年消费额度为 8

万~12万元，年消费额度超过12万元的居民仅有13%。超过70%的北京市居民年消费额度在2万~12万元。

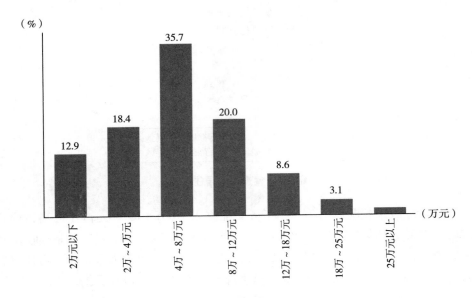

图7-3 年消费额度频率分布

二、休闲活动内容调查

休闲活动的主要类型见图7-4，有84%的被调查者选择网络购物，77.2%的选择在电脑或手机上刷视频、65%的选择公园散步、61.2%的选择看电视或听广播、57.9%的选择体育锻炼，以上是选择人数最多的五种休闲方式。此外，外出旅游、阅读新闻（线上、线下）及网络书籍也成为颇为流行的休闲活动。值得注意的是阅读纸质书刊、参加公益活动占比较少，说明了方便的电子书刊逐步替代了纸质书籍，同时也反映了大家对公益活动热心度不足。

三、休闲消费状况调查

本次调查对北京市居民休闲消费意愿进行研究（见图7-5），有2.3%的被调查者不愿在休闲活动中消费，22.8%的被调查者对休闲消费的态度一般，即可花可不花，56.1%的被调查者愿意将钱花在休闲活动中，18.8%的被调查者非常愿意在休闲活动中消费。可见超过七成的北京市居民休闲消费意愿较为强烈。

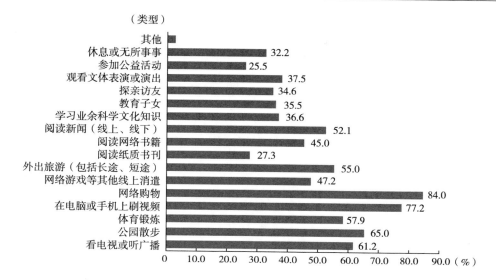

图 7-4　北京居民休闲活动类型

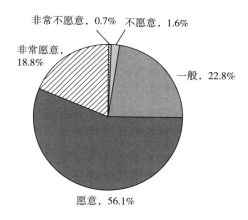

图 7-5　北京居民休闲活动消费意愿

　　研究休闲消费在个人消费占比，以分析休闲生活在个人生活中的重要程度。调查结果如表 7-2 所示，超过 90% 的北京市居民休闲消费在个人消费中的占比不足 30%，消费占比小于 10% 的被调查者占 23.7%，休闲消费占比 10%~20% 占比 42.4%，占比在 20%~30% 的被访者达到 27.1%。休闲活动消费在个人总消费占比超过 40% 以上的仅有 2.4%。说明与衣食住行等生活必需消费相比，休闲消费在总消费中的比例相对较低。

表7-2 休闲消费在北京居民总消费中占比情况

休闲消费在总消费中占比	频率	百分比（%）
10%以下	107	23.7
10%~20%	191	42.4
20%~30%	122	27.1
30%~40%	20	4.4
40%以上	11	2.4
总计	451	100

资料来源：笔者根据调查数据整理所得。

四、休闲生活满意度分析

（一）休闲生活满意度的总体情况

设计满意度量表对休闲满意度进行调查，非常满意设置得分为7，非常不满意得分为1，分值在1~7，主要结果见表7-3。当前北京居民对自己的休闲生活较为满意，满意度均值为4.6，生活整体满意度为4.87，生活整体满意度略高于休闲生活满意度。休闲满意度中均值最高的活动为个人娱乐类休闲活动，均值达到4.95，远高于其他类型，说明娱乐类休闲能给人们带来更大的满足；旅行游玩类休闲活动满意度也较高，均值达到4.60。最低的是个人爱好类休闲活动，均值只有4.37，个人情感类休闲活动带来的满意度也较低，均值仅为4.45。

表7-3 北京居民主要休闲活动满意度得分

满意度得分	样本量	最小值	最大值	中位数	均值	标准差
当前的生活整体满意度	451	1	7	5	4.87	1.348
当前的休闲生活满意度	451	1	7	5	4.60	1.439
体育活动类休闲的满意度（包括散步、健身、游泳、舞蹈、打球等）	451	1	7	5	4.46	1.607
个人爱好类休闲的满意度（养宠物、唱歌、绘画、象棋等）	451	1	7	4	4.37	1.553
娱乐类休闲的满意度（电视、电影、网络游戏、网络视频等）	451	1	7	5	4.95	1.501
旅行游玩类休闲的满意度（短途或长途旅游、农家乐等）	451	1	7	5	4.60	1.490

续表

满意度得分	样本量	最小值	最大值	中位数	均值	标准差
学习研究类休闲的满意度（为兴趣而学习、读书）	451	1	7	5	4.53	1.546
个人情感类休闲的满意度（访亲串友，公益活动等）	451	1	7	5	4.45	1.499

资料来源：笔者根据调查数据整理所得。

北京市居民当前生活整体满意度高于休闲生活满意度。由表7-4可知，被调查者对体育类休闲活动评价占比最高的为"一般"及"满意"，占比达到20%；个人爱好类休闲活动的评价占比最高的是"满意"，占比为23.10%，但持有"一般"意见的人占比也达到20%以上；娱乐类休闲活动评价占比最高的是"满意"，占比为27.50%，同时较满意占比达到26.40%；旅行游玩类评价占比最高的是"满意"，占比为24.40%，持"较满意"及"一般"态度的被访者占比也超过了20%。对整体生活持"满意""较满意"态度的人超过了58%，对休闲生活持"满意""较满意"的人达到47.50%，但持"一般"意见的比例也达到23.30%。说明北京市民对各类休闲生活及生活整体基本是满意的，但是满意度还有待进一步提升。

表7-4　北京居民主要休闲活动满意度得分频率　　　　　单位：%

满意度得分	非常不满意	较不满意	不满意	一般	满意	较满意	非常满意
当前生活整体	1.80	4.00	10.40	16.60	32.60	25.90	8.60
当前休闲生活	2.20	7.10	11.80	23.30	27.10	20.40	8.20
体育活动类	3.50	8.40	17.70	20.00	20.00	19.50	10.9
个人爱好类	3.80	9.30	16.40	21.30	23.10	18.40	7.80
娱乐类	2.90	4.40	10.40	14.20	27.50	26.40	14.20
旅行游玩类	2.90	6.20	14.20	21.50	24.40	22.00	8.90
学习研究类	3.50	7.30	14.20	21.10	25.30	18.20	10.40
个人情感类	2.90	9.30	14.60	21.10	25.50	20.00	6.90

资料来源：笔者根据调查数据整理所得。

如果将休闲满意度得分在1~3的定义为不满意，得分在5~7的定义为满意。经计算发现，超过一半的人对当前休闲生活较为满意，比例达到55.7%，娱乐类与旅行游玩类持满意态度的人最多，占比分别为68.1%和55.3%。体育活动类与个人爱好类的休闲活动持不满意态度的人占比达到29%以上。

表7-5　北京居民主要休闲活动满意度分布频率　　　　单位:%

	不满意（1~3）	满意（5~7）
当前休闲生活	21.1	55.7
体育活动类	29.6	39.5
个人爱好类	29.5	49.3
娱乐类	17.7	68.1
旅行游玩类	23.3	55.3
学习研究类	25.0	53.9
个人情感类	26.6	52.4

资料来源：笔者根据调查数据整理所得。

（二）休闲满意度差异分析

样本基础特征与休闲满意度。分别研究性别、年龄、学历及婚姻状况与休闲满意度是否独立，建立性别、年龄、学历及婚姻状况与休闲满意度交叉表，对上述交叉表进行卡方检验，具体见附录二，在95%的置信水平下，p值都大于0.05，结果不显著。结果显示，性别、年龄、学历及婚姻状况在休闲生活满意度上并未有显著差别。

休闲时间与休闲满意度。本调查显示工作日、休息日平均个人休闲时间分别为3.75小时与7.24小时。为研究平均个人休闲时间对北京市居民休闲生活满意度的影响，对该变量进行分组，休闲时长0~2小时的为"工作繁忙"，休闲时长3~5小时的为"劳逸结合"，休闲时长5小时以上为"悠闲"。对工作日休闲时间进行方差分析（见表7-6），得到F值为0.059，p值为0.0943，在95%的显著性水平下，认为工作日休闲时长对北京市居民休闲生活满意度并无显著统计影响。对休息日休闲时间长短与休闲满意度进行单因素方差分析，如表7-7所示，p值为0.583，在95%的显著性水平下，认为休息日休闲时长对北京市居民休闲生活满意度并无显著统计影响。因此，休闲时长对居民休闲生活满意度影响不显著，即休闲质量不受休闲时长的影响。

表 7-6　工作日休闲时间与休闲满意度方差分析

	平方和	自由度	均方	F	显著性
组间	0.245	2	0.122	0.059	0.0943
组内	932.1	448	2.081	—	—
总计	932.3	450	—	—	—

资料来源：由软件计算所得。

表 7-7　休息日休闲时间与休闲满意度方差分析

	平方和	自由度	均方	F	显著性
组间	1.458	2	0.243	0.784	0.583
组内	137.362	448	0.31	—	—
总计	138.82	450	—	—	—

资料来源：由软件计算所得。

（三）休闲活动消费额度与休闲生活满意度

为了解北京居民消费额度对休闲生活满意度的影响，保证卡方检验交叉表中频率期望大于 5，本章对休闲活动年消费额度进行分组，其中，年消费额度为 0.5 万元以下的为"低消费人群"，年消费额度为 0.5 万~2 万元为"中等消费人群"，年消费额度为 2 万元以上为"高消费人群"。满意度仍按照得分在 5~7 为满意，得分在 1~3 为不满意，得分 4 的为一般。

建立体育类、兴趣爱好类、娱乐类、学习研究类、情感类休闲活动消费额度与休闲生活满意度的交叉表，并进行卡方检验，结果显示上述因素与相应休闲满意度的卡方检验的 p 值均大于等于 0.05，结果见附录三，因此认为在 95% 的置信水平下，不同消费组的满意度均值无显著统计差异，即体育类、兴趣爱好类、娱乐类、学习研究类、情感类休闲活动消费的高低对居民相应休闲生活满意度并无显著影响。

建立旅行游玩类休闲消费额度与相应休闲生活满意度的交叉表，并做卡方检验，结果如表 7-8 所示。p 值为 0.002，因此认为在 95% 的置信水平下，旅行游玩类休闲活动消费的高低相应与休闲生活满意度不存在独立关系。如表 7-9 所示，在低消费群体中，对旅行游玩类休闲活动满意的占 41.3%，在中等消费群体中占 61.9%，在高消费群体中占 55.6%，持有满意态度的群体在中高消费中较为常见。可见，北京市居民旅行游玩满意度随着旅行游玩消费增长而提高。从整体来看，诸多类型的休闲活动，仅仅休闲满意度与旅行游玩类活动消费额度相互影响，也就是休闲消费额度对休闲满意度影响有限。

表 7-8　北京市民旅行类休闲消费额度与休闲满意度的卡方检验

	值	自由度	渐进显著性（双向）
皮尔逊卡方	16.704[a]	4	0.002
似然比（L）	16.688	4	0.002
线性关联	11.634	1	0.001
有效个案数	451	—	—

资料来源：由软件计算所得。

表 7-9　旅行游玩类消费额度与满意度交叉　　　　单位:%

消费分组	不满意	一般	满意	总计
低消费	31.5	27.3	41.3	100.0
中消费	19.4	18.7	61.9	100.0
高消费	22.2	22.2	55.6	100.0

资料来源：a 表示 0 个单元具有期望计数少于 5；下同。笔者根据调查数据整理所得。

　　建立休闲消费在总消费所占比例与休闲生活满意度的交叉表，并进行卡方检验，结果见表 7-10，卡方检验 p 值为 0.01，因此认为在 95% 的置信水平下，休闲消费在总消费中的占比与休闲生活满意度关系并不独立。建立休闲消费意愿与休闲生活满意度的交叉表，并进行卡方检验，结果见表 7-11，卡方检验 p 值为 0.00，认为在 95% 的置信水平下，休闲消费意愿与休闲生活满意度关系并不独立。休闲消费意愿与休闲消费在总消费中占比都是反映休闲消费意愿的指标，结合交叉表见表 7-12，此检验反映了休闲消费意愿高的群体，休闲满意度较高，休闲满意度较低的群体对休闲消费意愿持"一般"态度的人较多。休闲满意度与休闲消费意愿有相互促进的关系，同时休闲满意与休闲消费占比相关，休闲占比也是消费意愿的直接反映。如果休闲消费能够提升居民的休闲满意度，那么休闲就会继续下去，但休闲满意度与消费额度无关。

表 7-10　北京市民休闲消费占比与休闲满意度的卡方检验

	值	自由度	渐进显著性（双向）
皮尔逊卡方	13.333[a]	4	0.01
似然比（L）	12.948	4	0.01
线性关联	5.357	1	0.021
有效个案数	451	—	—

资料来源：由软件计算所得。

表 7-11　北京市民学习类休闲消费意愿与休闲满意度的卡方检验

	值	自由度	渐进显著性（双向）
皮尔逊卡方	33.670	8	0.00
似然比（L）	33.561	8	0.00
线性关联	5.839	1	0.016
有效个案数	451	——	——

资料来源：由软件计算所得。

表 7-12　旅行游玩类消费额度与满意度交叉　　　　单位：%

消费分组	不满意	一般	满意	总计
愿意	18.1	21.4	60.5	100.0
一般	41.7	18.4	39.8	100.0
不愿意	10.0	40.0	50.0	100.0

资料来源：笔者根据调查数据整理所得。

第二节　北京居民休闲生活满意度影响因素分析

一、休闲满意度影响因素的描述统计

对休闲满意度影响因素进行描述统计分析，结果见表 7-13，按照影响因素重要性，从非常不重要到非常重要，分值从 1~7。本章通过各个影响因素的调查平均得分，从被访者的主观感受来判断影响因素的重要性。在诸多影响因素中，得分均值最高的为身体健康状况，其得分均值为 6.01，即被访者认为身体状况最能影响休闲质量；排在第二位的为收入水平，均值为 5.98，被访者认为收入因素对休闲质量也起到重要影响；排在第三的影响因素是本人心情，均值为 5.81；得分相对较低的影响因素为其他因素，自然、社会环境，均值分别为4.36、5.39。

表 7-13   休闲满意度影响因素描述分析

	样本量	最小值	最大值	中位数	均值	标准差
收入水平	451	1	7	6	5.98	1.114
休假天数	451	1	7	6	5.75	1.215
身体健康状况	451	2	7	6	6.01	1.112
本人心情	451	1	7	6	5.81	1.147
自然、社会环境	451	1	7	5	5.39	1.188
天气状况	451	1	7	6	5.43	1.304
其他因素	451	1	7	4	4.36	1.140

资料来源：笔者根据调查数据整理所得。

二、休闲满意度影响因素 LASSO 回归模型

LASSO 回归的特点是在拟合广义线性模型的同时进行变量筛选和复杂度调整。这里的变量筛选是指不把所有的变量都放入模型中进行拟合，而是有选择地把变量放入模型从而得到更好的性能参数。该模型通过一系列参数控制模型的复杂度，从而避免过度拟合，达到复杂度调整的效果。对于线性模型来说，复杂度与模型的变量数有直接关系，变量数越多，模型复杂度就越高，较多的变量同时进入模型将面临过度拟合的危险。

（一）休闲满意度影响因素

为了探究影响北京市居民休闲生活满意度影响因素，从收入水平、休假天数、身体健康状况、本人心情等 18 个维度进行分析（见表 7-14）。

表 7-14   变量说明

变量	编码	变量	编码
休闲满意度	Y	年消费额度	X8
性别	X1	是否愿意为休闲活动花钱消费	X9
年龄段	X2	休闲消费占比	X10
学历	X3	平均休闲时间	X11
婚姻状况	X4	收入水平	X12
工作状态	X5	休假天数	X13
居住区域	X6	身体健康状况	X14
年可支配收入	X7	本人心情	X15

续表

变量	编码	变量	编码
周围自然社会环境	X16	其他因素	X18
天气状况	X17		

资料来源：笔者整理所得。

（二）模型建立

以 X1-X18 作为自变量，以休闲满意度（Y）作为因变量构建的 LASSO 模型结果见附录四，根据 LASSO 模型计算结果，CP 值是 MallowsCp 统计量的缩写，数值大小代表多重共线性，因此应该选 df = 8 时的 CP = 5.8685，表示变量之间的多重共线性程度达到最小值。因此选择第 8 个模型。

LASSO 回归结果显示：最终影响休闲满意度的指标有 7 个，影响程度由大到小依次为 X9（是否愿意为休闲活动花钱消费）、X17（天气状况）、X14（身体健康状况）、X16（周围自然社会环境）、X13（休假天数）、X7（年可支配收入）、X18（其他因素），且影响方向均为正向，表示北京居民对天气状况、休假天数、身体健康状况、周围自然社会环境这几个方面越重视，或者更愿意为休闲活动消费，休闲满意度就越高。LASSO 回归精简模型：

$$Y = 0.0157X7 + 0.1627X9 + 0.0274X13 + 0.1197 14 + 0.043X16 + 0.1362X17 + 0.0127X18$$

LASSO 回归结果显示：模型的拟合优度为 0.107，表示用建立的 LASSO 模型能够解释北京市居民休闲满意度变化的 10.7%，还有其他影响因素待挖掘。从影响效果来看，休闲消费意愿、天气状况、身体健康状况影响效果较大。

三、结构方程模型

（一）理论模型与假设

为研究影响休闲生活满意度的因素，从个人基本情况、个人经济因素、个人生理因素、社会自然环境因素作为内生潜变量，休闲生活满意度作为外生潜变量建立结构方程理论模型并做出如图 7-6 所示的假设：

H1：个人基本情况对休闲生活满意度有显著影响。

H2：个人经济因素对休闲生活满意度有显著影响。

H3：个人生理因素对休闲生活满意度有显著影响。

H4：社会自然环境因素对休闲生活满意度有显著影响。

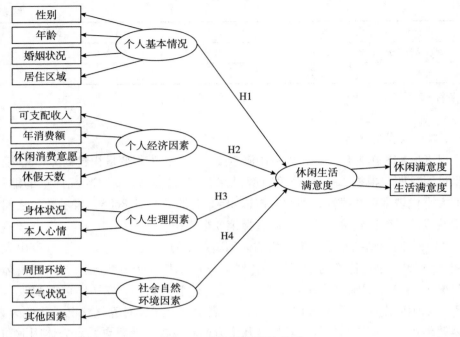

图 7-6　结构方程理论模型

（二）信度分析

信度检验使用克朗巴哈系数，系数值大于 0.6 认为量表具有可靠性。通过表 7-15 可以看出，除了个人基本情况的克朗巴哈系数明显小于 0.6、个人生理因素的克朗巴哈系数略小于 0.6，其他潜变量的克朗巴哈系数均大于 0.6，而个人基本情况中由于各个题项的选项数均不一致，会在一定程度上造成克朗巴哈系数偏小，且个人生理因素量表距离 0.6 较近也具备一定可靠性，所以总体来看模型还是具有可靠性的。

表 7-15　信度检验

潜变量	克朗巴哈系数
个人基本情况	0.253
个人经济因素	0.603
个人生理因素	0.596
社会自然环境因素	0.672
休闲生活满意度	0.792

资料来源：由软件计算所得。

（三）效度分析

KMO 值大于 0.6 适合做因子分析。通过表 7-16 可以看出，KMO 值和巴特莱特球形检验的 P 值分别为 0.677 和 0.000，即 KMO 值略大于 0.6，巴特莱特球形检验显著，可以认为问卷的结构效度基本通过检验，并进一步进行验证性因子分析，结果如表 7-17 所示，提取出的四个因子能解释原始变量 57.849% 的信息，模型具有一定的解释力度。

表 7-16 KMO 值和巴特莱特检验

KMO	值	0.677
Bartlett 的球形度检验	显著性	0.000

资料来源：由软件计算所得。

表 7-17 总方差解释

组件	总计	初始特征值 方差百分比（%）	累计 百分比（%）	总计	提取载荷平方和 方差百分比（%）	累计 百分比（%）
1	2.829	21.765	21.765	2.829	21.765	21.765
2	2.202	16.940	38.704	2.202	16.940	38.704
3	1.430	11.003	49.708	1.430	11.003	49.708
4	1.058	8.141	57.849	1.058	8.141	57.849
5	0.999	7.685	65.534	—	—	—
6	0.911	7.006	72.540	—	—	—
7	0.789	6.069	78.609	—	—	—
8	0.672	5.167	83.776	—	—	—
9	0.600	4.619	88.395	—	—	—
10	0.493	3.792	92.186	—	—	—
11	0.436	3.353	95.540	—	—	—
12	0.344	2.645	98.185	—	—	—
13	0.236	1.815	100.000	—	—	—

注：提取方法为主成分分析法。

资料来源：由软件计算所得。

（四）模型拟合

表 7-18 详细列出了结构模型检验所得的主要适配指标。经与适配指标给定

推荐值对比，拟合值要么落在推荐值范围，要么和推荐值非常接近，忽略误差可以认为本理论模型的设定是可以接受的。最终结构方程模型见图7-7。

表7-18 结构方程适配度指标

适配指标	推荐值	拟合值
CMIN（卡方）	越小越好	287.672
CMIN/df	<3	3.596
GFI	>0.9	0.924
AGFI	>0.8	0.886
RMSEA	<0.08	0.076
IFI	>0.9	0.871
CFI	>0.9	0.869

资料来源：由软件计算所得。

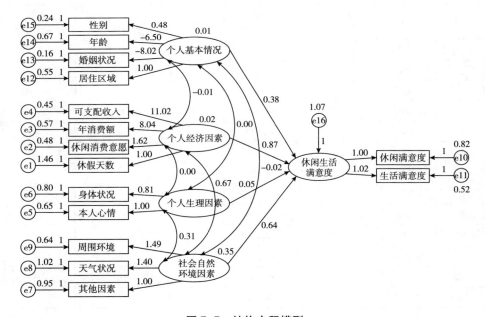

图7-7 结构方程模型

（五）假设检验

从表7-19的假设检验结果来看，在95%的置信水平下，假设H4成立，假设H1、假设H2、假设H3不成立，说明社会自然环境因素对北京居民休闲生活满意度的影响显著，且影响方向为正；个人基本情况、个人经济因素、社会自然环境因素对北京居民休闲生活满意度的影响不显著。综合上述分析，虽然休闲消费意愿对休闲满意度产生显著影响，但可支配收入、消费额等对休闲满意度影响较弱，导致个人经济指标对休闲满意度影响不显著。身体状况对休闲满意度影响较高，但本人心情影响较低，导致个人生理因素影响不显著。在社会自然因素中，天气状况、周围自然社会环境、其他因素在 LASSO 模型中都有显示，因此社会自然因素对北京居民的休闲满意度影响显著。

表 7-19　假设检验结果

假设	假设路径	估计值	标准误	临界比	显著性	检验结果
H1	个人基本情况—>休闲满意度	0.378	0.657	0.576	0.565	不支持原假设
H2	个人经济因素—>休闲生活满意度	0.870	0.662	1.314	0.189	不支持原假设
H3	个人生理因素—>休闲生活满意度	0.049	0.145	0.335	0.737	不支持原假设
H4	社会自然环境因素—>休闲生活满意度	0.639	0.217	2.949	0.003	支持原假设

资料来源：由软件计算所得。

第三节　上海居民休闲满意度分析

一、调查样本基本情况

为了与北京市居民满意度进行比较分析，笔者使用类似问卷于 2021 年下半年对上海居民的休闲满意度状况进行调查，收回有效问卷 316 份，主要情况见表 7-20。在调查研究对象中女性占比 53.48%，男性占比 46.52%，样本随机性基本满足；被访者主要年龄集中在 26～40 岁，占样本总数的 72.2%，31～40 岁中青年占比 51.3%；学历水平中等偏上，本科及以上学历的占比 83.2%，其次是专科，占比 14.6%，中学及以下学历的仅占比 2.2%，相对较少；婚姻状况中已婚育有一孩的占 65.5%，在数量上占据绝对优势，其次是未婚者，占比 22.81%，已婚育有两孩及以上者占 5.4%，相对较少；被访者职业主要集中在普通公司职员，比例达 50.6%，公司管理层占比为 34.8%，而其他状态人数相对较少，均不超过 10%；居住在主城区的被访者占比 68.7%，居住在城市郊区的占比 31.3%。

表 7-20　上海市调查对象基本特征

内容	统计量	频数（人）	频率%
性别	男	147	46.52
	女	169	53.48
年龄	18~25 岁	41	13
	26~30 岁	66	20.9
	31~40 岁	162	51.3
	41~50 岁	41	13
	51~60 岁	6	1.9
学历	中学及以下	7	2.2
	专科	46	14.6
	本科	238	75.3
	研究生及以上	25	7.9
婚姻状况	未婚	72	22.81
	已婚无孩	20	6.3
	已婚育有一孩	207	65.5
	已婚育有两孩及以上	17	5.4
工作状态	普通公司职员	160	50.6
	公司管理层	110	34.8
	公务员或事业单位	19	6
	个体工商户或自由职业	7	2.2
	半工半读	2	0.6
	学生	14	4.4
	退休	2	0.6
	无业	1	0.3
	其他	1	0.3
居住区域	主城区	217	68.7
	城市郊区	99	31.3

资料来源：笔者根据调查数据整理所得。

如图 7-8 所示，被调查者的年可支配收入 10 万~15 万元占比最大，达到 31.3%，与北京情况基本一致，年可支配收入为 5 万~10 万元的人数紧随其后，占比 24.4%；年可支配收入 15 万~20 万元占比为 16.8%；收入低于 3 万元的人数最少，占比仅为 5.4%。收入状况大致呈现正态分布，说明调查对象符合随机要求。如果年可支配收入超过 20 万元属于高收入群体，上海市高收入群体比例略大于北京，10 万~20 万元的中等收入群体在上海所占比例为 48.1%，北京仅为 42.6%。

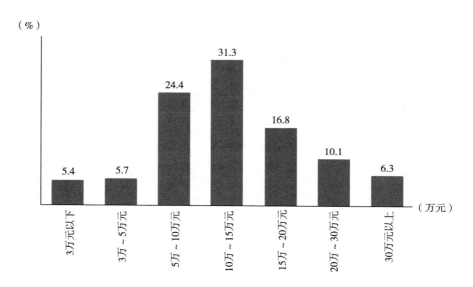

图 7-8　2021 年上海市民可支配收入频率分布

与北京一致，首先，上海消费者年消费额度在 4 万~8 万元的群体占比最大，达到 39.9%；其次，21.8% 的居民年消费额度为 8 万~12 万元，年消费额度超过 12 万元的居民占比 14.3%，该比例略高于北京。即超过 70% 的上海市居民年消费额度在 2 万~12 万元（见图 7-9）。

二、休闲活动内容调查

上海居民经常从事的休闲活动主要调查结果如下：86.1% 的被调查者喜欢网络购物，79.7% 的被调查者经常在电脑或手机上刷视频、62.7% 选择外出旅游、61.1% 选择看电视或听广播、57.9% 选择公园散步。与北京居民相比，上海居民更偏爱外出旅游，而北京居民更偏好各种运动。此外体育锻炼、阅读新闻（线上、线下）等也成为颇为流行的休闲活动。由于此次调查中青年占比较高，这群人平时的休闲活动围绕着互联网进行，阅读纸质书刊的参与率远低于网络书籍，说明互联网逐步改变着现代人的生活。

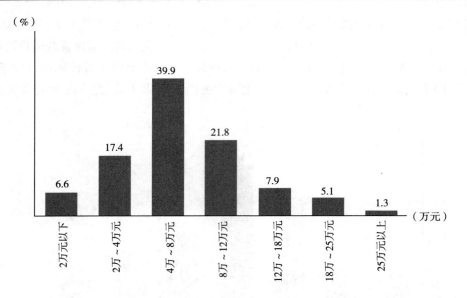

图 7-9 2021 年上海市民消费额度频率分布

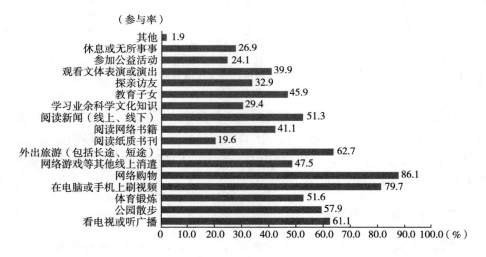

图 7-10 上海居民休闲活动类型

不同性别对主要从事的休闲活动有影响，男生比女生更喜欢体育锻炼、网络游戏、阅读新闻等休闲活动，女生比男生更喜欢网络购物、教育子女、观看文体表演或演出等休闲活动。

三、休闲消费状况调查

本次调查对上海市居民休闲消费意愿进行研究发现（见图7-11），有1.9%的被调查者不愿意在休闲活动中消费，16.1%的被调查者勉强可以接受，60.2%的被调查者愿意进行休闲消费，且有21.8%的被调查者进行休闲消费的意愿非常强烈。超过八成的上海市居民是愿意为休闲活动消费的，此意愿比例高于北京市。

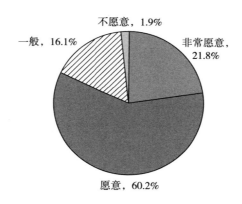

图7-11 上海居民休闲活动消费意愿

研究休闲消费在个人消费中的占比见表7-21，约90%的上海市居民休闲活动消费在个人消费中的占比不足30%。消费占比小于10%的被调查者占14.9%。休闲消费占比10%~20%的人口比例达到41.1%，休闲消费占比在20%~30%的人口比例为32%，休闲消费占比在30%~40%的人口比例为9.2%，而休闲活动消费在个人消费中占比超过40%的仅占2.8%，该情况与北京基本一致。

表7-21 休闲消费在上海居民总消费中占比情况

休闲消费在总消费中占比	频率	百分比（%）
10%以下	47	14.9
10%~20%	130	41.1
20%~30%	101	32.0
30%~40%	29	9.2
40%以上	9	2.8
总计	316	100.0

资料来源：笔者根据调查数据整理所得。

本章对各类休闲活动消费额度分析发现，0.1万元以下定义为等级1，0.1万~0.5万元定义为等级2，依次类推，5万元以上定义为6，计算上海不同休闲活动消费等级的均值见表7-22，首先是旅行游玩类休闲活动消费等级均值最高为3.53，人们在此项上平均消费最多；其次为学习研究类休闲活动，人们在此项上消费等级均值为2.51，娱乐类休闲活动最低，均值仅为1.99。

表7-22　上海市民休闲活动年消费额度得分均值

	均值	标准偏差
旅行游玩类休闲活动	3.53	1.196
兴趣爱好类休闲活动	2.27	1.173
娱乐类休闲活动	1.99	1.200
体育类休闲活动	2.14	1.128
情感类休闲活动	2.23	1.174
学习研究类休闲活动	2.51	1.228

资料来源：笔者根据调查数据整理所得。

四、休闲生活满意度统计

（一）休闲生活满意度的总体情况

对上海市民休闲满意度进行调查，非常满意设置得分为7，非常不满意为1，分值在1~7。由表7-23可知，对居民休闲满意度情况进行分析，当前上海市居民对自己的休闲生活满意度相对较高，均值为4.82，生活整体满意度为4.89，生活满意度高于休闲生活满意度。与北京相比，上海市民的生活及休闲满意度水平高于北京，都存在生活满意度高于休闲满意度的现象。

休闲满意度均值最高的活动为个人娱乐类休闲活动，均值为5.04，远高于其他类型，说明娱乐类休闲能给人们带来更大的满足。旅行类休闲活动排名第二，满意度均值达到4.85。最低的是个人爱好类休闲活动，均值只有4.58。该结果与北京居民休闲满意度基本一致，与北京有所不同的是，上海居民学习研究类休闲排名较低。

表 7-23　上海居民主要休闲活动满意度得分

	样本量	最小值	最大值	均值	标准差
当前的生活整体满意度	316	1	7	4.89	1.391
当前的休闲生活满意度	316	1	7	4.82	1.475
体育活动类休闲的满意度（包括散步、健身、游泳、舞蹈、打球等）	316	1	7	4.70	1.503
个人爱好类休闲的满意度（养宠物、唱歌、绘画、象棋等）	316	1	7	4.58	1.557
娱乐类休闲的满意度（电视、电影、网络游戏、网络视频等）	316	1	7	5.04	1.427
旅行游玩类休闲的满意度（短途或长途旅游、农家乐等）	316	1	7	4.85	1.576
学习研究类休闲的满意度（为兴趣而学习、读书）	316	1	7	4.60	1.461
个人感情类休闲的满意度（访亲串友、公益活动等）	316	1	7	4.71	1.516

资料来源：笔者根据调查数据整理所得。

　　上海市居民当前生活整体满意度高于休闲生活满意度。由表 7-24 可知，被调查者对体育类休闲活动评价占比最高的为"较满意、满意"，均占 20% 以上；对个人爱好类休闲活动的评价占比最高的是"较满意"，占比为 24.1%，"满意"达到 20.6%；对娱乐类休闲活动评价占比最高的是"满意"，占比为 28.5%；对旅行游玩类评价占比最高的是"较满意"，占比为 26.3%；学习研究类与个人情感类休闲活动也是如此，"较满意""满意"占比分别为 24.7% 与 23.7%。

表 7-24　上海居民主要休闲活动满意度得分频率　　　　　　单位:%

	非常不满意	不满意	较不满意	一般	较满意	满意	非常满意
当前生活整体	1.9	6.3	7.6	15.5	29.7	31.6	7.3
当前休闲生活	1.6	7.0	11.1	16.8	27.5	24.4	11.7
体育活动类	1.9	5.4	17.7	15.8	25.6	21.8	11.7
个人爱好类	2.8	9.2	12.0	20.9	24.1	20.6	10.4
娱乐类	0.9	5.1	7.9	20.3	21.8	28.5	5.5
旅行游玩类	2.8	6.3	11.7	14.9	26.3	22.2	15.8

续表

	非常不满意	不满意	较不满意	一般	较满意	满意	非常满意
学习研究类	2.2	7.9	11.7	22.5	24.7	23.7	7.3
个人情感类	2.5	4.7	14.9	21.5	23.7	19.0	13.6

资料来源：笔者根据调查数据整理所得。

本章认为休闲满意度得分在 5~7 为满意，得分在 1~3 为不满意。由表 7-25
可知，经计算发现，超过 60% 的上海居民对当前休闲生活持满意态度，该比例大
于北京，说明上海居民休闲满意度高于北京。娱乐类与旅行游玩类持满意态度的
人最多，占比达到 65.8% 与 64.2%，上海居民对旅行游玩的满意度高于北京居民
9 个百分点；体育活动类与个人爱好类的休闲活动持不满意态度的人最多，占比
分别达到 25.0% 与 24.1%。

表 7-25　上海居民主要休闲活动满意度分布频率　　　　单位：%

	不满意（1~3）	满意（5~7）
当前休闲生活	19.6	63.6
体育活动类	25.0	59.2
个人爱好类	24.1	55.1
娱乐类	13.9	65.8
旅行游玩类	20.9	64.2
学习研究类	21.8	55.7
个人情感类	22.2	56.3

资料来源：笔者根据调查数据整理所得。

（二）休闲满意度差异分析

样本基础特征与休闲满意度。分别研究性别、年龄、学历及婚姻状况与休闲
满意度是否独立，建立性别、年龄、学历及婚姻状况与休闲满意度交叉表，对上
述交叉表进行卡方检验，结果见附录二，在 95% 的置信水平下，p 值都大于
0.05，结果不显著。结果显示，性别、年龄、学历及婚姻状况在上海居民休闲生
活满意度上并未有显著差别，此结果与北京保持一致。

休闲时间与休闲满意度。对工作日与休息日平均个人休闲时间做描述统计分
析，得到表 7-26。结果表明，工作日个人休闲时间的均值为 3.56 小时，休息日
平均个人休闲时间为 7.10 小时，该时长略小于北京市民休闲时间。

表 7-26　上海市民工作日和休息日休闲时间统计　　　　单位：分钟

	样本量	最小值	最大值	均值	标准差
工作日	316	0	14	3.56	2.132
休息日	316	1	15	7.10	2.990

资料来源：笔者根据调查数据整理所得。

　　为研究个人平均休闲时间对上海市居民休闲生活满意度的影响，对该变量进行分组，休闲时长 0~2 小时的为"工作繁忙"，3~5 小时的为"劳逸结合"，5 小时以上为"悠闲"。对不同状态的休闲满意度进行方差分析（见表 7-27），工作日得到 F 值为 0.534，p 值为 0.587，说明在 95% 的显著性水平下，认为工作日休闲时长对上海市民休闲生活满意度并无显著统计影响。休息日结果见表 7-28，得到 F 值为 1.74，p 值为 0.18，说明在 95% 的显著性水平下，休息日休闲时长对休闲满意度并无显著统计影响。因此，休闲时间的长短不影响上海市民休闲生活的满意度，该结果与北京一致。

表 7-27　工作日上海市民休闲时间与休闲满意度方差分析

	平方和	自由度	均方	F	显著性
组间	2.329	2	1.165	0.534	0.587
组内	683.025	313	2.182	—	—
总计	685.354	315	—	—	—

资料来源：由软件计算所得。

表 7-28　休息日上海市民休闲时间与休闲满意度方差分析

	平方和	自由度	均方	F	显著性
组间	7.54	2.00	3.77	1.74	0.18
组内	677.81	313.00	2.17	—	—
总计	685.35	315.00	—	—	—

资料来源：由软件计算所得。

（三）休闲活动消费额度与休闲生活满意度

　　为了解上海市居民休闲消费情况对休闲生活满意度的影响，本章对休闲活动年消费额度进行分组，其中，年消费额度为 0.5 万元以下的为"低消费人群"，0.5 万~2 万元为"中等消费人群"，2 万元以上为"高消费人群"。满意度仍按照得分在 5~7 为满意，得分在 1~3 为不满意分组。

建立体育类、旅行游玩及学习研究类休闲消费额度与相应休闲满意度的交叉表，并进行卡方检验，结果表明，在95%的置信水平下，体育类、旅行游玩类及学习研究类休闲消费高低对该类休闲活动满意度没有显著影响，具体结果见附录三。

建立兴趣爱好类休闲消费额度与相应休闲满意度的交叉表，并进行卡方检验，结果如表7-29所示，p值为0.004<0.05，因此认为在95%的置信水平下，兴趣爱好类消费的高低对该类休闲活动满意度有显著统计影响。为探究其差别，观察交叉表如下。中低休闲消费群体对兴趣爱好类休闲活动满意度较高，而在高消费群体对该类活动满意度较低。结果表明，随着兴趣爱好类休闲活动消费的增加，该类休闲活动的满意度随之下降，尤其是高消费人群的满意度很低。

表7-29　兴趣爱好类消费额度与满意度交叉　　　　　单位:%

消费分组	不满意	一般	满意	总计
低消费	53.7	25.1	21.2	100.0
中消费	62.2	11.2	26.5	100.0
高消费	26.7	26.7	46.7	100.0

资料来源：笔者根据调查数据整理所得。

建立娱乐类休闲消费额度与相应休闲满意度的交叉表，并进行卡方检验，结果如表7-30所示，p值为0.012<0.05，因此认为在95%的置信水平下，娱乐类消费的高低对该类休闲活动满意度有显著统计影响。为探究其差别，中低休闲消费者对该类活动的满意度较高，远高于50%，而高消费群体对该类活动持满意态度的仅有33.3%。结果表明，随着娱乐类休闲消费的增加，该类休闲活动的满意度随之下降。

表7-30　娱乐类消费额度与满意度交叉　　　　　单位:%

消费分组	不满意	一般	满意	总计
低消费	11.9	17.3	70.8	100.0
中消费	16.0	26.7	57.3	100.0
高消费	33.3	33.3	33.3	100.0

资料来源：笔者根据调查数据整理所得。

建立情感类休闲消费额度与相应休闲满意度的交叉表，并进行卡方检验，结果显示p值为0.041<0.05，因此认为在95%的置信水平下，情感类休闲活动消费的高低对休闲生活满意度有显著影响。为探究其差别，见表7-31，中等消费

群体的情感休闲满意度最高，满意人群占比达 70% 以上，高消费群体的满意度相对较低仅有 40%。

表 7-31　情感类消费额度与满意度交叉　　　　单位:%

消费分组	不满意	一般	满意	总计
低消费	24.2	24.6	51.2	100.0
中消费	14.9	14.9	70.2	100.0
高消费	40.0	20.0	40.0	100.0

资料来源：笔者根据调查数据整理所得。

上述结果表明，上海市民兴趣爱好类、娱乐类及情感类休闲满意度随消费提高而下降，其余活动消费对满意度无显著影响。

第四节　上海居民休闲生活满意度影响因素分析

一、休闲满意度影响因素的描述统计

对按照休闲满意度影响因素重要性，从非常不重要到非常重要，分值从 1~7，即分数越高认为越重要。本章通过对各个影响因素的平均得分来判断影响因素的重要性。结果见表 7-32，从居民主观感受来看，得分均值最高的为身体健康状况，其得分均值为 6.22，即身体状况最能影响休闲质量；排在第二位的为本人心情，均值为 5.89，心情对休闲质量起到重要影响；排在第三位的影响因素是收入水平，均值为 5.87；得分相对较低的影响因素为天气情况，自然、社会环境的均值分别为 5.45 与 5.54，其对休闲生活满意度的影响程度相对较小。

表 7-32　上海市民休闲满意度影响因素描述分析

	样本量	最小值	最大值	均值	标准差
收入水平	316	1	7	5.87	1.147
休假天数	316	1	7	5.66	1.120

续表

	样本量	最小值	最大值	均值	标准差
身体健康状况	316	1	7	6.22	1.111
本人心情	316	2	7	5.89	1.093
自然、社会环境	316	2	7	5.54	1.108
天气状况	316	1	7	5.45	1.255
其他因素	316	1	7	4.57	1.086

资料来源：笔者根据调查数据整理所得。

二、休闲满意度影响因素 LASSO 回归模型

（一）休闲满意度影响因素

为了探究影响上海市居民休闲生活满意度影响因素，从收入水平、休假天数、身体健康状况、本人心情等 18 个维度进行分析，具体如表 7-14 所示。

（二）模型建立

以 X1-X18 作为自变量，以休闲满意度（Y）作为因变量构建的 LASSO 模型结果如附录五所示，根据 LASSO 模型计算结果，CP 值是 MallowsCp 统计量的缩写，数值大小代表多重共线性，因此应该选 $df=8$ 时 $CP=7.3963$，表示变量之间的多重共线性的程度达到最小值。因此选择第 8 个模型。

LASSO 回归结果显示：最终影响休闲满意度的指标有 7 个，影响程度由大到小依次是 X9（是否愿意为休闲活动花钱消费）、X15（本人心情）、X13（休假天数）、X14（身体健康状况）、X16（周围环境）、X10（休闲消费占比）、X8（年消费额度），且影响方向均为正向，表示上海居民对本人心情、休假天数、身体健康状况、自然、社会环境这几个方面越重视，或者更愿意为休闲活动消费以及休闲活动消费占比越大、年消费额越高，休闲满意度就越高。

LASSO 回归精简模型：

$$Y=0.0195X8+0.2423X9+0.0342X10+0.1346X13+0.0962X14+0.1523X15+0.0877X16$$

LASSO 回归结果显示：模型的拟合优度为 0.185，表示用建立的 LASSO 模型能够解释上海市居民休闲满意度变化的 18.5%，还有其他影响因素有待挖掘。

三、结构方程模型

（一）理论模型与假设

为研究影响休闲生活满意度的因素，鉴于诸多回归对因变量解释力度较差，此处用个人基本情况、个人经济因素、个人生理因素、社会自然环境因素作为内生潜变量，休闲生活满意度作为外生潜变量建立结构方程理论模型并做出如图7-12 所示的假设：

H1：个人基本情况对休闲生活满意度有显著影响；

H2：个人经济因素对休闲生活满意度有显著影响；

H3：个人生理因素对休闲生活满意度有显著影响；

H4：社会自然环境因素对休闲生活满意度有显著影响。

（二）信度分析

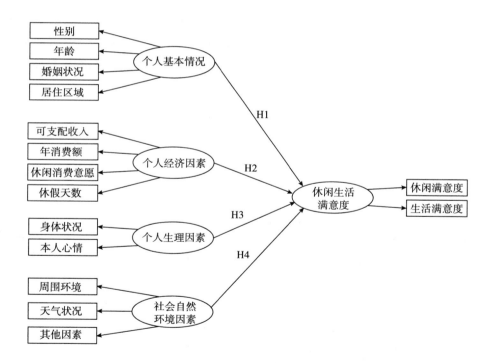

图7-12 结构方程模型理论模型

克朗巴哈系数大于0.6 认为量表具有可靠性。由表7-33 可以看出，除了个人基本情况的克朗巴哈系数小于0.6，其他潜变量的克朗巴哈系数均大于0.6，而个人基本情况中由于各个题项的选项数均不一致，会在一定程度上造成克朗巴哈系数偏小，所以总体来看还是具有可靠性的。

表 7-33　信度检验

潜变量	克朗巴哈系数
个人基本情况	0.334
个人经济因素	0.602
个人生理因素	0.639
社会自然环境因素	0.736
休闲生活满意度	0.796

资料来源：由软件计算所得。

（三）效度分析

KMO 值大于 0.6 适合做因子分析。由表 7-34 可以看出，KMO 值和巴特莱特球形检验显著水平分别是 0.715 和 0.000，说明问卷的结构效度较高，并进一步进行验证性因子分析，结果如表 7-35 所示，提取出的四个因子都能解释原始变量 58.249% 的信息。

表 7-34　KMO 值和巴特莱特检验

KMO	值	0.715
Bartlett 的球形度检验	显著性	0.000

资料来源：由软件计算所得。

表 7-35　总方差解释

组件	总计	初始特征值 方差百分比（%）	累计 百分比（%）	总计	提取载荷平方和 方差百分比（%）	累计 百分比（%）
1	3.223	24.791	24.791	3.223	24.791	24.791
2	2.054	15.797	40.588	2.054	15.797	40.588
3	1.225	9.420	50.008	1.225	9.420	50.008
4	1.071	8.241	58.249	1.071	8.241	58.249
5	0.967	7.441	65.690	—	—	—
6	0.879	6.765	72.455	—	—	—
7	0.834	6.418	78.873	—	—	—
8	0.708	5.443	84.316	—	—	—

续表

组件	总计	初始特征值 方差百分比（%）	累计 百分比（%）	总计	提取载荷平方和 方差百分比（%）	累计 百分比（%）
9	0.516	3.966	88.282	—	—	—
10	0.486	3.735	92.017	—	—	—
11	0.426	3.275	95.292	—	—	—
12	0.381	2.931	98.223	—	—	—
13	0.231	1.777	100.000	—	—	—

注：提取方法为主成分分析法。

资料来源：由软件计算所得。

（四）模型拟合

表7-36详细列出了结构模型检验所得的主要适配指标。经与适配指标给定推荐值对比，拟合值均落在推荐值范围，可见本理论模型的设定是可以接受的。最终结构方程模型见图7-13。

表7-36　结构方程适配度指标

适配指标	推荐值	拟合值
CMIN（卡方）	越小越好	187.525
CMIN/df	<3	2.344
GFI	>0.9	0.928
AGFI	>0.8	0.893
RMSEA	<0.08	0.065
IFI	>0.9	0.913
CFI	>0.9	0.912

资料来源：由软件计算所得。

（五）假设检验

从表7-37的假设检验结果来看，在95%的置信水平下，假设H3成立，假设H1、假设H2、假设H4不成立，说明个人生理因素对休闲生活满意度的影响显著，且影响方向为正；个人基本情况、个人经济因素、社会自然环境因素对休闲生活满意度的影响不显著。根据LASSO方程结果，个人生理因素中本人心情与身体状况都对休闲满意度产生较大的影响，但公式中回归系数较大的休闲消费意愿受到其他因素影响，使个人经济因素对休闲生活满意度影响不显著。

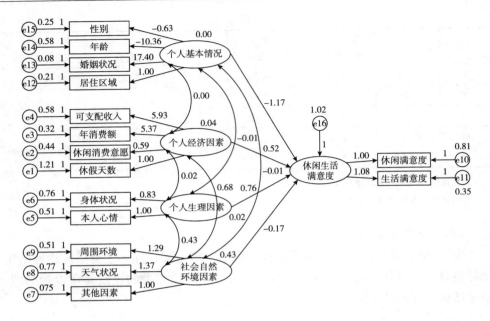

图7-13　结构方程模型

表7-37　假设检验结果

假设	假设路径	估计值	标准误	临界比	显著性	检验结果
H1	个人基本情况—>休闲满意度	-1.169	1.799	-0.65	0.516	不支持原假设
H2	个人经济因素—>休闲生活满意度	0.517	0.431	1.198	0.231	不支持原假设
H3	个人生理因素—>休闲生活满意度	0.756	0.28	2.697	0.007	支持原假设
H4	社会自然环境因素—>休闲生活满意度	-0.165	0.319	-0.519	0.604	不支持原假设

资料来源：由软件计算所得。

第五节　休闲生活满意度分析总结

　　本章在参考一些休闲生活满意度文献的基础上，结合北京、上海居民休闲生活的现状，对北京、上海市民进行问卷调查，得出居民休闲生活满意度状况，并通过对不同被调查者的满意度差异比较得出了如下结论：

　　在休闲内容方面，北京、上海居民以网络购物、电脑或手机上刷视频、公园散步、看电视听广播、体育锻炼、旅行游玩、阅读新闻（线上、线下）及网络书籍等休闲运动为主，反映了当前都市人的休闲生活普遍被互联网深入影响。虽然休闲消费额度在年消费总额中所占比例不高，但北京、上海居民休闲消费意愿较高，超过70%的被访者表现出较为强烈的休闲消费意愿，上海居民休闲消费意愿强于北京居民。

在休闲满意度方面，北京居民整体的生活及休闲满意度达到中等偏上水平，生活满意度高于休闲满意度，虽然整体满意度处于超过一般水平，但还未达到满意水平。同时北京市民在生活满意度和休闲满意度上都略低于上海市民。在具体内容上，北京居民娱乐类休闲活动满意度最高，旅行游玩、学习研究都可以带来较高的满意度，情感类、运动类休闲活动满意度次之，兴趣爱好类休闲带来满意度最低。上海市民调查结果与北京市民类似，不同的是，上海居民学习研究类休闲满意度较低。

对休闲满意度进行差异分析，结果表明北京居民的休闲满意度不受性别、年龄、学历及婚姻状况等基本因素的影响，同时也不受休闲时间长短的影响，对上海调研数据的检验同样验证了该结果。

北京居民体育类、兴趣爱好类、娱乐类、学习研究类、情感类休闲活动消费额度与休闲生活满意度相互独立，不同消费额度的市民休闲满意度无显著差异；旅行游玩类休闲消费额度对休闲满意度产生显著影响，整体来看，旅行游玩满意度随着消费增长而提高。但考虑到其他休闲消费内容，北京市民休闲消费满意度基本不受休闲消费额度影响。但休闲满意度与休闲消费意愿有相互促进的关系，如果休闲消费能够提升居民的休闲满意度，满意度的提高会促使再次进行休闲消费。上海居民在体育类、旅行游玩及学习研究类休闲消费额度与休闲满意度相互独立，但在兴趣爱好、娱乐类、情感类方面，较高的休闲消费并未带来较高的满意度，不同消费额度的人群中，持满意态度的群体占比随着休闲消费额度的提高而降低。

在休闲满意度影响因素分析中，由调查数据结果可知，北京市居民休闲满意度受到身体状况、收入状况及心情等诸多因素的影响，在对诸多因素进行 LASSO 回归后发现，休闲消费意愿、年可支配收入、身体健康状况、天气状况、周围自然社会环境、其他因素等对休闲满意度产生正向影响。对影响休闲满意度的因素归类为个人基本状况、个人经济水平、个人生理状况及其他社会自然因素，经过结构方程模型检验，发现其他社会自然因素对北京居民休闲满意度影响在统计上显著，上海为个人生理因素。

第八章 研究结论与建议

第一节 内容总结

一、与 2008 年相比，全国社会必要劳动时间缩短，休闲时间延长

利用国家统计局数据对 2008~2018 年全国及北京时间分配数据进行分析。2008~2018 年，全国人民时间分配结构不断变化，全国居民有酬劳动时间、无酬劳动时间、休闲时间与个人生理必需时间的分配从 2008 年的 22∶11∶18∶49 发展到 2018 年的 20∶11∶19∶50。由于劳动生产率的提高及人口老龄化程度加深，社会必要劳动时间逐步缩短，家务劳动时间基本保持不变，休闲时间及个人生理必需时间均有所延长。由于调查人口年龄结构、劳动生产率与全国有所不同，北京 2008 年及 2018 年社会必要劳动时间均低于全国平均水平，2018 年较 2008 年下降较多，家务劳动时间略低于全国水平，基本与全国水平一致。在休闲时间方面，北京居民的休闲时间高于全国平均，与全国时间差有扩大趋势。全国包括北京，由于女性需要承担较多的家务劳动，男性休闲时间均高于女性，但两性休闲不平等现象有所降低。

二、北京居民时间分配结构逐步变化，休闲时间有所延长

30 多年来，北京居民时间分配不断发生变化。1986 年，日平均生理活动时间、工作时间、休闲时间、家务劳动时间占比分别为 41%、32%、16%、10%；2020 年则为 48%、26%、17%、8%。时间结构的变化主要取决于劳动生产率的

提高和休假制度（如在 1995 年由周休一日改为周休两日）的变革。从时间分配的变化来看，工作时间和家务劳动时间有较大幅度减少，个人生理必需时间有较大幅度增加，总体来看休闲时间略有提高。但同时也应该注意，1986~2020 年，休闲时间先增加后持续减少，2020 年休闲时间较 2001 年共减少 70 分钟。2001~2020 年，由于家务劳动时间基本保持不变，制度内工作时间和个人生理必需时间较大程度地挤占了休闲时间。从休闲活动内容来看，观看影视文体表演、观看展览、体育锻炼、公益活动等时间变化不大；随着互联网及娱乐多样化的发展，探亲访友时间下降较多，看电视时间经历了先增后减的过程，看书时间减少，游园散步时间增多。从性别来看，两性休闲不平衡现象逐步降低。同一年份不同群体，休闲时间随着收入水平的提高而逐步减少，说明高收入群体更偏向于降低休闲时间而提高收入水平。

北京居民生理必需时间逐年提高，睡眠时间延长 43 分钟，女性睡眠时间多于男性，且随着夜生活的丰富，人们入睡时间越来越晚，周末尤为显著。在用餐时间上，2020 年北京居民平均每天进餐时间为 1 小时 50 分钟，比 1986 年延长了 37 分钟，增幅达 51%。研究显示，用餐时间的延长，主要来自休息日用餐时间的增多。周末亲朋好友聚在一起在家或外出吃饭，是增进感情的最佳机会。同时随着生活条件的改善，人们对个人卫生状况日益重视，北京居民个人卫生时间不断延长，且女性盥洗时间一直多于男性。

居民洗衣做饭等传统家务劳动时间有逐年递减的趋势，一方面，女性家务劳动时间递减幅度大于男性，说明随着经济的发展及科技的进步，传统家务劳动部分由机器及雇佣劳动所替代；另一方面，男性更多地参与到家务活动中来。同时，随着老龄化程度加深及"二孩"的全面放开，照料老人、孩子时间有较大幅度提高。

三、2020 年北京居民休闲时间较 2016 年有所下降

根据调查结果，2020 年由于受新冠肺炎疫情影响，居民休闲时间较 2016 年有所下降。休闲活动主要集中在休息日开展，主要休闲活动依然是看电视，但看电视时间有所下降，其他娱乐时间显著提高，散步是男女老少都偏爱的休闲运动。从性别来看，男性休闲时间大于女性，男女依然存在休闲不平等现象，长期来看不平等程度有所减少，2020 年男女休闲时间差有所扩大。

收入水平对休闲时间及休闲活动内容产生较大影响，低收入群体在休闲时间破碎的情况下，容易选择居家消遣型休闲活动，以达到放松休息的目的，进而形

成以自家消遣型为主的休闲时间利用类型。只有在收入水平较高且休闲时间较为充裕的情况下，居民才可能将大部分的休闲时间用于外出的休闲活动，尤其是长途旅游和体育休闲娱乐活动，从而形成"出游型"或"外出体育娱乐型"的休闲时间利用类型。中高收入家庭在休闲时间并不充裕的情况下，在休闲方式上常常会自家与外出、消遣与发展兼顾。

从职业对休闲时间的影响来看，无业者的休闲时间集中在阅读报纸、看电视、游园散步、休息等活动，其中看电视时间占比较高，活动类型比较单一。在业者忙于学习文化科学知识，公务员及自由职业者较有"闲"，在家帮工或自家公司职员压力最大。

从年龄来看，20岁以下的青少年由于课业压力，休闲时间较少；20~24岁的青年人处于大学求学阶段，不用直接从事生产活动，休闲时间达到4小时，与全民平均休闲时间最为接近。25~39岁的青年人事业处于上升阶段，由于工作压力，休闲时间不断压缩，其他娱乐依然是该年龄段最主要的休闲方式。40~49岁的中年人"上有老下有小"，休闲时间最为短暂，看电视依旧是该类群体最主要的休闲方式。50~59岁的中老年人事业进入稳定期且子女已经接近成年，休闲时间明显提高。60岁及以上的老年人大部分处于退休状态，在整个生命过程中休闲时间最多，休闲活动以看电视、散步为主。家有保姆有助于提高休闲时间及生活质量。三口或四口之家一般是小两口带一个或两个孩子，既要忙工作又要兼顾家庭，休闲时间最少。多人口家庭中一般拥有几代人，家务劳动较为分散，此种类型家庭平均休闲时间也较多。

四、北京居民休闲活动参与率较高，女性参与率普遍高于男性

此部分对北京居民参加体育活动、兴趣娱乐活动、学习研究活动、公益活动及旅行游玩活动休闲活动的状况进行调查，结果显示：体育活动是北京市民参与度与普及率最高的休闲活动，旅行游玩和兴趣娱乐也比较受欢迎，一半以上居民参与了以休闲为目的的学习活动，但市民参与公益活动的积极性不高。男女参与休闲活动状况和全体一致，各种休闲活动女性参与率要高于男性，学习研究类活动尤为突出。2020年受新冠肺炎疫情影响，居民主要休闲活动的参与率都低于2016年，但旅行游玩参与率略有提高。

在各种体育活动中，散步是男女老幼都爱好的基础运动，参与率达到70%以上，除散步外，登山、羽毛球、游泳全民参与率最高，参与率最低运动为网球、排球、保龄球；男性喜欢登山、羽毛球、长跑，女性喜欢登山、羽毛球、跳舞。

散步、太极拳、跳舞是居民年持续时间最长的活动。北京市民参加体育活动，多以非俱乐部形式。在体育消费支出方面，全年平均消费达到 1227.5 元，男性消费高于女性，40～49 岁居民体育休闲消费支出最高，60 岁以上老人支出最低，健身房、钓鱼、滑雪、瑜伽等项目的平均花费较高，散步项目支出最低。

兴趣娱乐参与率较高的活动为电影鉴赏、电子游戏、烹饪，较低的活动为剪裁、军棋、舞蹈鉴赏；男性偏爱电子游戏、电影鉴赏与网上消遣活动，女性偏爱电影鉴赏、烹饪与网上消遣，年轻人爱好网络游戏，老年人爱好烹饪、打麻将、打扑克。在兴趣娱乐的持续度上，网上消遣、烹饪和电子游戏年参与天数最高。北京市民全年在兴趣娱乐上的平均消费为 4537.3 元，女性支出高于男性，烹饪、网上消遣及电子游戏消费支出较高，跳棋、围棋支出较低。

北京市居民参与以休闲为目的的学习研究活动首先是以广播电视学习为主，其次是在单位学习与一个人学习，且该类休闲参与率随着年龄的增长而降低。在各种学习内容中，参与率最高的是其他、外语、计算机、社会科学等内容。学习研究平均花费 1959.7 元，女性支出远大于男性，花费最高的为各种学校，最低的是在单位学习。

北京居民公益活动参与率不高，参与率最高的活动是对本地区居民的服务，其次是对老人、儿童、伤、残疾人的服务。男性参与率最高的公益活动为对本地区居民的服务，女性为对本地区居民的服务及对灾区等地人的服务，所有的公益活动年参加天数最多的是 1～4 日。公益活动全年平均支出仅为 98.2 元，男性支出高于女性，对灾区等地人的服务支出最多。

在旅行游玩活动中，参与率最高的是回老家，其次是当日返回的游玩，家庭及朋友国内旅行等，居委会等组织的国内旅行参与率最低。女性偏爱当日返回的游玩及与朋友一起出游，男性偏爱家庭国内旅行及国内业务出差研修。19 岁以下、50 岁及以上年龄段偏爱当日返回的游玩，其他各个年龄段回老家参与率最高。旅行游玩全年平均消费支出达到人均 10870.2 元，男性支出高于女性，40～49 岁年龄段平均支出最高，60 岁以上年龄段支出最低。国外旅行花费最高，居委会等组织的旅行花费最低。

五、北京居民愿意分配更多的时间在饮食、睡眠方面而非休闲

基于 2016 年日本及美国时间分配数据，进行北京居民时间分配及休闲活动的国际比较。随着社会必要劳动时间的减少，北京居民愿意配置更多时间在生活必需时间上，更加强调饮食和睡眠；虽然休闲时间也有所提高，但与美国、日本相比依然较少。中国人对"吃"和"睡"的重视程度要远大于美国人和日本人，在这两类活动中分配了较多的时间，反映出中国人对基本生理需求的要求较高。由于中国社会经历了长期的战争和动荡，中国人在 20 世纪 80 年代才解决基本温饱问题，不少老年人依然有"饥饿"的记忆。因此，中国人可以少玩，但不能吃得不"体面"，睡得不踏实。没有充足的睡眠，没有一家人其乐融融的就餐，生活就基本没有质量可言。因此，相对于日本人少睡觉，美国人可以快速用餐，中国人对"吃"和"睡"等生理必需活动非常强调，分配了接近一半的个人时间。

同时，国人休闲观念较为淡薄，许多人认为休闲活动主要应该是在休息日展开的，休闲活动只是工作日的时间打发。中国人工作日的主要休闲活动就是看电视、看报纸和散步，将休闲活动在工作日和休息日明显地区别开来，使两者休闲时间相差 2 小时以上。而美国人和日本人工作日和休息日休闲时间相差不大，更多地将休闲活动融入生活的每一天。一方面，中国人劳动时间比美国和日本长；另一方面，日本人用中国人的睡眠时间进行休闲，美国人用中国人的进餐时间进行休闲。由于生活习惯和饮食文化的原因，不少中国人融休闲活动于进餐之中，进餐也是很好的社交行为，所以中国人挤出进餐时间进行休闲可能性较小。同样，也不会使用睡眠时间换休闲。要提高中国人的休闲时间，只能在社会劳动生产率提高的同时，减少必要劳动时间，同时培养全社会的休闲意识和休闲观念，使人们开始享受这种休闲生活，成为生活中必不可少的一部分。

六、北京居民休闲满意度整体较高

休闲满意度调查结果显示：北京居民整体休闲满意度达到比较满意水平，平均得分 4.6；生活整体满意度达到 4.86 分，高于休闲满意度，平均整体满意度达到中等偏上水平，处于超过"一般"水平，但均值还未达到"满意"水平。同时北京市民在生活满意度和休闲满意度上都略低于上海市民。在各项休闲活动中，休闲娱乐类满意度最高，旅行游玩、学习研究都可以带来较高的满意度，情感类、运动类休闲活动满意度次之，个人兴趣爱好类休闲活动满意度最低。上海市民调查结果与北京类似，不同的是，上海居民学习研究类休闲满意度较低。

对休闲满意度进行差异分析，结果表明，北京居民的休闲满意度不受性别、年龄、学历及婚姻状况等基本因素的影响，同时也不受休闲时间长短的影响，对上海市民调研数据的检验同样验证了以上结果。

　　北京居民体育类、兴趣爱好类、娱乐类、学习研究类、情感类休闲活动消费额度与相应的休闲满意度相互独立，不同消费额度的市民休闲满意度无显著差异；旅行游玩类休闲消费额度对相应的休闲满意度产生显著影响，整体来看旅行游玩满意度随着消费增长而提高。考虑到其他休闲消费内容，北京市民休闲满意度基本不受休闲消费额度影响。休闲满意度与休闲消费意愿有相互促进的关系，如果休闲消费能够提升居民的休闲满意度，那么满意度的提高会促使其再次进行消费。

　　上海居民在体育类、旅行游玩及学习研究类休闲消费额度与相应的休闲满意度相互独立，但在兴趣爱好、娱乐类、情感类方面，较高的休闲消费并未带来较高的满意度，不同消费额度的人群中，持满意态度的群体占比随着休闲消费额度的提高而降低。

　　在休闲满意度影响因素分析中，由调查数据结果可知，北京市居民休闲满意度受到身体状况、收入状况及心情等诸多因素的影响，在对诸多因素进行 LASSO 回归后，发现休闲消费意愿、年可支配收入、身体健康状况、天气状况、周围自然社会环境、其他因素等对休闲满意度产生正向影响。将影响休闲生活满意度的因素归类为个人基本状况、个人经济水平、个人生理状况及其他社会自然因素，经过结构方程模型检验，发现其他社会自然因素（自然社会环境、天气状况及其他因素）对北京居民休闲满意度影响在统计上显著，上海为个人生理因素（个人身体健康、本人心情）。可见，外界客观因素对北京居民休闲满意度的影响较大，上海居民参与者自身因素影响较大。

第二节　提高北京城市休闲水平的政策措施

　　通过上述研究，提出若干提高北京居民休闲水平的政策建议：

一、培养居民的休闲意识，形成正确的休闲观念

　　通过国际比较发现，由于我国居民的历史文化传统，往往更强调生理必需时间，且休闲意识较发达国家更为淡薄。因此，树立科学健康的休闲观念是促进休闲发展的基础。首先，社会应大力宣传休闲能够促进人们全面发展，提高居民生

活质量与幸福感等益处，让居民认识到休闲的重要性，提高居民主动休闲的意识。其次，加强休闲教育，提高居民的休闲素质，培养其休闲能力，使居民能够根据自己的经济能力和实际需求科学合理地休闲消费，减少盲目性、攀比性消费，树立正确、理性、健康的休闲消费观念。最后，利用电视、报纸等新闻媒体，通过讲座、广告、节目等宣传手段，大力宣传积极、健康的休闲活动，坚决抵制赌博、色情等低级休闲活动，减少消极、低层次的消费，潜移默化地引导人们树立健康的休闲观念，提高居民的休闲层次。

二、完善社会保障体系，保证带薪休假的顺利实施

在注意培养居民休闲消费观念的同时，还需要继续完善各项社会保障制度，要让大家"放心花钱"，积极休闲。通过文章分析可知，居民认为对休闲生活满意度影响最大的因素是自身身体健康度及收入水平。身体健康除了个人生活习惯外，社会为居民提供最大保障就是不断完善社保体系。完善公费医疗制度，扩大医保的覆盖面，加大保障范围，重点关注大病医疗和异地医疗，减少居民在医疗上的支出。同时，增加就业，减少失业率，提高职工最低工资和失业保险金最低标准，提高社会福利。全面推行养老保险制度，使老年人老有所依，有资金享受休闲。

在社会生产力不断进步，居民收入水平不断提高的前提下，带薪休假制度必将成为民众最主要的休假时间与制度保障，是引导民众错峰出游的重要途径。与其他国家相比，我国带薪休假天数较少且落实率较低。目前，法国规定带薪休假最低天数为 30 天，德国为 20 天，日本为 10 天，而我国最低，仅为 5 天。此外，虽然我国带薪年休假已纳入法律体系，但未明确规定惩罚措施，由于带薪休假会增加企业的劳动力成本，在一些企业并未实行。

三、继续推进假日制度改革，提高整体休假时间

制定长期性、固定性的休假制度能够有效地培养居民的休闲意识，促进休闲消费。目前，我国法定节假日有 7 个，而日本有 15 个，瑞典有 11 个，法国和美国有 10 个，较少的休假日会在一定程度上抑制居民休闲需求的释放。在假日制度改革上，首先，保证大部分从业者的周末双休，控制部分单位与行业严重加班的现状；其次，对节假日安排进行优化调整。针对民众呼声较高的一些节假日要做出调整。例如，春节假期可以适度延长，使之与元宵节相连；增加法定节假日个数，如考虑到 7 月、8 月无法定节假日，可以把建党节或建军节定为全国性法

定节假日；允许民众弹性使用节假日等，在满足民众节假日需求的同时，缓解节假日道路交通、景区住宿的压力。①

四、以社区为单位为居民提供一定的休闲机会，发展社区体育俱乐部

休闲满意度与生活满意度、幸福感密切相关。要提高居民生活满意度，需要营造积极的休闲氛围与休闲意识，例如，社区举办休闲教育讲座让居民了解休闲活动的重要性以及积极休闲活动对生活满意度的正向效应；以社区为单位举办休闲体验活动，如插花、烘焙等体验课程，提高居民参与休闲活动的兴趣；增加室外休闲活动设施，让居民有更多机会走出去动起来。

北京居民参与率较高的休闲活动为体育类休闲，体育休闲发展不仅关乎休闲质量也与居民身心健康息息相关。发达国家为提高居民体育休闲参与度，出台了若干相关措施，其中重要一项就是"建立综合性社区体育俱乐部"，如2000年日本颁布了《促进体育的基本计划（2001—2010）》（2006年修订），其中，一项目标是"2010年在每个城市至少建立1个综合性社区体育俱乐部（CCSC）"，并予以财政资金支持；多年来芬兰教育和文化部一直通过国家彩票基金对多家体育俱乐部进行财政补贴；英国"社区业余体育俱乐部计划"通过减免地方业余体育俱乐部80%强制性税收等一系列措施，确保每个人都能接触到社区体育设施等。② 发达国家通过政策扶持社区体育俱乐部蓬勃发展，助推休闲体育逐渐成为人们日常生活的重要组成部分。

我国体育俱乐部主要以商业俱乐部为主，如健身房，其存在收费高，经营不稳定等缺点，市民参与度较低。北京是我国体育事业发展较好的城市之一，体育场馆数全国前列，但社区体育俱乐部数量较少，居民参与率很低。社区体育健身俱乐部是西方较为成熟的全民参与体育俱乐部形式，可以成为推动群众体育发展和创新基层体育治理的组织基础和重要动力。③ 因此，随着全民健身公共服务体系的建立和不断完善，北京体育社会组织数量、人均体育场地设施面积以及全民健身氛围等均有不同程度的提高，需要有意识地提高北京市民体育俱乐部的参与热情与积极性。

① 王琪延，曹倩．"双循环"经济背景下北京居民休闲消费问题研究［J］．扬州大学学报（人文社会科学版），2020，24（6）：32–36.

②③ 徐志军．发达国家休闲体育政策环境发展特征、经验及启示［J］．上海体育学院学报，2021，45（12）：91–100.

五、优化休闲产业的供给结构，休闲多业态融合发展

积极促进休闲产业内外部多业态融合发展，不断扩展休闲产业领域。休闲产业涉及旅游、文化、体育、健康等多种业态，与城市发展的各个领域都存在交叉，应注重以市民需求为导向，将农林牧渔业、文化产业、体育业等与休闲融合，形成休闲农业、休闲文化产业、休闲体育等不同新业态。从结构上来看，大力发展有创意、有文化、有体验、高品质的休闲产品，如房车、游艇、虚拟现实、动漫、康体养生、精品民俗等。以产业发展及满足人们日益多元化的休闲需求为目标，推动"休闲+"的多业态融合。同时，加强公共休闲场所和设施建设。科学、合理规划公共休闲供给结构，调整娱乐型、享受型、消遣型、欣赏型、发展型等休闲产品和服务之间的比重，增建公园、广场、图书馆、文化馆等公共休闲设施，扩大公共休闲产品和服务供给。[①] 此外，加大对休闲设施、场所及项目商业开发力度，创新产品与服务供给，提供更高水平、差异化的休闲产品与服务，满足居民更高层次的休闲需求。

六、从城市各个维度营造综合休闲环境，打造全域休闲的概念

通过居民休闲满意度的分析，得到社会自然等周围环境对居民休闲生活满意度影响较大，因此北京市应从城市整体各个方面营造综合的休闲条件与休闲氛围。

首先，公共休闲设施配置不仅是城市居民参与休闲活动的重要基础，也是城市文化吸引力的重要体现。北京在提供足够公共休闲设施的同时，也应该依据不同区域功能及特点，充分考虑城市规模和人口分布特征，加快布局多层级的公共休闲设施服务体系，从质量效益、服务能级等角度实现公共设施配置的均等化、特色化和品质化。[②]

其次，完善城市休闲功能，注重多层次、全方位、个性化地打造城市休闲文化娱乐区，打造不同特色的文化娱乐区模块，形成区域优势互补互靠，共同推进城市休闲化的整体提升，进而促使城市居民的生活质量和生活幸福感的提升。[③]

① 韦佳佳，王琪延. 休闲与生活满意度研究 [J]. 调研世界，2020（6）：38-42.

② 徐爱萍，刘震，楼嘉军. 中国休闲城市质量评价及实证研究 [J]. 世界地理研究，2020，29（4）：864-865.

③ 徐爱萍，楼嘉军. 中国城市休闲化区域差异及成因解读 [J] 世界地理研究，2019，28（6）：105-108.

最后，打造全域休闲城市概念，释放城市居民的休闲消费诉求，最终提升城市居民的幸福感和获得感。全域休闲的发展主体是本地居民，其核心要义是追求本地居民生活的获得感和幸福感。在城市发展过程中，应充分考虑本地居民日常娱乐消费充分性和均衡性，深度挖掘本地休闲资源与设施，促使休闲空间的合理和均衡，让城市居民有更多的获得感和满足感。①

---

① 徐爱萍，楼嘉军. 城镇化与休闲经济协调发展研究——以上海为例［J］. 商业经济研究，2019（7）：157-160.

参考文献

[1] Andrew Bailey, Irene Fernando. Routine and Project-Based Leisure, Happiness, and Meaning in Life [J]. Journal of Leisure Research, 2012, 44 (2): 2604-2604.

[2] Baldwin, Kimm S. et al. An Investigation of the Validity of Tinsley and Tinsley's (1986) theory of Leisure Experience [J]. Journal of Counseling Psychology, 1988 (72): 263.

[3] Cheng, Jen-Son, et al. Leisure, Lifestyle, and Health-related Physical Fitness for College Students [J]. Social Behavior and Personality, 2011 (7): 321-332.

[4] Han, Kyo-Nam, et al. Differentiation between Social Class Leisure Consumption in Korea: By Focusing on Art and Culture [J]. Journal of Tourism Sciences, 2011 (37): 39.

[5] Heintzman, Paul, Roger C. Mannell. Spiritual Functions of Leisure and Spiritual Well-being: Coping with Time Pressure [J]. Leisure Sciences, 2003 (19): 207-230.

[6] Hendel, Darwin D et al. Undergraduate Student Leisure Interests over Three Decades [J]. College Student Journal, 2004 (34): 121.

[7] Heo, Jinmoo, et al. Daily Experience of Serious Leisure, Flow and Subjective Well-being of Older Adults [J]. Leisure Studies, 2010 (15): 207-225.

[8] Irving, Hannah R. et al. Examining the Child's Impacts on Single Mothers' Leisure [J]. Leisure Studies, 2011, 30 (3): 365-373.

[9] Jae Hyun Ha, Jun Kim. The Difference of Serious Leisure, Happiness and Life Satisfaction according to Degree of Participation in Leisure Sports Activity

[J]. Journal of Sport and Leisure Studies, 2014, 57 (1): 565-577.

[10] Jinmoo Heo et al. Serious Leisure, Life Satisfaction and Health of Older Adults [J]. Leisure Sciences, 2013, 35 (1): 16-32.

[11] Josef Pieper. Leisure: The Basis of Culture [J]. Philosophy, 1963 (14).

[12] Kelly, John R. Freedom to be [M]. New York: Macmillan London Collier, 1987.

[13] Kelly, John R. Life Styles and Leisure Choices [J]. Family Coordinator, 1975 (25): 185-190.

[14] Kim, et al. Study on Dividing the Leisure Activities into Category and Items for Korean Leisure Lifestyle Survey [J]. Korean Journal of Leisure&Recreation, 2007, 31 (1): 223 - 234.

[15] Kim, H. A Study on Dividing the Leisure Activities into Category and Items for Korean Leisure Lifestyle Survey [J]. Korean Journal of Lesure&Recreation, 2007, 31 (1): 223-234.

[16] Lee Yu-Ri, Park Mee-Sok. Leisure Programs Participation Motivation and Leisure Life Satisfaction of the Institutional Elderly in Seoul [J]. Journal of Korean Home Management Association, 2004, 22 (6): 99-109.

[17] Liechty, Toni, et al. Zabriskie. Body Image and Beliefs about Appearance: Constraints on the Leisure of College-age and Middle-age Women [J]. Leisure Sciences, 2006 (23): 311-330.

[18] Liu, Huimei, et al. An Exploration of Meanings of Leisure: A Chinese Perspective [J]. Leisure Sciences, 2008 (32): 482-488.

[19] Marvin, Kottke. Estimating Economic Impacts of Tourism [J]. Annals of Tourism Research, 1988 (9): 122-133.

[20] Sessoms, H. Douglas. An Analysis of Selected Variables Affecting Outdoor Recreation patterns [J]. Social Forces, 1963 (42): 112.

[21] Soukiazis, Elias, et al. Tourism as an Alternative Source of Regional Growth in Portugal: a Panel Data Analysis at NUTS II and III Levels [J]. Portuguese Economic Journal, 2008 (12): 43-61.

[22] Wankel, Leonard M. et al. The Psychological and Social Benefits of Sport and Physical activity [J]. Journal of leisure Research, 1990 (47): 167-182.

[23] 2017 年日本人口发展、人口城市化发展及东京圈城市人口净流入变化

情况分析［EB/OL］.中国产业信息网.http：//www.chyxx.com/industry/201708/548467.html，2017-8-5.

［24］A.J.维尔.休闲与旅游研究方法［M］.聂小荣，丁丽军，译.北京：中国人民大学出版社，2008.

［25］LARA，颖颖.西方人的休闲生活［J］.新智慧（财富版），2006（3）：7-8.

［26］白日荣.休闲需求统计方法及应用研究［M］.北京：经济科学出版社，2017.

［27］拜秀萍，许淑贤.山西妇女生活时间分配的调查研究［J］.山西师范大学学报，2015，42（3）：144.

［28］鲍德里亚.消费社会（第3版）［M］.刘成富，等，译.南京：南京大学出版社，2008.

［29］边策.三四线城市体育健身休闲产业现状与前景［J］.体育科技文献通报，2019，27（2）：135，151.

［30］卞浩宇，高永晨.论中西饮食文化的差异［J］.南京林业大学学报（人文社会科学版），2004（4）：49-53.

［31］白领健身调研报告显示，沪上职工健身目的性更明确［EB/OL］.东方网.http：//news.163.com/16/1227/09/C99J85EG000187VE.html，2016-12-27.

［32］陈齐.大连市普通高校大学生休闲体育现状及影响因素研究［D］.辽宁师范大学硕士学位论文，2008.

［33］陈正.我国社会不同阶层体育休闲活动的特征［J］.武汉体育学院学报，2005，39（6）：10-13.

［34］程遂莹.我国居民的休闲时间、旅游休闲与休闲旅游［J］.旅游学刊，2006（12）：9-10.

［35］戴超平.全民健身为特色的体育产业发展初探［D］.西南大学硕士学位论文，2003.

［36］董敏娜.中美快餐文化对比及在对外汉语教学中的应用［D］.河南大学硕士学位论文，2015.

［37］杜熙茹.社会转型期女性体育生活方式的休闲特征与发展趋势［J］.体育学刊，2010，17（3）：33-36.

［38］方青.闲暇：一种伦理学的分析［J］.安徽师范大学学报（哲学社会科学版），1993（4）：406-410.

［39］付敏红．影响城市老年人休闲生活的因素及对策——以南宁市老年人为例［J］．广西社会科学，2005（12）：173-176.

［40］郭琳．辽宁发展休闲产业促进就业的对策研究［J］．经济研究导刊，2010（13）：143-144.

［41］国家统计局．2008年时间利用调查资料汇编［EB/OL］．2009. http：//www. stats. gov. cn/ztjc/ztsj/2008sjly/.

［42］国家统计局社会科技和文化产业统计司．时间都去哪儿了：2018年中国时间利用调查统计数据［M］．北京：中国统计出版社，2019.

［43］何志玉．新时代人民美好休闲生活及意义［J］．贵州社会科学，2018（12）：9-15.

［44］侯海涛．美国饮食面面观［J］．山东食品科技，2004（8）：35-36.

［45］侯士兵，阮海涛．大学生休闲生活现状及引导对策［J］．学校党建与思想教育（高教版），2015（10）：62-64.

［46］胡敏中．论马克思主义的自然时间观和社会时间观［J］．马克思主义研究，2006（2）：38-43.

［47］黄春晓，何流．城市女性的日常休闲特征——以南京市为例［J］．经济地理，2007，27（5）：796-799.

［48］贾立蕊．大学生休闲现状分析及休闲教育对策研究［D］．河北师范大学硕士学位论文，2012.

［49］［美］杰弗瑞·戈比．21世纪的休闲与休闲服务［M］．张春波译．昆明：云南人民出版社，2000.

［50］靳英华．论中国体育产业政策调整的基本原则［J］．首都体育学院学报，2006，18（2）：3-4.

［51］坚持每天散步有十二大好处［EB/OL］．京华时报．2016-12-05. http：//health. sina. com. cn/hc/2016-12-05/doc-ifxyiayq2044349. shtml.

［52］李经龙，张小林，马海波．夜生活与夜经济：一个不容忽视的生产力［J］．生产力研究，2008（1）：60.

［53］李萍，周彬等．基于模糊综合评价的徒步休闲满意度研究——以浙江省宁波市为例［J］．旅游学刊，2018，33（5）：44-55.

［54］李睿恒，张学雷，张宝荣．城市中青年人群休闲体育活动与生活质量关系的实证研究［J］．现代预防医学，2010，37（4）：706-708.

［55］李天紫．麦当劳的快餐文化隐喻：美国当代文化价值观透析［J］．对

外经贸实务，2012（1）：80-85.

［56］李文峰．世界休闲体育大会后青岛市休闲体育产业提升战略研究［D］．山东体育学院硕士学位论文，2017.

［57］李享，宁泽群，马惠娣，等．北京城市空巢老人休闲生活满意度研究——以北京市三大典型社区为例［J］．旅游学刊，2010，25（4）：76-83.

［58］李亚屏．银川市职业女性休闲活动及其满意度研究［D］．宁夏大学硕士学位论文，2018.

［59］李雨萌．改革开放 30 年的餐饮变迁［J］．中国民商，2017（3）：82-84.

［60］连静．中小学教师休闲生活的研究［D］．湖南科技大学硕士学位论文，2013.

［61］梁君．近 30 年我国体育产业研究评述［J］．体育世界（学术版），2010，43-45.

［62］梁修，胡青梅，王立利，等．巢湖市农村老年人运动休闲效益、生活满意度及其相关性［J］．中国老年学杂志，2015（24）：7206-7208.

［63］梁艳苗，石荣．广西旅游业智慧发展的 SWOT 分析［J］．经济研究导刊，2020（20）：118-120.

［64］廖庆荣．城乡居民休闲行为差异与休闲满意度评价研究［D］．南昌大学硕士学位论文，2012.

［65］林丹彤，陈泉．地域差异对居民休闲生活满意度的影响研究——基于中国五大代表性休闲城市的调查比较［J］．中国商论，2021（2）：51-54.

［66］刘奔．时间是人类发展的空间——社会时—空特性初探［J］．哲学研究，1991（10）：3-10.

［67］刘耳．中美时间分配与城市居民生活方式比较［J］．信息空间，2004，（7）：95-98.

［68］刘丰祥．民国时期上海人的休闲生活——以 1927~1937 年《申报》广告为中心的考察［J］．齐鲁学刊，2007（3）：52-55.

［69］刘一民．余暇体育——一种文明、健康、科学的余暇生活方式［J］．天津体育学院学报，1996（1）：59-64.

［70］柳伯力．休闲、休闲研究与健康生活方式［J］．四川体育科学，2012（1）：73-76.

［71］楼嘉军．休闲产业初探［J］．旅游科学，2003（2）：13-16.

［72］楼嘉军．休闲新论［M］．上海：立信会计出版社，2005．

［73］卢锋．休闲体育学［M］．北京：人民体育出版社，2005．

［74］路领．哈尔滨市健身休闲产业发展路径选择研究［D］．哈尔滨体育学院硕士学位论文，2019．

［75］吕宁，赵亚茹，王欣．城市女性休闲满意度及其影响因素研究——以北京市为例［J］．旅游论坛，2020，13（5）：35-46．

［76］马惠娣．21 世纪与休闲经济、休闲产业、休闲文化［J］．自然辩证法研究，2001，17（1）：48-52．

［77］马惠娣．休闲问题的理论探究［J］．清华大学学报（哲学社会科学版），2001，16（6）：71-75．

［78］每天只睡 4 小时！为啥美国人睡那么少还照样精力充沛？［EB/OL］．精英说．2017-11-22. http：//www.sohu.com/a/205866147_ 557383．

［79］孟慧芳，李格非，金梁．简析休闲体育对个人生活质量的影响［J］．运动，2014（8）：133-134，151．

［80］男主外女主内？研究结果揭示到底谁做家务多［EB/OL］．新华网，http://news.xinhuanet.com/world/2016%2D09/07/c%5F129271494.htm，2016-09-07．

［81］牛晶晶，杜凯．上海市杨浦区老年人休闲体育活动与生活质量相关性研究［J］．福建体育科技，2018，37（4）：10-12．

［82］欧阳海燕等．公益休闲时代来啦［J］．小康，2010（10）：42-45．

［83］潘海颖．休闲与日常生活的反正——列斐伏尔日常生活批判的独特维度［J］．旅游学刊，2015，30（6）：119-126．

［84］庞桂美．东西方休闲文化的比较研究［J］．青岛科技大学学报（社会科学版），2004，20（1）：50-53．

［85］彭艳．苏州体育健身休闲产业发展预测与对策研究［D］．中国科学技术大学硕士学位论文，2016．

［86］秦学，刘少和．关于"经济发展促进休闲质量提升"一般认识的实证研究——以经济发达的广东省为例［J］．旅游学刊，2010，25（3）：61-68．

［87］卿前龙，胡跃红．休闲产业：国内研究述评［J］．经济学家，2006（4）：40-46．

［88］任万杰．无聊的德国人爱读书［N］．荆州日报，2016-01-15（6）．

［89］日本年轻人重视睡觉胜过交朋友［EB/OL］．人民网．2018-05-15. http：//japan. people. com. cn/n1/2018/0515/c35421-29991669. html.

［90］日媒：日本各种睡眠生意正兴起"睡眠经济"受追捧［EB/OL］. 环球网. http：//finance. huanqiu. com/gjcx/2017-11/11367603. html，2017-11-09.

［91］日本上班族最普通的一日三餐［EB/OL］. 搜狐网 .2017-12-17. http：//www. sohu. com/a/209777699_ 746389.

［92］宋瑞. 时间、收入、休闲与生活满意度：基于结构方程模型的实证研究［J］. 财贸经济，2014（6）：109.

［93］宋瑞. 休闲与生活质量关系的量化考察：国外研究进展及启示［J］. 旅游学刊，2006，21（12）：48-52.

［94］苏富高. 杭州居民休闲生活质量影响因素研究［D］. 浙江大学硕士学位论文，2007.

［95］睡眠时间男女不同，日本女性很难入睡［EB/OL］. 人民网 .2017-09-01. http：//news. youth. cn/gj/201709/t20170901_ 10635673. htm.

［96］孙林叶. 我国农村居民休闲的现状与对策［J］. 北京理工大学学报（社会科学版），2010，12（2）：134-137.

［97］汪颖，李桂华，等. 世界体育发达国家体育俱乐部发展经验及启示［J］. 体育文化导刊，2020（1）：48-53.

［98］王晶，孙曈. 男女两性休闲时间的差距——基于第三期中国妇女社会地位调查吉林省数据研究［J］. 云南大学学报，2013（1）：71-72.

［99］王凯. 广西西江经济带休闲体育产业资源开发研究［D］. 广西师范大学硕士学位论文，2017.

［100］王曼. 试论不同年龄阶段与休闲活动的相关性［J］. 湖北体育科技，2006（7）：71-72.

［101］王鹏飞，魏翔. 居民休闲时间对城市生产率的影响［J］. 城市问题，2018（10）：53-61.

［102］王琪延，曹倩. "双循环"经济背景下北京居民休闲消费问题研究［J］. 扬州大学学报（人文社会科学版），2020，24（6）：32-36.

［103］王琪延，韦佳佳. 北京市居民休闲时间不平等研究［J］. 北京社会科学，2017（9）：4-10.

［104］王琪延. 休闲经济是中国大城市新的经济增长点［J］. 成人高教学刊，2004（4）：24-27，34.

［105］王寿春. 城市休闲经济的规模与产业结构构建研究［J］. 财经论丛，

2005（3）：22-28.

［106］王雅林，董鸿杨．闲暇社会学［M］．哈尔滨：黑龙江人民出版社，1992.

［107］王雅林．休闲的价值与休闲经济——对哈尔滨城市居民时间分配状况的调查［J］．学理理论，2002（7）：38.

［108］韦佳佳，王琪延．休闲与生活满意度研究［J］．调研世界，2020（6）：38-42.

［109］魏翔，庞世明．闲暇效应与内生增长——基于中国和瑞典数据的分析研究［J］．数量经济技术经济研究，2012（1）：34-49.

［110］魏翔，虞义华．闲暇效应对经济产出和技术效率的影响［J］．中国工业经济，2011（1）：130-139.

［111］徐爱萍，楼嘉军．中国城市休闲化区域差异及成因解读［J］．世界地理研究，2019，28（6）：105-108.

［112］徐爱萍，刘震，楼嘉军．中国休闲城市质量评价及实证研究［J］．世界地理研究，2020，29（4）：864-865.

［113］徐爱萍，楼嘉军．城镇化与休闲经济协调发展研究——以上海为例［J］．商业经济研究，2019（7）：157-160.

［114］徐佶，许宗祥．珠江三角洲城镇居民不同社会群体休闲体育生活对比分析［J］．武汉体育学院学报，2008，42（5）：25-28.

［115］徐志军．发达国家休闲体育政策环境发展特征、经验及启示［J］．上海体育学院学报，2021，45（12）：91-100.

［116］许琳琳．城市居民休闲生活质量评价研究［D］．福建师范大学硕士学位论文，2010.

［117］杨喜添．大学生休闲时间的管理与开发［J］．青年探索，2016，4（27）：10.

［118］杨一宁．浅谈中美饮食文化的差异与联系［J］．洛阳理工学院学报（社会科学版），2014（10）：77-80.

［119］叶文姬．我看美国快餐里的美国人餐食观念——以麦当劳为例［J］．今日科苑，2009（2）：204.

［120］衣华亮，王培刚．中国城市居民主观休闲生活质量分析［J］．统计与信息论坛，2009，24（1）：81-86.

［121］于光远．论普遍有闲的社会［J］．自然辩证法研究，2002，18（1）：

41-43，48.

　　［122］张建萍．中国古代女性休闲方式及其特点分析［J］．社会科学家，2003（2）：118-121.

　　［123］张岩．城市老年人休闲生活影响因素调查研究［D］．吉林农业大学硕士学位论文，2015.

　　［124］张永军，李丰祥，颜斌．论休闲生活与中国古代临淄蹴鞠［J］．体育学刊，2005，12（2）：60-63.

　　［125］赵健健．休闲产业及其与我国经济发展的关系［D］．北京师范大学硕士学位论文，2010.

　　［126］赵鹏，刘捷，付玥．北京五类人群休闲方式的比较与分析［J］．旅游学刊，2006（12）：20.

　　［127］中国旅游研究院．中国休闲发展年度报告（2011-2012）［M］．北京：旅游教育出版社，2012.

　　［128］钟华梅，王兆红．长三角区域体育产业分工与合作研究［J］．中国体育科技，2021，57（3）：80-86.

　　［129］周彬，刘婷，范玢，李婷婷．基于模糊神经网络的城市公园休闲满意度测评——以济南市泉城公园为例［J］．宁波大学学报（人文科学版），2019，32（2）：101-107.

　　［130］周彬，王雨桐，虞虎，吕宁，张亦弛．基于结构方程模型的宁波城市居民休闲满意度研究［J］．地理科学，2020，40（1）：119-127.

　　［131］周扬明．时间经济与时间就是财富［J］．生产力研究，2000（3）：7-9.

　　［132］周勇．国民休闲产业发展中的时间分配因素［J］．财经科学，2012（5）：109-116.

　　［133］朱诗荟．性别视角下城市居民休闲行为的潜在类别分析——基于CGSS2006的实证分析［J］．北京第二外国语学院学报，2014，36（5）．

附录一

表1　2020年有业、无业分年龄全周—工作日—休息日个人生活时间分配

单位：分钟

年龄	人数	全周						工作日						休息日					
		睡眠	用餐	个人卫生	就医保健	其他生活必需时间	合计	睡眠	用餐	个人卫生	就医保健	其他生活必需时间	合计	睡眠	用餐	个人卫生	就医保健	其他生活必需时间	合计
合计	896	519	110	56	3	10	698	496	107	56	3	8	669	577	119	57	4	13	770
19岁以下	17	499	111	46	1	6	663	462	114	48	1	7	633	591	104	40	0	5	740
20~24岁	145	523	106	58	2	9	698	494	100	58	2	6	660	596	122	58	1	16	793
25~29岁	207	528	104	59	1	6	698	497	101	57	1	4	660	606	112	62	3	10	793
30~39岁	200	506	104	54	2	7	672	475	101	53	1	6	636	582	113	56	4	9	764
40~49岁	63	486	113	56	8	12	675	463	108	56	8	13	648	545	126	55	6	9	741
50~59岁	157	519	120	56	2	11	707	509	116	56	1	12	695	543	127	56	5	9	740
60岁以上	107	545	125	54	9	19	751	542	125	54	8	14	743	553	126	52	10	32	773

（注：上列各年龄行左侧标注"全体"。）

续表

类别	年龄	全周 人数	全周 睡眠	全周 用餐	全周 个人卫生	全周 就医保健	全周 其他生活必需时间	全周 合计	工作日 睡眠	工作日 用餐	工作日 个人卫生	工作日 就医保健	工作日 其他生活必需时间	工作日 合计	休息日 睡眠	休息日 用餐	休息日 个人卫生	休息日 就医保健	休息日 其他生活必需时间	休息日 合计
有业	合计	686	513	108	57	2	7	686	485	103	56	1	6	652	581	119	58	3	10	771
	19岁以下	0	0	0	0	0	0	0	0	0	0	0	0	0	0	0	0	0	0	0
	20~24岁	128	522	107	59	2	8	699	493	101	60	2	6	661	596	124	59	1	13	793
	25~29岁	194	527	105	59	1	6	698	495	101	58	1	4	659	607	113	61	3	9	793
	30~39岁	195	506	105	54	2	7	674	475	101	53	1	6	637	584	113	56	4	9	766
	40~49岁	57	479	113	55	4	11	662	455	107	56	3	12	632	541	127	54	7	8	737
	50~59岁	98	511	116	55	2	6	689	499	111	55	1	5	671	540	127	55	4	7	733
	60岁以上	14	471	110	44	3	23	652	456	105	44	2	12	619	511	124	44	4	49	732
无业	合计	170	547	124	56	8	18	753	543	124	56	8	17	747	558	123	56	8	22	768
	19岁以下	0	0	0	0	0	0	0	0	0	0	0	0	0	0	0	0	0	0	0
	20~24岁	2	587	90	30	0	30	737	570	90	30	0	0	690	630	90	30	0	105	855
	25~29岁	5	598	99	60	5	3	765	584	102	48	2	0	736	632	90	90	14	12	838
	30~39岁	5	482	84	49	5	3	623	462	82	50	2	4	600	532	88	48	12	2	682
	40~49岁	6	552	118	60	44	20	795	538	122	58	62	20	800	585	110	65	0	22	782
	50~59岁	59	532	126	57	2	20	738	526	126	58	1	23	734	547	127	57	5	12	748
	60岁以上	93	556	127	55	10	19	767	555	128	56	9	15	762	559	126	53	10	29	777

续表

	年龄	人数	全周						工作日						休息日					
			睡眠	用餐	个人卫生	就医保健	其他生活必需时间	合计	睡眠	用餐	个人卫生	就医保健	其他生活必需时间	合计	睡眠	用餐	个人卫生	就医保健	其他生活必需时间	合计
在学	合计	40	510	102	49	2	10	673	479	102	49	2	8	640	587	104	49	2	16	758
	19岁以下	17	499	111	46	1	6	663	462	114	48	1	7	632	591	104	40	0	5	740
	20~24岁	15	522	99	51	2	14	688	493	95	50	0	9	647	592	108	55	6	26	787
	25~29岁	8	510	88	52	5	12	668	486	86	50	8	8	638	569	94	58	0	23	744

资料来源：笔者根据调查数据整理所得。

表 2　2020 年有业、无业分年龄全周休闲时间分配

单位：分钟

	年龄	人数	学习文化科学知识	阅读报纸	阅读书刊	看电视	听广播	观看影剧文体表演	观看各种展览	游园散步	其他娱乐	体育锻炼	休息	教育子女	公益活动	探访接待亲友	其他自己时间	合计
全体	合计	896	10	23	8	55	4	5	1	29	48	9	25	6	1	7	20	251
	19岁以下	17	34	6	12	28	3	0	0	4	65	12	32	0	0	0	35	231
	20~24岁	145	13	19	8	40	3	6	2	14	77	9	20	1	0	5	23	240
	25~29岁	207	18	17	10	39	3	5	1	11	62	6	20	2	0	5	18	218
	30~39岁	200	9	21	6	34	2	6	1	14	45	7	22	15	1	4	15	202
	40~49岁	63	3	24	4	41	1	7	0	20	23	10	29	16	0	6	9	193
	50~59岁	157	4	26	9	76	8	4	0	44	29	14	31	2	0	6	24	277
	60岁以上	107	3	37	10	128	9	4	1	95	29	9	37	2	3	20	31	418

续表

年龄		人数	学习文化科学知识	阅读报纸	阅读书刊	看电视	听广播	观看影剧文体表演	观看各种展览	游园散步	其他娱乐	体育锻炼	休息	教育子女	公益活动	探访接待亲友	其他自己时间	合计
有业	合计	686	10	20	7	42	3	5	1	17	51	8	22	7	0	5	15	211
	19岁以下	0	0	0	0	0	0	0	0	0	0	0	0	0	0	0	0	0
	20~24岁	128	11	21	8	43	3	4	2	13	75	9	18	1	0	5	16	230
	25~29岁	194	14	17	9	40	2	4	1	12	64	6	20	1	0	4	17	210
	30~39岁	195	9	19	6	33	2	6	1	14	42	7	21	15	0	5	14	194
	40~49岁	57	4	21	3	35	2	8	0	18	24	10	30	18	0	6	7	187
	50~59岁	98	6	27	9	64	4	2	0	33	31	13	23	3	1	4	17	238
	60岁以上	14	1	26	0	41	12	0	0	47	22	4	35	0	0	11	19	217
无业	合计	170	2	35	10	118	11	6	1	79	32	12	38	2	2	16	37	402
	19岁以下	0	0	0	0	0	0	0	0	0	0	0	0	0	0	0	0	0
	20~24岁	2	4	0	0	96	0	17	0	0	60	11	0	0	0	0	103	291
	25~29岁	5	3	33	34	17	43	48	0	0	40	0	34	19	0	34	76	382
	30~39岁	5	0	81	0	75	9	17	0	0	169	0	33	12	21	0	75	493
	40~49岁	6	0	49	8	98	0	0	0	38	9	4	20	0	0	6	25	256
	50~59岁	59	1	24	8	96	14	5	0	61	25	17	43	1	0	10	35	341
	60岁以上	93	3	39	11	141	9	4	2	102	30	10	38	2	3	21	32	448
在学	合计	40	50	6	16	22	4	8	2	14	72	12	31	0	1	3	44	284
	19岁以下	17	34	6	12	28	3	0	0	4	65	12	32	0	0	0	35	231
	20~24岁	15	28	2	11	10	6	16	5	27	97	10	36	0	0	0	72	322
	25~29岁	8	125	14	33	31	0	8	0	11	42	16	22	0	0	17	9	327

资料来源：笔者根据调查数据整理所得。

单位：分钟

表3 2020年有业、无业分年龄休息日休闲时间分配

	年龄	人数	学习文化科学知识	阅读报纸	阅读书刊	看电视	听广播	观看影剧文体表演	观看各种展览	游园散步	其他娱乐	体育锻炼	休息	教育子女	公益活动	探访接待亲友	其他自己时间	合计
全体	合计	896	17	29	13	88	5	9	2	44	93	14	32	12	1	17	32	408
	19岁以下	17	24	21	19	64	11	0	0	13	128	12	21	0	0	0	40	352
	20~24岁	145	22	28	13	77	1	16	5	28	152	13	25	2	1	14	40	438
	25~29岁	207	31	26	19	84	3	9	4	26	120	12	26	5	1	18	38	423
	30~39岁	200	15	29	9	68	2	11	2	36	94	16	33	30	0	14	25	383
	40~49岁	63	11	25	9	72	1	10	0	31	41	27	52	37	0	20	10	347
	50~59岁	157	5	32	13	108	10	4	0	65	58	16	40	4	1	13	32	402
	60岁以上	107	7	34	10	128	9	4	0	98	37	7	32	2	4	31	32	437
有业	合计	686	17	29	13	83	3	10	3	35	105	16	31	15	1	15	28	403
	19岁以下	0	0	0	0	0	0	0	0	0	0	0	0	0	0	0	0	0
	20~24岁	128	18	31	14	83	1	15	4	28	154	15	24	3	0	16	32	437
	25~29岁	194	26	27	17	86	4	9	4	27	125	13	26	4	1	14	37	421
	30~39岁	195	15	28	9	68	2	12	2	36	94	16	33	31	0	14	23	382
	40~49岁	57	12	27	7	70	2	11	0	32	44	28	51	41	0	21	8	353
	50~59岁	98	5	36	15	114	7	3	0	59	72	19	31	6	2	14	24	408
	60岁以上	14	4	24	0	64	9	0	0	65	6	9	36	0	0	39	39	294

续表

年龄		人数	学习文化科学知识	阅读报纸	阅读书刊	看电视	听广播	观看影剧文体表演	观看各种展览	游园散步	其他娱乐	体育锻炼	休息	教育子女	公益活动	探访接待亲友	其他自己时间	合计
无业	合计	170	6	32	10	117	11	6	0	83	40	9	41	3	3	25	39	424
	19岁以下	0	0	0	0	0	0	0	0	0	0	0	0	0	0	0	0	0
	20~24岁	2	15	0	0	0	0	60	0	0	60	0	0	0	0	0	60	195
	25~29岁	5	12	24	0	60	0	48	0	0	36	0	30	36	0	120	50	416
	30~39岁	5	0	48	0	72	0	0	0	0	102	0	42	12	0	0	114	390
	40~49岁	6	0	10	27	93	0	0	0	20	13	13	58	0	0	20	33	288
	50~59岁	59	3	27	8	98	16	6	0	75	35	13	55	1	0	12	45	394
	60岁以上	93	7	36	11	138	9	4	0	103	42	7	32	2	5	30	31	458
在学	合计	40	67	12	23	49	7	8	6	24	118	7	25	0	5	12	64	425
	19岁以下	17	24	21	19	64	11	0	0	13	128	12	21	0	0	0	40	352
	20~24岁	15	58	7	4	30	6	20	16	34	147	0	36	0	12	0	109	479
	25~29岁	8	175	0	68	53	0	0	0	30	43	8	11	0	0	59	31	476

资料来源：笔者根据调查数据整理所得。

单位：分钟

表4 2020年有业、无业分年龄工作日休闲时间分配

	年龄	人数	学习文化科学知识	阅读报纸	阅读书刊	看电视	听广播	观看影剧文体表演	观看各种展览	游园散步	其他娱乐	体育锻炼	休息	教育子女	公益活动	探访接待亲友	其他自己时间	合计
全体	合计	896	7	20	6	42	4	3	0	22	30	7	22	3	0	3	16	188
	19岁以下	17	39	0	9	14	0	0	0	0	40	12	36	0	0	0	32	183
	20~24岁	145	9	15	6	26	4	2	1	9	47	8	18	0	0	1	16	161
	25~29岁	207	12	14	7	21	3	3	0	6	39	4	18	0	0	0	10	137
	30~39岁	200	6	18	5	20	3	4	0	5	26	4	17	9	1	1	11	129
	40~49岁	63	0	24	1	29	2	6	0	16	16	3	20	8	0	0	8	132
	50~59岁	157	4	24	7	64	6	3	0	35	17	14	27	1	0	4	21	226
	60岁以上	107	1	39	10	128	9	4	2	94	26	10	39	1	2	15	30	410
有业	合计	686	7	17	5	25	3	2	0	10	29	5	18	3	0	0	10	135
	19岁以下	0	0	0	0	0	0	0	0	0	0	0	0	0	0	0	0	0
	20~24岁	128	9	17	5	27	4	0	1	7	43	7	16	0	0	1	9	147
	25~29岁	194	9	13	6	21	1	2	0	6	39	3	17	0	0	0	9	125
	30~39岁	195	6	16	5	19	2	3	0	5	22	4	17	9	0	1	10	119
	40~49岁	57	1	19	1	22	2	6	0	13	16	3	21	8	0	0	6	121
	50~59岁	98	6	24	7	44	2	2	1	23	15	11	20	1	0	0	14	170
	60岁以上	14	0	26	0	32	13	0	0	40	28	2	34	0	0	0	11	186

续表

	年龄	人数	学习文化科学知识	阅读报纸	阅读书刊	看电视	听广播	观看影剧文体表演	观看各种展览	游园散步	其他娱乐	体育锻炼	休息	教育子女	公益活动	探访接待亲友	其他自己时间	合计
无业	合计	170	1	36	10	118	11	6	1	77	29	13	37	2	2	13	35	393
	19岁以下	0	0	0	0	0	0	0	0	0	0	0	0	0	0	0	0	0
	20~24岁	2	0	0	0	135	0	0	0	0	60	15	0	0	0	0	120	330
	25~29岁	5	0	36	48	0	60	48	0	0	42	0	36	12	0	0	86	368
	30~39岁	5	0	94	0	76	12	24	0	0	196	0	30	12	30	0	60	534
	40~49岁	6	0	65	0	100	0	0	0	45	7	0	5	0	0	0	22	243
	50~59岁	59	2	23	8	96	13	5	0	56	21	19	38	2	0	10	32	320
	60岁以上	93	1	41	11	142	8	4	2	102	26	11	40	2	3	17	33	443
在学	合计	40	44	4	13	11	0	8	0	10	54	14	34	0	0	0	35	228
	19岁以下	17	39	0	9	14	0	0	0	0	40	12	36	0	0	0	32	183
	20~24岁	15	16	0	13	2	6	14	0	24	77	14	35	0	0	0	57	259
	25~29岁	8	105	20	19	23	0	11	0	4	41	19	26	0	0	0	0	268

资料来源：笔者根据调查数据整理所得。

附录二

表1　北京市民性别与休闲满意度的卡方检验

	值	自由度	渐进显著性（双向）
皮尔逊卡方	2.540ª	2	0.281
似然比（L）	2.575	2	0.276
线性关联	2.170	1	0.141
有效个案数	451		

注：a 表示 0 个单元具有期望计数小于 5，下同。

表2　北京市民年龄段与休闲满意度的卡方检验

	值	自由度	渐进显著性（双向）
皮尔逊卡方	10.212ª	12	0.597
似然比（L）	10.084	12	0.609
线性关联	1.044	1	0.307
有效个案数	451		

表3　北京市民学历与休闲满意度的卡方检验

	值	自由度	渐进显著性（双向）
皮尔逊卡方	0.647ª	6	0.996
似然比（L）	0.643	6	0.996
线性关联	0.018	1	0.894
有效个案数	451		

表4 北京市民婚姻状况与休闲满意度的卡方检验

	值	自由度	渐进显著性（双向）
皮尔逊卡方	8.026ª	6	0.236
似然比（L）	7.646	6	0.265
线性关联	0.352	1	0.553
有效个案数	451		

表5 上海市民性别与休闲满意度的卡方检验

	值	自由度	渐进显著性（双向）
皮尔逊卡方	1.114ª	2	0.573
似然比（L）	1.112	2	0.574
线性关联	0.002	1	0.962
有效个案数	316		

表6 上海市民年龄段与休闲满意度的卡方检验

	值	自由度	渐进显著性（双向）
皮尔逊卡方	10.402ª	8	0.238
似然比（L）	11.474	8	0.176
线性关联	0.226	1	0.634
有效个案数	316		

表7 上海市民学历与休闲满意度的卡方检验

	值	自由度	渐进显著性（双向）
皮尔逊卡方	8.032ª	6	0.236
似然比（L）	7.447	6	0.281
线性关联	0.671	1	0.413
有效个案数	316		

表 8　上海市民婚姻状况与休闲满意度的卡方检验

	值	自由度	渐进显著性（双向）
皮尔逊卡方	5.109[a]	6	0.530
似然比（L）	5.162	6	0.523
线性关联	3.123	1	0.077
有效个案数	316		

资料来源：由软件计算所得。

附录三

表1 北京市民学习类休闲消费额度与休闲满意度的卡方检验

	值	自由度	渐进显著性（双向）
皮尔逊卡方	4.756[a]	4	0.313
似然比（L）	4.861	4	0.302
线性关联	0.929	1	0.335
有效个案数	451		

注：a表示0个单元具有期望计数少于5，下同。

表2 北京市民体育类休闲消费额度与休闲满意度的卡方检验

	值	自由度	渐进显著性（双向）
皮尔逊卡方	7.679[a]	4	0.104
似然比（L）	7.762	4	0.101
线性关联	0.003	1	0.955
有效个案数	451		

表3 北京市民娱乐类休闲消费额度与休闲满意度的卡方检验

	值	自由度	渐进显著性（双向）
皮尔逊卡方	5.668[a]	4	0.225
似然比（L）	5.921	4	0.205
线性关联	3.934	1	0.047
有效个案数	451		

表4　北京市民情感类休闲消费额度与休闲满意度的卡方检验

	值	自由度	渐进显著性（双向）
皮尔逊卡方	6.278[a]	4	0.179
似然比（L）	6.935	4	0.139
线性关联	0.342	1	0.558
有效个案数	451		

表5　北京市民兴趣娱乐类休闲消费额度与休闲满意度的卡方检验

	值	自由度	渐进显著性（双向）
皮尔逊卡方	4.433[a]	4	0.351
似然比（L）	5.559	4	0.235
线性关联	0.034	1	0.854
有效个案数	451		

表6　上海市民体育休闲消费与休闲满意度的卡方检验

	值	自由度	渐进显著性（双向）
皮尔逊卡方	9.470[a]	4	0.052
似然比（L）	8.275	4	0.082
线性关联	4.523	1	0.033
有效个案数	316		

表7　上海市民旅行游玩休闲消费与休闲满意度的卡方检验

	值	自由度	渐进显著性（双向）
皮尔逊卡方	9.385[a]	4	0.056
似然比（L）	8.929	4	0.063
线性关联	1.787	1	0.181
有效个案数	316		

表8 上海市民学习研究消费占比与休闲满意度的卡方检验

	值	自由度	渐进显著性（双向）
皮尔逊卡方	2.556ª	4	0.635
似然比（L）	2.497	4	0.645
线性关联	0.076	1	0.783
有效个案数	316		

表9 上海市民兴趣娱乐消费占比与休闲满意度的卡方检验

	值	自由度	渐进显著性（双向）
皮尔逊卡方	15.236ª	4	0.004
似然比（L）	13.474	4	0.009
线性关联	10.110	1	0.001
有效个案数	316		

表10 上海市民学习娱乐类消费占比与休闲满意度的卡方检验

	值	自由度	渐进显著性（双向）
皮尔逊卡方	12.793ª	4	0.012
似然比（L）	11.923	4	0.018
线性关联	10.407	1	0.001
有效个案数	316		

表11 上海市民情感类休闲消费占比与休闲满意度的卡方检验

	值	自由度	渐进显著性（双向）
皮尔逊卡方	9.950ª	4	0.041
似然比（L）	9.262	4	0.055
线性关联	0.130	1	0.718
有效个案数	316		

资料来源：由软件计算所得。

附录四

北京市居民休闲满意度影响因素 LASSO 回归结果：

Call：

lars（x＝data ［，1：18］，y＝data ［，19］，type＝"lar"）

R-squared：0.107

Sequence of LAR moves：

	V17	V14	V16	V9	V13	V7	V18	V6	V1	V10	V8	V4	V3	V15	V2	V5	V12	V11
Var	17	14	16	9	13	7	18	6	1	10	8	4	3	15	2	5	12	11
Step	1	2	3	4	5	6	7	8	9	10	11	12	13	14	15	16	17	18

>summary （out2）

LARS/LAR

Call：lars （x＝data ［，1：18］，y＝data ［，19］，type＝"lar"）

	Df	Rss	Cp
0	1	930.39	34.5062
1	2	919.98	31.1048
2	3	909.03	27.4302
3	4	901.40	25.4735
4	5	867.51	9.8957
5	6	857.48	6.6941
6	7	855.89	7.8694
7	8	848.17	5.8685
8	9	848.09	7.8255
9	10	844.75	8.0906
10	11	842.24	8.7888

11   12 840. 58   9. 9296

12   13 836. 03   9. 5695

13   14 833. 73   10. 3797

14   15 832. 02   11. 4883

15   16 831. 35   13. 1420

16   17 831. 23   15. 0803

17   18 831. 08   17. 0020

18   19 831. 07   19. 0000

>coef<-coef. lars（out2，mode = "step"，s = 8）

>coef［coef！ = 0］

V7   V9   V13   V14   V16   V17   V18

0. 01566798   0. 16270532   0. 02742228   0. 11974448   0. 04304191

0. 13615099   0. 01268503

资料来源：由软件计算所得。

附录五

上海市居民休闲满意度影响因素 LASSO 回归结果：

Call：

lars（x＝data［，1：18］，y＝data［，19］，type＝"lar"）

R-squared：0.185

Seauence of lar moves：

Var V15 V14 V13 V16 V9 V10 V8 V11 V2 V5 V3 V6 V18 V7 V17 V4
V1 V12

Step 1 2 3 4 5 6 7 8 9 10 11 12 13 14 15 16 17 18

Df Rss Cp

0 1 685.35 50.3901

1 2 2677.17 48.0405

2 3 676.23 49.5391

3 4 660.49 43.1678

4 5 653.37 41.3857

5 6 592.23 10.8789

6 7 587.19 10.1996

7 8 578.16 7.3963

8 9 576.19 8.3495

9 10 573.46 8.9005

10 11 567.04 7.4850

11 12 564.97 8.3838

12 13 564.26 10.0067

13 14 562.61 11.1274

14   15   562. 04   12. 8252

15   16   561. 16   14. 3574

16   17   559. 19   15. 3134

17   18   558. 68   17. 0411

18   19   558. 61   19. 0000

coef<-coef lars（out2. mode =" step coef ［coef! =0］

V8	V9	V10	V13	V15	V14	V16
0. 01946716	0. 24231406	0. 03419171	0. 13460694		0. 09623225	

0. 15232688   0. 08768368

资料来源：由软件计算所得。